나는 지방의원이다

밥값하는 도의원의 유쾌한 의정일기

나는 지방의원이다

달과소

지방의회에 대한 이해부족과 불신을 덜어줄
이광희 도의원의 솔직담백한 의정일기

박원순 서울시장

"다시 대학을 졸업하는 나이로 돌아간다면,
가장 어려운 마을에 가서 이장으로 살고 싶다."

몇 달 전, 어느 대학생에게 받은 질문에 대한 저의 답이었습니다. 시민의 삶을 가장 가까이에서 챙기고, 바꿀 수 있는 것은 대통령보다 시장이, 시장보다 이장이, 국회의원보다 지방의원이지요. 저는 시민의 삶에 가장 가까이 있는 분들의 목소리가 커져야 한다고 생각합니다. 그들이 가장 시민의 삶을 잘 알고, 깊게 소통하고 있으니까요.

그런 면에서 이광희 충청북도 의원의 책 《나는 지방의원이다》는 도민의 목소리를 생생하게 반영하고 있어 기대가 큽니다.

지방의회에 대한 일부의 불신은 지방의원의 활동에 대한 이해 부족에서 시작됩니다. 불신의 분위기가 팽배한 가운데, 이광희 의원이 전하는 의정일기는 지방의원의 활동에 대한 지방의원 사용설명서라고 생각합니다. 지방의원으로서의 의회 개혁을 위한 노력을 비롯해 교육상임위원으로서의 교육계에 대한 노력이 돋보입니다. 지방의원은 무엇으로 사는지, 지역구 활동은 어떻게 하는지, 의원으로서의 치열함에 대한 누군가의 일기장을 읽는 듯합니다.

이광희 의원은 학생운동으로 시작해 청주민청련과 이후 김형주 전 서울시정 무부시장과 함께 한국청년연합회(KYC)공동대표를 역임했습니다. 특히 마을공동체를 위한 시민운동을 해왔는데 그중 마을신문을 통한 마을만들기를 통해 도의원이 되었다고 해도 과언이 아닙니다.

청주시 산남동 두꺼비살리기 운동을 필두로 당시 마을신문을 제작해왔으며 그 후, 편집장으로 만들기 시작한 산남동 두꺼비 마을신문은 벌써 5년 가까이 쉬지 않고 발행되고 있는 마을 공동의 자산이 되었습니다. 이광희 도의원의 마을신문을 통한 마을공동체운동은 서울시에서 추진하고 있는 마을 만들기의 방향과 다르지 않습니다.

한편 지방의원으로서의 어려움에 대해서도 솔직하게 고백하기도 합니다. 스스로를 밥값하는 도의원이 되기 위해 학교비정규직과 학생들을 비롯한 학부모를 대변하고, 지방의원으로서의 자각과 한계를 극복하기 위해 부단히 노력하는 모습을 지켜볼 수 있는 미덕이 있는 책입니다.

모쪼록 이 책이 지방의원과 지역 주민을,
지방 의원과 지방자치제를, 나아가 지방과 중앙을
더욱 가깝게 하고, 소통할 수 있는 길이 되길 바랍니다.

풀뿌리 지방자치는
지방의회에서부터 시작되어야 한다

이광희 충청북도 도의원

지방의원이 되고 나서 누군가에게 묻고 싶은 말이 있었다. 민주당의 노선이 맞는다면 지방자치 실시 후 20여 년간 집권했던 호남의 국민들은 잘 살고 있어야 하는 것 아닐까? 그 반대로 새누리당의 정치 방침이 올바르다면 영남의 서민들은 실업자 없고 복지가 향상된 세상에서 살아가야 하는 것 아닐까? 만일 지역적 차이가 존재하지 않는다면 지방자치는 반쪽짜리였거나 무늬만 지방자치였을 확률이 높다. 중앙정부의 위임사무와 형식적이고 절차적인 몇 가지 지방자치만으로는 변화되고 있는 국민적 기대에 부응할 수 없다.

지방의원의 필요가 의문시 되는 사회, 존재감이 없는 지방의회를 극복하고 명실상부한 지방자치로 거듭나기 위해서 나는 무엇을 해야 하는가에 대한 질문과 대답을 하고 싶었다.

또 한편으로 지방자치를 통해 풀뿌리 민주주의가 발전한다고 했다. 정말 풀뿌리 민주주의는 발전한 것일까? 일부 지역 언론은 이미 시장경제에게 투항한

형국이다. 자치의 영역에 부패와 비민주성의 소지가 끼어들면서 동네 주민자치 조직이든 학교운영위원회든 아파트자치회 등의 민주주의적 운영이 쉽지 않은 상황이다. 풀뿌리 민주주의가 꽃을 피워야 할 지방의회는 자기 본연의 역할을 하고 있는지, 지방의원은 민주주의 원리가 작동되어야 하는 최전선 삶의 현장에서 제자리를 지키고 있는 것인지 이제는 대답해야 할 시점이라고 생각했다.

지방의원이 되고 나서 블로그를 통해 활동을 공개해왔다. 아주 작은 동네에서의 활동일망정 주민들과 소통해야 한다고 생각했다. 현장에서 마주한 집행부는 너무 강력했다. 국민의 혈세인 재정의 편성권과 집행권을 가지고 있는 행정부를 견제하는 일이 지방의원을 하면 할수록 중요한 일이라고 생각되기도 했다. 예산낭비 요소를 방지하고 제대로 된 정책 제안을 통해 지역을 발전시키는 일도 지방의원의 역할이었다. 그 과정에서 소수파가 되기도 했고 좌절을 겪기도 했다. 나의 도정활동은 지방의원의 보편적 경험이 아닐 수도 있다. 그러나 내가 했던 고민과 처했던 상황들은 지방의원 입장에서는 대부분 공감할 것이라고 생각한다.

풀뿌리 지방자치는 지방의회에서부터 시작되어야 한다는 생각이다. 매일 시민들의 토론회와 공청회가 개최되고, 수많은 의제가 제안되며, 일상적 민원청취와 의원들의 현장 활동이 이루어지고, 다양한 연찬과 시민들과의 면담이 수시로 이루어지는 지방의회가 되길 기대한다. 지역의 발전과 번영을 위한 정책이 수시로 제안되고, 과로사가 우려된다는 지방의원을 걱정하는 지역민의 눈빛을 발견할 수 있는 지방의회였으면 좋겠다.

Contents

추천사 ┃ 지방의회에 대한 이해부족과 불신을 덜어줄
　　　　이광희 도의원의 솔직담백한 의정일기 … 6
머리말 ┃ 풀뿌리 지방자치는 지방의회에서부터 시작되어야 한다 … 8

제1장 도의원의 월급을 공개합니다

Story 001 ┃ 일복의 예감, 그래도 나는 행복했노라 … 19

Story 002 ┃ 첫 번째 임시회 … 22

Story 003 ┃ 의회사무처 최대한 활용하기 … 25

Story 004 ┃ 의정 초짜들, 범 무서운 줄 모르다 … 28

Story 005 ┃ "414만원 찍히고 342만원 들어옵니다" … 31

Story 006 ┃ 의원 교육청에 뜨다 – 찾아가서 보고받기 … 34

Story 007 ┃ 100일의 다짐 … 36

Story 008 ┃ 급식판 습격에 보수의 반격 시작되다 … 38

Story 009 ┃ 첫 행정사무감사부터 논란의 표적이 되다 … 40

Story 010 ┃ 대통령도 아닌데 웬 탄핵이냐 … 42

Story 011 ┃ 의원은 행정사무감사로 시험대에 오른다 … 44

Story 012 ┃ "나는 이상한 나라의 엘리스"
　　　　　 –어느 회계직 노동자의 행정사무감사 방청기 … 46

Story 013 ┃ 충북 환경대상을 수상하다 … 50

Story 014 ┃ 도의원 첫 해 마무리, 나의 10대 뉴스 … 52

제2장 작은 학교 희망 만들기

Story 015 | 교육위원들과 함께 장기프로젝트 시동 걸다 … 59

Story 016 | 느리지만 단단한 삼우초등학교 방문기 … 62

Story 017 | 작은 학교, 어떤 희망을 만들어야 하는가? … 67

Story 018 | 가보니 더 대단한 남한산초등학교 … 70

Story 019 | 낙오자는 없다, 日 아키타현의 신화 … 74

　　　　　　 – 치바 료이치 아키타현 핫포교육위 교육장과의 대화 … 75

　　　　　　 – 히가시나루세 초교의 교실혁명 현장에서 … 77

　　　　　　 – 지역사회와 함께하는 츠키다테 초등학교 … 80

　　　　　　 – 기리타중학교에 입학하려면 … 83

　　　　　　 – 교육의원들의 평가회 '줄탁동시'를 보다 … 85

　　　　　　 – 일본 교육위원들과의 대화 … 88

　　　　　　 – 일본 작은 학교 탐방 연수를 마치며 … 90

Story 020 | 충격, 연수지 도호쿠에 지진과 해일이 밀어닥치다 … 91

Story 021 | 토론회에 쏠린 작은 학교들의 관심 … 94

제3장 의정 2년차 "갈수록 태산이네"

Story 022 | 구제역 방역 현장 자원봉사를 마치고 … 99

Story 023 | 비겁한 도의원의 참담했던 하루 … 103

Story 024 | 도의원 1년의 소회는 '늘 처음처럼' … 105

Story 025 | 충북도의회 옥천에서 본회의 열다 … 108

Story 026 | '야자'를 '야타'라고 했더니 또 주민소환 논란 … 111

Story 027 | 의회의 정상적 업무보고가 교육청 길들이기라고? … 115

Story 028 | 의정은 물밑에서도 이뤄진다 … 118

Story 029 | 보도자료 발표한 날의 분주함 ··· 121

Story 030 | 살림 9단, 옆집 아주머니만 값을 깎는 게 아니다 ··· 123

Story 031 | 우리들의 서글픈 '임금인상투쟁' ··· 126

Story 032 | 청주의 박원순은 언제 나타날 것인가 ··· 129

Story 033 | 지역축제에 보내는 갈채 ··· 132

Story 034 | 전국체전 응원기 우리 선수 이겨라 ··· 135

Story 035 | 직접민주주의로 가는 길 '참여조례' ··· 138

Story 036 | 교육청도 의회를 길들인다? ··· 140

Story 037 | 2년차 나의 6대 뉴스 ··· 144

제4장 톡톡 튀는 지역구 활동

Story 038 | 등골이 서늘해지는 말 "오랜만이여" ··· 151

Story 039 | 어린이날은 행사장 순화하는 날 ··· 154

Story 040 | 두꺼비 마을축제, 이렇게 재밌어도 되는 건가요 ··· 158

Story 041 | 우리 동네 두꺼비논 손모내기 하던 날 ··· 161

Story 042 | 생태적 감수성을 깨워주는 두꺼비 생태공원의 안내자 ··· 164

Story 043 | 자원봉사에 대한 생각과 실천 ··· 166

Story 044 | 자원봉사 3주째, 자리가 잡혀 간다 ··· 169

Story 045 | 나무는 몸을 비틀어 살아남는다 ··· 172

Story 046 | 원흥이 생태공원이 가장 아름답던 날 ··· 175

Story 047 | 추석연휴 다음날, 지역구 관리하기 ··· 178

Story 048 | 어르신들이 민주당을 선택케 하는 방법 ··· 180

Story 049 | 북 카페 일일점장 되어보기 ··· 182

Story 050 | 온고지신, 두꺼비논 벼 베는 날 ··· 184

제5장 학교 안 아이들, 학교 밖 아이들

Story 051 │ "자살을 선택한 너에게 미안하다" … 191

Story 052 │ 내 딸아이 학습 선택의 권리 찾아주기 … 193

Story 053 │ 자율학습을 '자율(自律)'로 허(許)하시오 … 196

Story 054 │ 고교 야간자율학습, 학생과 학부모의 '괴리' … 199

Story 055 │ 학업중단, 학교와 학생 누가 더 문제일까 … 203

Story 056 │ 학교 밖 청소년, 본격적으로 지원을 시작하다 … 207

Story 057 │ 학교 밖 청소년 지원조례가 떴다 … 210

Story 058 │ 고3, 이제 겨우 1라운드 끝냈을 뿐인걸! … 212

Story 059 │ 자랑스러운 꼴찌반 졸업생 수연이에게 … 215

Story 060 │ 내가 만난 중유럽의 학교와 아이들 … 218

제6장 성찰과 자성으로 밥값하는 후반전

Story 061 │ 어쨌든 50세 첫날이 밝았다 … 231

Story 062 │ 묻는다, 고로 나는 의원으로 존재한다 … 234

Story 063 │ 의원들은 '깎으면서' 성장한다 … 236

Story 064 │ 추풍령에서 도담삼봉까지 '충북을 걷다' … 238

Story 065 │ 의정이라는 로드무비, 후반 스타트! … 248

Story 066 │ 반쪽 토론회, 학교비정규직의 현실 … 251

Story 067 │ 학교회계직의 비애 '급여↓, 노동↑' … 253

Story 068 │ 의회에서 왕따 되다 … 256

Story 069 │ 불 붙은 초선의 뒷심, 시민단체 선정 우수의원이 되다 … 258

Story 070 │ 2012년 나의 10대 뉴스 … 261

제7장 나는 지방의원이다

Story 071 | 민주주의를 위해 돈 좀 더 쓰면 안 될까요? ··· 269

Story 072 | 얼마나 더 개인기에 의존해야 하는가? ··· 272

Story 073 | 도민 여러분, 의정비 좀 올려주세요 ··· 276

Story 074 | 나는 끝끝내 이런 정치를 하고 싶다 ··· 279

Story 075 | 두껍아, 두껍아 헌 집 줄게 새집 다오 ··· 285

Story 076 | 생태공동체 운동의 확산을 제안한다 ··· 289

Story 077 | 미동산수목원에서 보물찾기 ··· 292

Story 078 | "우리는 원래 감시하는 사람입니다" ··· 295

Story 079 | 꼴찌 충북교육 1등 부상의 '빛과 어둠' ··· 300

Story 080 | 학생인권조례 공청회에 참여하며 ··· 303

Story 081 | 비비 꼬인 시선 자료요구는 골탕? ··· 306

Story 082 | 이들이 일손 놓으면 학교는 '올스톱' ··· 310

Story 083 | 도의원과 흥신소, 해결사의 공통점? ··· 313

Story 084 | 의원과 집행부 '불가근불가원' ··· 317

Story 085 | 갈등에 뛰어들기, 자기 의견 발표하기 ··· 320

Story 086 | 겸손과 성실, 정치와 인간관계의 법칙 ··· 323

| 부록 | 의정일지 및 5분발언 모음

[의정일지] 2010년부터 2013년까지 주요 활동 정리 ··· 327

[5분 발언] 정권의 정치보복성 중징계, 도교육청은 이성을 찾으라 ··· 331

[5분 발언] 학교폭력문제는 지역사회 전체가 함께 해결해야 할 과제다 ··· 334

[5분 발언] 두 번 생각해도, 대청호 유람선은 아니다 ··· 337

[5분 발언] 여전히, 작은 학교 통폐합추진단 구성을 반대합니다 ··· 341

[도정질문] 외국인 근로자 인권문제 대책 제안 ··· 345

제1장

도의원
월급을 공개합니다

친구 같은 도의원이면서도 쌈박하게 일 잘하는 도의원, 의정비가 아깝지 않은 도의원, 우리 아이들이 자랑스럽게 생각하는 도의원 아빠, 함께 있는 것이 자랑스럽게 느껴지는 도의원, 늘 시민들의 편, 사회적 약자들의 편인 정의로운 도의원, 주민들이 필요한 것을 먼저 알아서 처리해주는 도의원, 그러면서도 공무원들에게 엄지손가락 치켜드는 도의원….

일복의 예감,
그래도 나는 행복했노라

지방의원선거가 끝났다. 개표가 새벽녘에서야 끝나는 바람에 잠도 제대로 못자고 아침 일찍 당선증을 받으러 갔다. 얼떨결에 혼자 갔는데 나중에 생각해보니 꽃다발도 최소 한두 개 정도는 준비해서 축하 받을 사람 몇몇과 함께 가는 것이 좋을 뻔했다.

당선 첫날부터 선거 때처럼 아침인사를 했다. 이번에는 '감사합니다'하는 인사였다. 내 기분이 좋으니 인사 받는 사람의 표정도 기분 좋아 보였다. 상대 후보에게는 위로전화를 했다. 인사를 시작한 지 사흘쯤 지나면서부터는 '잘하라'는 격려가 중압감으로 다가오기 시작했다. 도의원의 권력은 주민의 기대로부터 나오고, 기대에 부응하지 못하는 선출직은 유령과 같은 존재라는 것을 일찌감치 깨달은 것이다.

그래서 상임위원회가 중요했다. 나는 충북대 농대 출신이고 숲 전문가다. 당연히 농업문제와 경제문제를 다루는 '산업경제위원회'를 선택해야겠다고 마음먹었다. 산업경제위원회에서 충북지역 농업 발전에 대해 나름의 역할을 하고 싶었다. 산림학과 대학원을 입학한 이유도 농·산촌발전이 지금의 중요한 과제라고 생각했기 때문이다. 여기에 사회적 기업을 통한 시민사회의 공공서비스 영역에 대한 참여와 확대가 이어진다면 일자리 확충에도 기여하게 될 것이다.

한 달 동안 당선자 신분으로 나름 바쁘게 움직였다. 일단 개혁의회를 만들기 위해서는 새롭고 개혁적인 사람들이 의장과 상임위원장을 맡는 게 중요하다고 생각했다. 지방의회 부활 이후 충북도의회 20년 역사에서 민주당이 다수당이 된 것은 이번이 처음이었다. 당선자 대다수가 초선이라는 점도 의회 개혁의 좋은 기회였다.

결국 민주당 의원총회에서 재선의원 대신 시민운동출신의 초선 김형근 의원을 의장으로 선출했고, 표결 결과는 발표하지 않는 것으로 했다. 우리는 충청북도 9대 전반기 의회를 혁신하기로 결정한 것이다. 대신 나는 등을 떠밀려 '교육위원회'에 배치됐다.

2010년부터 교육자 출신 교육위원들의 교육의회가 폐지되고 도의회 내에 교육위원회가 그동안의 교육의회에서 해왔던 역할을 대신하게 됐다. 그것도 일몰제다. 마지막 교육위원이 되는 네 명의 교육위원과 세 명의 도의원으로 위원회를 만들었다. 교육청은 교육경력이 없는 정치인 교육위원들과 조우가 부담스러울 터였다.

무상급식을 대표 공약으로 내걸었던 민주당 도지사와 도의원들이 이 문제를 풀어나가는 데 나의 저돌성이 한몫을 할 것이라고 판단했던 것 같다. 김형근 의장과 내가 충북대 학생운동 선후배라는 이유도 작용했던 것 같다. 얼떨결에 맡게 된 교육위원이지만 어디든 정들면 고향이고, 누우면 우리 집 안방인 것이 내 스타일이다.

기초자치단체의 경우 의회운영위원회가 없는 경우도 많지만 의회운영위원에 예결위원까지 맡게 되었다. 도의원 시작도 하기 전에 일복이 제대로 터졌다는 느낌을 강하게 받았다. 아니 어쩌면 초반에 왕창 일을 해보는 것도 나쁘지 않다는 생각이 들었다. 당선자 시절은 이렇게 흘러갔다.

첫 번째 임시회

2010년 7월 12일부터 시작된 충북도의회 292회 임시회가 2주일간의 여정을 끝냈다. 도의원이 되어 첫 번째로 맞이했던 의정활동이었다. 모든 신경을 곤두세운 채 하루하루, 아니 1분 1초를 긴장한 채 보냈던 시간들이다.

첫날부터 여야 의원 간 힘겨루기로 인해 원래 준비했던 5분 발언 '세종시 자족기능의 복원' 내용을 급히 수정해 정치적 대응에 나서야 했다. 첫 의정활동이 원치 않는 정쟁으로 시작된 것이다. 덕분에 상대 당 K의원은 '지사 저격수'로, 나는 당성이 강한 의원으로 각인됐다.

다음날은 충북도의회 사상 처음으로 충청북도와 도교육청 전체 보고를 받았다. 교육위원회가 의회로 흡수된 데 따른 것이다. 그날 아침 '환경을 생각하는 의원모임'을 구성했는데 무려 10명이나 가입을 했다. 의회에 등록된 공식 공부모임이다. 서류상으로는 두 번째였으나 첫 번째 모임이 소

본회의장 도정질의 장면

방관련 사업에 관한 모임이었으니 사실상 최초의 공부 모임이다.

다음날 한겨레신문에서는 "생활정치 내 손으로" 의원님들은 '열공 중' 이라는 기사 제목과 "새내기 지방의원 중심 정책연구모임 '봇물', 찬반 넘어서는 정책대안 생산 공감대 커져"라는 소제목으로 서울시의회를 비롯한 몇몇 지역의 의원 모임을 소개했다.

충북도의회의 경우에는 「이광희 의원(민주당) 주도로 4대강 문제 등 환경 현안을 공부하는 '환경을 생각하는 의원 모임'을 준비하고 있다. 이 의원은 9일 운영위원회와 도의회 의장 등에게 모임 취지를 설명하고 지원을 부탁했다. 이에 앞서 김형근 충북도 의장은 지난 5일 의장단 선거 정견 발표에서 "도의회의 전문성과 의정 능력을 높이려면 공부가 최선의 길"이라며 도의회에 공부 모임을 활성화하겠다는 공약을 발표하기도 했다.」라고 보도.

셋째 날은 충북교육청의 업무보고를 받았다. 이때 교원평가와 일제고사의 문제점을 지적했으며, 이어 전교조 교사 정당후원금 납부에 대한 중징계 방침에 대해 질의했다. 이어 넷째 날은 1박 2일 일정으로 단양에서 의원 직무연찬이 있었다. 이때 세 개의 강의가 모두 도움이 되었다.

다음주 19일과 20일은 정말 밤 11시까지 도의회 전체직무보고를 받았다. 의장직속 TF를 만들었는데 이때 도의회를 속속들이 들여다볼 수 있는 계기가 되었다. 21일은 교육위원회, 22일은 본격적인 일제고사에 따른 학교파행, 시험부정감독에 대해 집중적인 질의를 했다. 구체적인 제보 자료를 들이댔더니 교육청에서 시정하겠다는 응답을 받아내기도 했다.

이렇게 첫 임시회를 마쳤다. 사실 새로운 의회가 시작되는 첫 번째 업무보고에서 의원들에 대한 집행부의 첫인상이 결정되는 것 같다. 물론 의원들 간에도 마찬가지다. 누가 어떤 문제에 대해 질문할지, 팍팍하게 하는지 설렁하게 하는지. 따라서 첫 업무보고 준비를 잘해가는 게 좋겠다는 생각이다. 나는 너무 많은 준비를 해간 것 같았다.

문제는 교육위원회, 운영위원회, 예결특위, 공부모임 등 4개의 일을 하게 되었다. 되도록 예결위는 안 하려고 했는데….

의회가 쉬는 잠시 동안 공부 좀 다시 해야 할 것 같다. 역시 초선의 한계를 절감하고, 최선을 다했지만 뭔가 미흡하다는 아쉬움을 남긴 채 첫 번째 의정활동을 마쳤다. 잠이 부족할 정도로 나름 노력했던 292회. 이렇게 나의 도의원 생활이 시작되고 있었다.

의회사무처 최대한 활용하기

나는 회기와 상관없이 임기가 시작된 첫날부터 무조건 출근했다. 출근부가 있는 것도 아니고 누가 근태를 관리하는 것도 아니다. 사실 어떤 일이건 처음 해보는 일은 늘 어설프기 마련이다. 가장 큰 문제는 무엇부터 해야 할지 모른다는 것이다.

특히 새로운 당선자에게는 많은 사람들의 기대와 우려가 교차된다. 지역구 관리야 누구든 하는 것이고 선거과정에서부터 이미 시작된 것이다. 그러나 의회활동은 경우가 다르다. 정치를 오래한 것과는 상관이 없다. 다선의 경험, 즉 '선수(選數) 우선'은 의회의 법칙이다. 그래서 초기 의정활동은 무조건 많은 시간을 책상 앞에 앉아 있자고 생각했다.

아침 8시쯤 출근해서 가급적 의회에 대한 기본 정보들을 알아보았다. 어디든 사람 사는 곳이고 의회 건물을 비롯한 의회사무처 사람들은 의원들의 의정활동을 보좌하는 역할이니 이것저것 잘만 활용한다면 의정활동에 큰 도움이 될 것이다.

첫째, 의회자료실 활용하기

일단 도청에 있는 행정자료실을 들러 필요한 책《예산결산심사론》을 빌렸다. 며칠 후 교육위 관련 책을 빌려보고 반납했다. 어떤 자료들과 책이 있는지 무엇을 활용할 수 있는지 눈여겨보던 중에 의회자료실이 따로 있는 것을 알게 됐다. 나는 역시 초선이다.

이곳은 의회의 자료들을 보관하는 곳으로 지난 의회활동에 대한 언론스크랩부터 각종 회의자료까지 보관돼 있다. 더구나 국회 자료실과 연동되어 논문 등 필요한 자료를 요청하면 찾아주기도 한다. 의정활동에 있어 자료 확보는 매우 중요하다. 그러나 베이스 자료는 이곳을 활용하면 되지만, 현안 자료는 해당 부처가 가장 최근의 자료들을 가지고 있다는 점을 명심해야 한다.

둘째, 입법지원실과 전문위원 활용

의회 운영전문 위원실에는 입법 전문위원이 있다. 조례를 비롯한 각종 법률 간의 문제와 재정상의 문제를 검토한다. 또한 의원 연구 모임을 담당하기도 한다. 지역에 따라 입법전문위원실이 독립적으로 구성된 경우도 있지만 충북은 운영전문위원실에 업무가 속해 있다. 나중에 깨닫게 됐지만 입법전문위원실이 따로 있는 게 좋겠다는 생각이다.

물론 입법과 관련해서는 각 상임위원실에 전문위원들이 따로 있다. 따라서 입법전문위원으로부터는 입법을 위한 정책 대안과 입법에 필요한 공청회 개최, 의견수렴, 의견제시 등의 도움을 받을 수 있다.

평소에 입법전문위원들과 많은 대화를 나눠두는 게 조례안을 발의하거나 각종 입법 활동을 하는 데 유리하다. 보좌진이 없는 지방의원이 정책적 자문을 구하는 데는 한계가 있기 때문이다.

셋째, 의회 사무처 두루 활용하기

처음 국회에서 하는 의정지원을 위한 교육을 가고자 했을 때 총무팀의 도움을 받았다. 5분 발언의 경우 의사담당관실에서 도움을 받았고, 의회 운영과 관련된 문제는 주로 운영전문위원실의 도움을 받았다. 속기사들과도 친분을 쌓았다. 의회 홈페이지는 담당자가 혼자 운영하는데 초보적인 자료밖에 없지만, 안면은 터놓아야 한다. 홍보팀의 경우는 의회와 관련된 대언론 관련 업무와 함께 의정홍보, 사진촬영, 소식지, 연설문 등을 주로 담당한다.

바람직한 해외연수에 대해서는 총무팀 해외연수 담당자의 조언을 들었다. 시스템을 잘 활용하는 것은 초선의 고민을 덜어주고 의정활동의 효율성도 높여준다. 독불장군처럼 혼자 하면 '개고생'이다.

의정 초짜들,
범 무서운 줄 모르다

충북도의회 역사상 초선의원이 전반기 의장이 된 것이 처음이다. 아니 민주당 의원들이 다수인 것도 처음이고 아예 충북도의회 35명 중 다섯 명 이상 당선된 것도 처음이다. 의원들 역시 90% 이상 초선이어서 경험이 부족한 것은 사실이나, 오히려 의회를 개혁할 수 있는 상황이 되었다고 느꼈다.

일단 이런 상황에서는 두 가지 방법 중 하나를 선택해야 하는데, 우선 한 가지는 의회 사무처 직원들이 준비한 일정과 경과대로 진행하는 방법, 아니면 아예 다른 방법으로 길을 모색하는 것이다. 결국은 절충안–수정안으로 진행될 것이다. 우리 역시 일단 현 상황을 잘 아는 것이 중요하다고 판단했다.

일단 의회 사무처 전체를 알아보자는 마음으로 시작은 했다. 그러나 지방언론에서는 의회 개혁을 아직 시작도 하지 않았는데 의회 조직 개편 이야기가 벌써부터 논란거리가 되고 있었다.

일단 시작은 도의회를 구성하고 있는 공무원들에 대한 전체 업무추진 상황에 대한 보고를 받는 게 필요했다. 의장 직속으로 부의장과 운영위원장을 포함한 6명의 의원과 전문가 교수 한 분이 참여하는 직무보고를 받았다. 의회 총무담당관실과 의사담당관실을 필두로 6개 상임위 전문위원을 포함한 담당 직원들과 사무처 직원 전체가 포함되었다. 이틀에 걸쳐 11시간까지의 강행군을 했다. 직원 개개인 면접을 팀 단위로 진행했는데 덕분에 의회 사무처 전체적인 업무현황을 알 수 있었다.

20대 초중반에 들어와서 10년 이상 현 직급에 머무는 직원도 있었다. 특히 본청과 의회사무처 사이에 보이지 않는 괴리감에 대한 고민들이 있었다. '의회 사무처에서 100점을 받는 직원은 단체장의 눈에 들 수 있을까?'

인원보강이 필요한 부서, 인적자원의 교체가 필요한 부서까지 대충 눈에 들어왔다. 중요한 것은 의회에 있는 동안 근무평점을 올리든 스스로 자부심을 가지든, 공무원들의 자기만족을 가져올 수 있는 방법이 부족하다는 느낌이었다.

이 와중에 지방언론에서는 매일 의회의 조직개편과 관련된 정돈되지 않은 보도들이 쏟아져 나왔다. 아직 논의 단계에 불과한데도 결정된 것처럼 우려부터 나오는 상황이었다. 우리는 일단 의원들의 전문성을 강화하기 위한 개방형 전문위원 충원과 입법전문위원실의 분리, 상임위원회와의 관계를 어떻게 할 것인지를 고민했다.

결론으로는 상임위원회별 5명씩 배치되는 구조를 기본으로 하고, 입법전문위원실은 강화하되 독립할 필요까지는 없다고 판단했다. 의원 보좌진이 없는 상황에서 5명의 상임위별 전문위원들이 관련법규를 제정하고 개정하기 위해 필요하다는 생각이었다. 다만 5명 모두 공무원이기보다는 개방형이 1명씩은 있었으면 좋겠다는 것이었는데, 이미 두 개 상임위에는 개방형이 있어 3명 정도를 충원하는 것으로 결론을 냈다.

결과적으로 의회 내 의회조직 개편을 위한 특별위원회라든가 혹은 운영위원회의 소위원회를 두지 않아도 기구조정 및 인원 배치만으로도 일단 상반기 의회를 끌어갈 수 있겠다고 판단했다.

의원과 의회는 불가근 불가원이다. 인사권을 가진 집행부에 사무처 조직을 맡겨두면 그들에 편리한 조직이 된다. 이에 반해 의장 직속의 조직진단팀이 직접 조직을 진단하며 의원들의 의견을 구하면 해결 방안이 나올 것이라고 판단했다. 공무원들의 속성상 의원들이 주도하는 사무처 조직개편은 반발을 불러오기 마련이고 충북도의회도 이 같은 상황을 겪었다. 하지만 3년의 시간이 흐른 지금, 의회 사무처로 전입하려는 공무원들의 경쟁률이 무려 20대 1에 이르게 됐다.

당시 조직진단 과정에서 느낀 점은 공무원들에게 만연한 무사안일이다. 전체적으로는 직무내용이 중복되거나 단조롭고 단순 비서업무가 많았다. 두 번째는 부서 간 조정 및 협력이 부족하고 기획력과 창의성이 부족해 보였다. 또한 신규 직무개발 필요성이 시급했고 홍보시스템도 소극적으로 보였다. 더불어 지역 언론과의 관계 정립을 다시 고민해야 한다는 생각이 들었다. 뭔가 공무원 조직에 손을 대려 하면 일단 지역 언론들이 들끓었다. 의정활동과 관련된 보도보다는 의회 조직개편에 대한 우려와 의정 미숙에 대한 질타가 우선이었다.

20년 가까이 단 한 번도 직무보고가 없었다는 도의회 사무처 전체 직원들을 일일이 만나면서, 도의회를 보좌하는 것이 자랑스러울 수 있는 방법은 없을까 하는 고민이 들었다.

"414만 원 찍히고
342만 원 들어옵니다."

　두 번째 의정비를 받던 날, 블로그를 통해 '도의원 월급을 공개'했다. 매년 도의원 의정비 인상 기사가 의례적으로 거론되고 나면 한 달여 동안 아직 논의 시작도 하지 않은 의정비 인상문제로 지역사회가 시끄러워진다.

　일부 시민단체에서는 도의원들의 의정비를 공개하라는 요구도 있었다. 그리하여 내가 나서 의정비를 공개하기로 마음먹었다. 판단은 도민들이 하는 것이고 지방의원의 의정비 문제는 어떤 방식으로든 개선이 필요했다. 지역마다 의정비 액수가 다르다.

　다음은 블로그에 올린 글.

> 　의정비라고 합니다. 국민의 혈세 중 도의원에게 지급되는 월정액이죠. 하도 궁금해 하시는 분들이 많아서 8월분 '보수지급명세'를 공개합니다. 여기에 제가 무조건 써야 하는 비용까지 한꺼번에 공개하겠습니다.

일단 제가 받아든 보수지급명세서에는 총 4,140,000원이 찍혀 있습니다. 이중 공제액 제하고 실제 통장으로 들어오는 돈은 342만 원입니다. 여기에 꼭 필요한 곳에 지급한 비용 '차량 주유비 30만 원, 핸드폰 사용료 15만 원(문자발송비 포함), 시민단체 회비 20만 원'이 무조건 빠져나갑니다. 그러면 277만 원 가량이 실제 들어오는 셈입니다.

저의 경우 고3 수험생 아들과 중2 딸이 함께 생활하고 있으며, 각종 이자를 비롯해 기본 생활비가 만만치 않습니다. 그래서 웬만하면 생활비로 250만 원은 기필코 가져다주려고 노력하고 있습니다만, 사실 줘놓고도 애절한 눈빛으로 밖에서 사용한 비용을 차감하고자 할 때가 많습니다. 집사람 입장에서는 마른 수건 다시 짜는 심정으로 가계부를 적고 있음이 분명합니다.

정치가에 대한 선입견이 부정적 인식에서 출발하다보니 어려운 점이 많습니다. 사람들을 만날 때, 각종 행사 참여요청, 경조사가 있을 때에도, 대체로 정치인의 찬조가 필요하다고도 생각합니다. 저같이 생계형 도의원인 경우 어떻게 해결해야 할지 고민이 많아 식사 한번 하자는 것조차 거절한 적이 있었음을 고백합니다.

국민을 위한 정치가가 꿈이었던 저는 지금의 상황만으로도 행복합니다만 실제 의정활동과 생활을 동시에 해나가야 하는 입장에서는 여러 가지 고민이 있을 수밖에 없습니다. 누군가 "당선되었으니 마누라 호강시켜줄 수 있겠다"고 했습니다만 정황상 조금 어려울 듯합니다. 그래도 시민단체 월급보다 조금 많은 액수이니 많이 나아질 것으로 예상하고 있습니다.

· **세부명세**

▷보수지급명세 – 의정활동비 150만 원, 월정수당 264만 원. 전체 금액 중에서 의정활동비로 150만 원을 쓰라는 것이고, 시민단체에서 공개하라는 요구를 하고 있는 금액이 바로 의정비 150만 원입니다.

▷공제액 – 건강보험 7만 350원, 노인장기요양보험 4,600원, 국민연금 11만 8,800원, 상조회비 5만 원, 친목회비 20만 원, 소득세 6만 1,720원, 주민세 6,170원, 여기에 민주당 직책당비 20만 원까지 도합 71만 1,640원입니다.

▷필수지출액 – 시민단체 회비 20만 원, 차량연료비 30만 원, 핸드폰 사용료 15만 원, 합 65만 원 정도가 무조건 통장에서 빠집니다.

▶ 총공제액 1,361,640원을 제하고
실제 통장에 들어온 합계액 2,778,360원입니다.

의원 교육청에 뜨다
찾아가서 보고받기

사실 교육위원회라는 상임위원회를 등 떠밀리다시피 맡게 되면서 전체 보고 한 번으로는 도교육청의 업무파악을 할 수 없었다.

도의원이 되고 나서 참으로 많은 보고를 받게 되었는데, 충청북도 교육청의 경우 본청만 11개의 실과에 직속기관 7개, 교육지원청 11개, 유치원 327개, 초등학교 259개, 중학교 132개, 고등학교 83, 특수학교 9개, 이어 전체 학생 수 243,625명, 선생님 수 14,056명의 운영에 대해 대략적 현황만이라도 알아야 했다.

그동안 각종 보고는 많이 받았지만 그것 가지고는 수박 겉핥기 수준도 되지 못하고 좀 더 알아야겠다는 갈증만 계속되었다. 성격상 뭔가 질문을 하거나 건의를 하려면 자세히 알아야 한다는 강박관념 때문에 알지 못하는 것은 아예 말도 하지 않았다.

그래도 조금씩 교육청의 살림규모가 2조원 가까이 된다는 사실, 비정규직 역시 6천여 명에 이른다는 사실도 알게 됐다.

지난 회의록도 읽어보고, 전달된 각종 보고서도 훑어보면서 각 업무 담당자, 즉 팀장급들의 보고를 받으면 어떨까 하는 생각이 들었다. 오래 전 국회의원 보좌관을 하면서 금융감독위원회와 금융감독원, 그리고 공정거래위원회에 직접 가서 보고 받아본 경험은 있었다. 그 당시에도 집행청의 휴게소를 전전하며 팀장급 보고를 받았었다.

일단 도교육청의 교육국을 시작으로 장학관, 장학사, 행정국의 과장들에게 직접 가서 업무 파악을 시작했다.

어쩌면 그들의 눈에는 이런 나의 모습이 극성스럽게 비쳤을 수도 있다. 그러나 이게 내 방식이다. 이왕이면 업무 담당자들의 고충과 바람까지 들으려 노력했다.

어떤 이들은 내년에 꼭 하고 싶은 사업에 대해 적극적으로 의견을 개진하기도 했다. 바닥까지 내려가는 의정활동은 임기 초반이라서가 아니다. 임기를 마치는 날까지 이렇게 활동하리라 다짐했다.

100일의 다짐

임기 시작하고 100일이 되는 날, 우리 동네 분평동에서는 원마루 축제가 열렸다. 여전히 동네 사람들은 먼저 인사하지 않는 한 알아보는 사람이 적다. 전라도, 경상도 국회의원은 알아도 우리 동네 지방의원은 모르는 것이 우리나라 지방자치의 현주소다.

의정활동 첫날부터 정말 열심히 일했다고 생각한다. 물론 의정 준비활동이라고 해야 하겠지만 하루도 빼먹지 않고 8시면 출근했고, 이러저러한 자료를 훑어보고, 각종 보고를 들어가며 많이 고민하고 대안을 생각했다. 그렇게 100일이 흘렀다.

성취감보다는 해야 할 더 많은 일들이 눈에 먼저 들어온다. 아직 시작하지 못한 것이 훨씬 더 많다. 동네사람들에게 자랑스러운 도의원이 되고자 다시 한 번 결의를 다져본다.

친구 같은 도의원이면서도 쌈박하게 일 잘하는 도의원, 의정비가 아깝지 않은 도의원, 우리 아이들이 자랑스럽게 생각하는 도의원 아빠, 함께 있는 것이 자랑스럽게 느껴지는 도의원, 늘 시민들의 편, 사회적 약자들의 편인 정의로운 도의원, 주민들이 필요한 것을 먼저 알아서 처리해주는 도의원, 그러면서도 공무원들에게 엄지손가락 치켜드는 도의원….

꿈처럼 야무진 도의원의 모습을 떠올리면서, 그리고 기대하면서 이렇게 100일을 맞이한다. 도의원으로서 100일이라는 마디 하나를 지나고 나니 여러 생각이 교차한다. 겸손한 자세로 조금 더 시민들에게 귀를 열어야겠다는 다짐과 함께 그들의 작은 이야기에 공감을 보태고, 그림자 드리워진 곳에 내가 먼저 따뜻한 미소와 눈빛을 건넬 수 있는 여유 있는 도의원이 되고 싶다.

좀 더 열심히, 좀 더 부지런하게, 좀 더 주민 곁으로 다가서야겠다.
100일을 맞이한 그날의 다짐이었다.

급식판 습격에
보수의 반격 시작되다

　행정사무감사 준비를 하면서 구체적이고 실증적이면서도 현장 중심적인 질문을 준비하고자 했다. 내년에 실시되는 초·중학교 무상급식 전면 시행을 앞두고 학교 급식소의 급식판에 남아있는 잔류물질 검사를 해야겠다고 생각했다. 마침 지역 MBC 뉴스에서 세제잔류물질인 계면활성제가 인체에 유해하다고 방영하는 것을 보고 '저것이다'라고 판단했다.

　곧바로 기자에게 전화를 걸어 급식판 잔류 세제량 분석 전문기관이 어디 있느냐고 물었다. 수원의 모 대학 아무개 박사가 전문가라는 말을 듣고 바로 전화를 걸었다. 모 교수는 정확한 조사를 위해서는 식판 샘플 채취를 불시에 해야 정확한 진단이 나온다고 당부했다. 도의회 의원 연구비를 신청해서 공식적인 의회 의원연구로 운영위원회 통과를 거쳤다.

　이후 청주 시내 7개 학교 급식소를 방문해 각 3개씩 수거한 이후 우편으로 검사를 의뢰했다. 다음날 충북 교총에서 이번 일이 교육청 길들이기라는 성명서를 발표했다. 급식판을 수거한 것이 "교육계를 불신케 하여 길들이려는 의도 또는 교육 자치를 훼손하려는 의도로 판단된다"면서 "충청북도 도의회가 교육자치를 지나치게 간섭하여 교육을 정치적으로 이리 왈 저리 왈 하려는 의도로 판단한다"고 표현했다.

다음날 도의회에서 충청북도의회와 자매결연하고 있는 중국의 광서장족자치구를 방문하기로 되어 있어 나는 별다른 대응 없이 넘어가자고 생각했다. 그러나 내가 중국에 가 있는 내내 지역 언론에서는 대대적으로 비판기사를 내보냈다. 중국을 다녀와서 보니 충북 교육계에서는 정말 유명인이 되어 있었다. 자고 나니 유명해졌다는 말이 이런 것이 었을까? 거의 죽일 놈 수준이었다.

기자실을 방문하여 해명을 하고자 했으나 누구도 내 말은 들어주려 하지 않는 분위기였다. 결국 몇 개월 동안 처절하게 깨졌다. 그런 과정에서 식판 위생관리 조사연구 결과가 나왔는데, 결과는 '청주시내 학교 급식소의 안전성이 입증된다'는 것이었다.

도의원이 되고 나서 처음으로 교육계의 대대적인 공세에 시달리게 된 사건이었다. 지역 언론의 공격에도 어찌해 볼 수 없는 상황이었는데 다행히도 학부모 모임에만 가면 환영 일색의 분위기였다. 참 적응하기 어려운 이상한 상황에 한동안 처해 있었다.

이제와 말이지만 안전성을 확인해 안심하게 된 것도 수확이 아닌가. 또 이를 계기로 계면활성제가 함유된 세제가 급식소에서 퇴출됐고, 분기마다 식판 안전성에 대한 검사를 진행하고 있다.

첫 행정사무감사부터
논란의 표적이 되다

첫 번째 맞는 행정사무감사를 준비하면서부터 시작된 나를 둘러싼 논란은 하반기 내내 지속되었다. 교육청이 무리하게 중징계한 정당후원 교사들의 문제를 둘러싸고 교육감과 징계교사 8명 전원에 대해 참고인 출석요구를 했다.

교육위원회 구성상 네 명은 교육위원으로, 세 명은 도의원으로 구성되었기 때문에 예상되었던 충돌이 일어나게 되었다. 교육위원들의 반대로 참고인 출석요구가 무산되면서 나는 "교육위원들이 도의회의 지위를 스스로 약화시켰다"며 항의했다.

이어 성명서를 통해 "지난달 전격적으로 이뤄진 충북지역 교사들에 대한 중징계는 명백하게 교육 자치에 어긋나는 정치적 결정"이라고 주장했다. 민주당 측 도의원들이 지난 선거과정에서 과반수 이상 당선된 후로 "교육감에게 징계위 결정 이후 승인서명을 늦춰달라고 요구했음에도 당일 서명을 진행해 교육 자치를 교육감 스스로 훼손했다는 판단 아래 이번 행정사무감사에서 재발방지 약속을 받고자 했던 것"이라는 요지의 주장이었다.

이어 "괴산의 중학교는 오후 6시부터 8시 또는 9시까지 야간자율학습을 시키고 있다. 정규수업에 이어 방과 후 교과학습, 야간자율학습까지 중학교부터 하루 종일 아이들을 학교수업에 매달리게 하는 것은 아이들에 대한 학대 아니냐"며 당장 중단할 것을 촉구했다.

지역교육청을 순회하며 며칠째 계속되는 행정사무감사 중 "지난 3년 동안 개최된 청주지역 초등학교 학교운영위원회 회의 결과를 분석한 결과, 전체 안건 1,307건 중 96.3% 1,258건이 원안대로 처리되는 등 학교운영위원회가 거수기 역할을 하고 있다"고 발언했다. 이 발언이 그들의 분노에 기름을 부었다. 충청북도학교운영위원협의회가 "사과하지 않으면 도의원 사퇴 서명운동을 강행할 것"이라고 했다.

행정사무감사 중 거의 매일 언론에 오르내리던 상황에서 '도의원 사퇴 운동'은 그중 하이라이트였다. 나는 지역 내 모든 언론을 통해 화제의 인물로 부각되고 있었다.

대통령도 아닌데 웬 탄핵이냐

나는 일단 공개적 의견을 통해 "역대 도의회 행정사무감사의 발언 내용을 가지고 '탄핵' 운운한다는 이야기를 들은 바 없는 것 같다. 그러나 혹시 운영위원들 중 '거수기'라는 단어에 대해 상처를 입은 분이 있다면 표현상 주의하지 못한 점에 대해 개인적 사과를 드린다"고 밝혔다.

그러나 학운협에서는 민주당 충북도당까지 항의 방문하는 등 계속해서 나에 대한 탄핵 분위기를 몰아갔다.

이에 대해 한 언론에서는 "열정 많은 한 도의원이 학교 식당에서 식판을 수거해 세제 잔류량을 검사했다. 민노당에 정치후원금을 납부한 교사를 중징계한 것과 관련 충북도교육감과 징계위원들, 징계대상 교원들을 행정사무감사 증인으로 신청했다. 학교운영위원들에 대해선 학교 측에서 요구한 원안 가결이 96%대에 달한다며 거수기 노릇을 그만 하라고 일갈했다. 이를 두고 신선하다는 반응도 적잖았다"고 보도했다.

이어 "교육위원회 소속 도의원들이 모두 민주당 소속이라도 당사 항의방문은 선뜻 납득되지 않는다. 의원 개인의 정치적 의견표명에 대한 항의가 불만족스러우면 해당 상임위원회, 나아가 의장에게 묻고, 따지는 게 우선이 아닐까 싶다. 자칫 헌법정신인 자유로운 정당 활동을 침해하는 것으로 비쳐질 수 있기 때문이다" 라고 일갈했다. 〈중부매일 2010년 12월 6일〉

나는 성명서를 통해 "학교운영위원회협의회는 행정사무감사 질의과정에서 나타난 표현방식에 대한 더 이상의 대응을 중단하고, 도의회 본연의 의무인 교육청에 대한 감시와 견제, 정책 제안을 잘하고 있는지를 오히려 지켜봐 주시기를 기대한다"고 했다.

결국 도의원 임기 첫해의 행정사무감사로 나는 지역 내 언론에서 가장 많이 거론된 인물이 되었다.

의원은 행정사무감사로
시험대에 오른다

　첫 행정사무감사의 마지막 날. 도교육청에 대한 감사를 끝으로 도의원으로서 가장 중요한 일정 중 하나를 마치게 되는 것이었다. 준비해온 질문서를 다시 살펴보았다.

　우선 학교 회계직이라 불리는 학교비정규직과 관련된 내용이다. 도교육청에는 교사 1만 5,000여 명, 일반직 3,000여 명 외에 학교 회계직이 5,000여 명 가량이 있다. 지난 10여 년간 정규직들의 임금이 매년 인상되는 것과 달리 이들은 아무리 오래 근무해도 임금과 처우는 고정불변이다.

　특히 영양사나 조리사의 경우 곧 무상급식을 실시하자면 질 좋은 급식을 위해서라도 처우 개선이 매우 시급한 상황이었다. 이러한 상황에서도 100여 명에 달하는 비정규직을 더 늘리자는 계획이 세워져 있었다. 중장기적으로 실효성이 있는, 충분한 준비 끝에 나온 인력수급 계획이라기보다 현상에 대처하는 미봉책이었다.

이참에 학교비정규직 문제 전반에 대해 깐깐하게 따져보고 싶었다.

두 번째 질의는 그동안 의회 차원에서도 많은 관심을 기울여왔던 민주노동당 후원 관련 징계교사들에 대해 준비했다. 같은 이유로 기소된 도청 내 공무원 노조원의 경우 법원 판결 이후로 징계를 미룬 것과는 달리, 도교육청에서는 이들에 대해 전국에서도 유례를 찾을 수 없는 가장 강력한 징계를 내렸다.

세 번째는 방과 후 교실에 대한 문제였다. 애초 방과 후 교실 도입은 획일화된 정규교과 위주에서 벗어나 개개인의 소질과 적성계발 및 사교육비 경감, 교육복지 증진을 목적으로 하고 있으나 충북도 내 중학교 방과 후 교실의 85.6%가 교과 관련 강좌였고, 청주 관내 중학교의 72%가 담당 교과 선생님이 진행하고 있었다. 이런 상황은 선생님들의 수업 이외 업무과다에 이어 다음날 수업준비까지 영향을 미쳐 정작 본 수업에 지장을 줌으로써 수업의 질이 떨어지고, 학생들까지 같은 수업을 중복하게 되는 결과로 이어진다는 판단에서였다.

이 외에도 학교석면실태조사와 관련해 충북 지역의 경우 93.3% 학교가 석면을 사용했기에 이에 대한 대비가 필요하다는 질문과 학교 급식용 식판의 세제 잔류량 조사 관련 질문을 준비했다.

의정 초선의 행정사무감사 마지막 날, 충분한 현장준비와 철저한 자료분석으로 최선을 다했다고 자부한다. 그러나 답변은 순간만 모면하면 된다는 수준에 머물렀고 나는 의정활동을 통해 풀어야 할 숙제가 산더미 같다는 것을 실감할 수 있었다.

"나는 이상한 나라의 앨리스"
회계직 노동자의 의회 방청기

　11월 30일 스산한 날씨를 뒤로하고 친구와 함께 충북도청 내에서 열리는 충북도교육행정감사에 방청인으로 참석했습니다. 생각보다 협소한 회의실에서 생각보다 많은 방청인들이 일찌감치 비좁은 자리를 가득 메우고 있더군요. 그래서 반가웠고 내심 기대가 컸습니다. 이렇게까지 많은 분들이 도정의회에 많은 관심이 있나 하고요.

　하지만 이런 생각은 10분을 채 가지 못했습니다. 30여 명 조금 넘는 방청객 중에 2/3정도의 인원은 교육청 행정사무감사를 받는 교육청 관계자 및 실무자들이고 나머지 1/3은 교육기관과 관련된 학부모 및 기타 단체라는 것을요. 그 외에는 카메라 담당을 포함한 극소수의 기자 두 명 정도.

　올 6·2 지방선거 후 특히 충북은 지방자치단체장 및 도의회의원들 구성원 대부분이 한나라당에서 민주당으로 물갈이되었습니다. 지방자치 실시 후 역대 도지사 및 도의회는 거의 한나라당 독무대였다고 해도 과언이 아닌 곳이 이곳 충북이랍니다.

제가 참석했던 교육 분야 행정감사는 질의를 하는 위원장을 포함한 7명의 의원 중 4명은 교육계 출신이고 3명은 민주당을 소속으로 하고 있습니다. 당연히 질의하는 방식부터 차이가 있더군요. 정당을 소속으로 하는 분들의 질의는 정치인답게 나름 날카롭고 맹공이었죠. 나머지 분들 중에서 한 분은 행정감사대상자에게 아주 우호적이었고 나머지 3인은 수위를 조절해가면서 질의를 했습니다.

그래서 조금은 실망했답니다. 국회행정사무감사는 여러분들도 TV에서 접해서 알겠지만 각 국회의원들의 끝내주는 도발적인 언어 선택과 오고가는 정다운 몸싸움과 고성들, 감사대상자의 인격을 모독할 정도의 사정없이 꽂히는 송곳 같은 질문… 기타 등등, 뭐 이런 걸 기대하고 갔지만, 이런 저의 발칙한 기대는 무리였나 봅니다.

헌데 더욱 저를 기가 막히게 한 것은 다음날 지방언론 및 교육관련 단체에서 내놓은 교육위 행정사무감사 질의 의원들에 대한 평가였습니다.

정당을 소속으로 하는 의원들의 질의가 언론 및 교육관련 단체 구미에 안 맞았는지, 아니면 지방정권이 야당으로 넘어간 현실에서 처음으로 이루어진 도교육청 행정사무감사 질의 방식에 적응이 안 되었는지 관련 단체는 "탄핵하겠다, 사과하라"는 등의 논평을 내고 지방언론은 여과 없이 일말의 공정성과 객관성 없이 관련 단체의 입장에 서서 그대로 내보내고 부추기기까지 합니다. 그래도 MBC가 조금은 낫더군요.

"때리는 시어미보다 말리는 시누이가 더 밉다"라는 말의 의미를 이제야 알겠더군요. 우리 회계직에 대한 질의를 충북 공기관을 통틀어서 공식 회의상에서 최초로 거론한 이광희 의원은 요즘 지역 언론에 맨날 무참히 씹히고 있습니다. 그분은 질의를 통해 '학교운영위원이 학교 쪽으로 거수기 역할을 하고 있다, 민주노동당 후원교사 선고 이전 해임한 것이 부당하다' 등, 지역 교육계의 매우 민감한 사항을 파고들었죠. 한마디로 성역화된 곳을 향해 정치적 이해득실 없이 용감무쌍하게 건드린 거죠.

나의 표로 뽑아서 의회로 보낸 지역구민 입장에선 아주 잘난 놈이지만 교육단체 및 교육관계자 입장에선 굴러온 돌이 박힌 돌 뺀다고 아주 재수없는 놈이죠. 이러한 골수기득권층을 건드렸으니, 이분 의정 앞날 불 보듯 뻔합니다. 오늘 지역신문은 이번 싸움을 아예 한 명의 개인 차원이 아닌 충북지역 민주당사와의 대결로 몰아가려는 태세입니다. 얼마 후 대선 및 총선이 있으니 지역 국회의원들도 신경 쓰이는 모양새입니다.

하지만 예전처럼 언론의 말발로 눈 가리고 아웅하는 식으로는, 점점 세련되고 의식화되어가는 시민들의 정치의식을 막지는 못할 겁니다. 6·2 지방 선거를 통해 30, 40대 시민들은 물론이거니와 20대까지 숨어 있는 표들의 반란을 기득권층에 보여줬던 소중한 경험이 우리에겐 있으니까요.

방청현장에서 제가 생생하게 느낀 사실들과 달리 과잉으로, 역으로 포장되고 왜곡되어 언론을 통해 나가는 것을 보고 저는 경악을 넘어 절망스럽기까지 했습니다. 이러한 일련의 과정을 지켜보면서 덜컥 겁이 났습니다. 자기들 입맛에 안 맞는다고 엄연히 도민들이 뽑아준 일꾼을 그것도 어떠한 결함이 없음에도 불구하고 오히려 함량 과잉인 일꾼을 쳐낸다면 우리의 미래는 어떨까요? 끔찍합니다.

함량 미달인 지도자 및 정치인을 잘못 뽑으면 국민 및 시민들이 얼마나 개고생하는지…. 우린 너무나도 잘 알죠. 우리 충북 회계직 질의를 해줬다고 해서 이광희 의원을 옹호하고자 하는 것이 아닙니다. 저는 그렇게 정치인을 신뢰하는 인간이 결코 못됩니다. 어차피 국민을 대신해서, 주민을 대신해서 제도권 안으로 정치인을 들여보내야 한다면 제대로 된 능력 있고 소신 있게 자기의 주장을 내세울 만한 일꾼을 골라야 한다는 것이 저의 지론입니다.

방청현장에서 제가 두 눈으로, 두 귀로 보고 들은 사실이 있는데 세상 밖에서는 완전 거꾸로, 거꾸로더라고요. 요즘은 완전 이상한 나라의 앨리스가 된 기분입니다.

제대로 된 정치 인재가 부족한 국가 및 지방의회에서 그나마 있는 제대로 된 싹수도 잘라버리겠다는 현실에서 암담함과 두려움을 느낍니다.

여러분 우리의 이익을 떠나서 우리 정치사회의 발전과 우리 아이들의 살아갈 좀 더 나은 미래를 위해서 이렇게 순수하게 고군분투하는 정치인은 지켜주고 격려해줘야 함이 당연하지 않을까요?

이상 도의회에서 열 받은 참관자가 여러분들께 올리는 행정감사 방청소감이었습니다.

*이 글은 내 블로그에 올라온 학교비정규직 노동자의 글을 옮겨 실은 것이다.

충북 환경대상을 수상하다

"의정활동부문입니다. '의정활동의 새로운 장을 여는 녹색정치인으로 이광희 충청북도의회 의원'을 선정합니다."

염우 충북환경련 사무처장의 호명에 가슴속에서 뭉클한 무엇인가가 치받고 올라왔다. 최근 여러 가지 마음고생을 많이 해서인지, 충북환경인의 밤 행사장에서 보는 얼굴들마다, 격려해 주는 말 한마디에도 감격스러웠다.

사실 며칠 전에 미리 환경대상을 수상하게 되었다고 전화를 받았지만 하도 언론에 시달리다보니 잠시 잊고 있었다가 행사장에 가서야 다시 떠올랐던 것이다.

참으로 기뻤다. 더구나 충북 숲 해설가협회 회원들의 꽃다발 세례까지. 솔직히 고백하건대 나는 이 상을 받을 자격이 없다.

핑계를 굳이 대라면 4대강 사업으로 환경련 측과 조율이 안 되었다고도 할 수 있겠으나, 결과적으로 지역 내 4대강 공사 중 어떤 것도 막지 못했으며, 환경의원 모임조차 한 번 해보지 못했기 때문이다.

흘러야 물이고, 있어야 산인데, 아무것도 시도하지 못한 상태에서 상을 받는다는 것이 하룻밤 지내고보니 미안하고 죄스러웠다. 더욱이 가장 많은 격려의 박수를 받았던 것도 미안했다.

환경대상을 받아 기뻤지만 송구스러운 마음이 더 드는 것은 올해 아무것도 못했다는 나에 대한 솔직한 평가 때문이다. 기왕에 받게 되었으니 더 분발하고 더 열심히 하라는 격려로 생각하는 수밖에.

도의원 첫 해,
나의 10대 뉴스

1. 도의원 당선

9대 충북도의회 개원 첫날 집사람에게 방청해 줄 것을 부탁했다. 다른 이들은 많은 손님들을 배려했던 것 같은데 난 집사람에게만 참석을 요청했다. 처음으로 자랑하고 싶었고 함께하고 싶었다.

8년 전 시의원 선거에서 낙선하고 둘이서 선거사무실을 정리하면서 너무나 미안했지만 미안하다는 말을 하지 못했다. 시민운동가 남편을 지켜보면서 얼마나 힘들었을까? 앞으로도 더 많은 힘든 날이 있겠지만 이날만큼은 기뻐해주길 바랐다.

2. 아들 동호 건국대 수시합격

올해는 정말로 고3 수험생 아들에게 신경 쓰지 못했다. 그저 아침 일찍

차 태워주고, 밤 늦게 데려올 수 있었으면 좋겠다고 생각했다. 학원 한 번 보내지 못한 채 논술 수시시험을 본다고 했을 때에도 차마 기대하지 못했다. 남들이 어느 대학을 보내야 할지 고민하고 있을 때 논술수시 합격했다는 전화를 받았다. 알아서 커주는 아들이 고맙다. 이제 얼마 후면 서울로 올라간다고 할 것이다.

이렇게 아들은 자신의 세상으로 나아가고 있다. 내가 1982년 서울을 떠나 청주로 왔던 것처럼.

3. 처음 가본 일본과 중국

난 유독 외국을 가볼 기회가 없었다. 올해 교육위원회 해외연수의 일환으로 일본을 다녀왔다. 성공적이라 평가 받는 일본의 작은 학교들을 둘러보았다. 산골마을들이어서 정작 일본의 고층 건물과 현대식 도시는 보지 못했어도 기본기 충실한 일본의 저력을 느끼고 왔다.

이어 충북과 우호교류를 하고 있는 중국 광서장족자치구를 방문했다. 중국은 이미 규모의 측면에서 한국경제를 넘어서 세계 최고 지위에 도전하고 있음을 보았다. 성장가도의 술렁임을 확인했던 소중한 경험이었다.

4. 집사람 학습지 선생님 그만두다

아내가 7년 동안 일했던 학습지 교사를 그만두었다. 8년 전 낙선한 선거 때는 8년 동안 다니던 보험회사를 그만두고 선거를 도왔다. 그리고는 다시 학습지 교사로 우리 가족을 지켜주었다.

꿈꾸던 자신만의 인생보다 우리 가족의 미래와 가정을 책임졌던 것. 어쩌면 앞으로도 자신만의 길보다는 나와 우리 가족을 위해 살아가는 길을 택할 것이다. 무엇으로 보답할 수 있을지 모르겠다.

5. 시민운동가에서 도의원으로 거듭나기

9대 도의회가 출범하고서 수많은 논란의 중심에 있었다. 언론에 수없이 오르내렸다. 개원 첫날 5분 발언으로부터 학교 급식판 수거 논란, 학교운영위원에 대한 거수기 발언 논란, 교육감의 교육위 증인신청 관련 논란 등이다. 마을신문으로 공동체운동에, 숲 해설가협회 사무국장으로 환경운동의 언저리에 있었던 내가 도의원으로 거듭나기 위한 통과의례라고 생각했다.

내년에는 치열하지만 좀 더 세련되게, 적극적이지만 우아하게, 도전은 하되 세심하게 일할 수 있었으면 좋겠다.

6. 교육위원으로 '교육가족'이 되다

교육감은 언제 어디에서나 '교육가족'이라는 말을 참 많이 한다. 그 전에야 충북 교육계에 대해서 관심도 없었을 뿐더러 내 아이들의 학교문제만 머릿속에 있었다.

그러나 막상 교육위원이 되고나서 더듬더듬 알아가는 중에 있다. 내가 존재하고 지향했던 공동체, 환경과 생태, 인권과 인간에 대한 애정, 정치와 국가의 지향에 대한 철학과 기반이 많이 달랐다. 또 다른 사람들의 또 다른 세계가 있다는 생각이다. 이쯤 되면 나도 '교육가족'이 된 것일까? 낯설지만 급속한 편입이다.

7. 충북환경대상 〈의정 부문〉 수상

작년에는 두꺼비 마을신문이 충북환경대상 특별상을 수상했다. 조현국 발행인이 참석을 못해 편집장인 내가 대신 받았다. 올해는 내가 의정부문 환경대상을 수상했다. 당시 교육계와 갈등으로 심사가 불편하던 터라 시상식장에서 하마터면 눈물을 보일 뻔했다.

아직 아무것도 못하고 아무런 공헌도 못했는데 막상 상부터 받고 나니 미안하기도 하고 마음이 무겁기도 했다. 모든 이들의 기대에 보답하기 위해 더욱 노력해야겠다고 다짐했다.

8. 인터넷 카페에 '팬클럽'이 생기다

올해는 정말 많은 사람들의 도움을 받았다. 선거 과정에서도 그랬지만 도의원이 되고 나서도 많은 사람들을 만나고 배웠다. 공무원보다 먼저 출근하고, 현장에 기반하여 의정활동을 하고, 잘 모르는 교육계에 대해 배워가면서 의정활동을 준비하자고 생각했다.

뭔가 하고자 하면 교육계와 충돌했다. 언론에 비판적 보도가 나갈 때 마다 격려 전화를 받았다. 그리고 '이광희 도의원을 지지하는 사람들의 모임'이라는 인터넷 카페가 만들어졌다.

9. 치열한 경선, 민주당에서 버티다

올 초 가장 큰일이라면 선거에서 승리한 것이다. 본선보다 경선이 더 힘들었다. 두 달간 진행된 경선은 민주당원으로서의 정체성을 다시 한 번 정립하는 과정이어야 한다고 생각했다.

민주당다운 후보임을 강조했다. 평화를 위해 6.15공동선언과 개성공단을 이룬 정당, 여성과 국민의 인권과 복지체계를 처음으로 세운 정당, 중산층과 중소기업에 바탕을 둔 서민정당, 시민사회에 기반을 둔 민주와 환경 중심 민주당이 내가 선택했고 지향할 민주당이었다.

결국 경선에 통과했고 본선에서도 승리했다.

10. 종합건강진단을 처음 받다

효성병원에서 교육위원 세 분과 함께 건강진단을 받았다. 그 전에도 기회는 있었지만 꼭 해야겠다는 맘이 동하질 않았다. 갑상선 검사를 다시 받았다.

건강이 무엇보다 중요하다. 사람들을 많이 만나다보니 잦은 술자리로 좋아하던 아침 운동을 겸한 산행을 못하고 있다. 날이 좀 좋아지면 다시 시작해야겠다.

제2장

작은 학교
희망 만들기

지방의원 해외연수라고 하면 으레 '외유성 해외연수'라는 낙인을 찍는다. 지방신문들의 단골 메뉴다.

우리는 이번 해외연수를 일본의 작은 학교 성공사례로 주제를 잡고 준비했다. 한국 내 모범적인 작은 학교를 방문하기도 했고, 나아가 EBS 다큐를 통해 우리가 방문할 일본의 학교들을 미리 공부하기도 했다. 연수를 떠나기 전 당연히 사전 질문내용을 보내놓고 심도 있는 방문을 만들고자 노력하기도 했다.

교육위원들과 함께
장기프로젝트 시동 걸다

우리 교육위원회에서 상반기 전체를 관통하는 장기프로젝트를 수행키로 했다. 도의원이 되고 보니 의원 개개인의 능력과 관심에 따른 활동으로 인해 팀플레이를 하기 어려운 구조다.

그래서 교육위원회에서는 장기프로젝트로 '작은 학교 활성화 프로젝트'를 공동으로 수행키로 했다.

일단 의원들 모두가 함께 참여하는 것이니, 교육위원들의 오랜 교육경험과 나를 비롯한 최미애 교육위원장의 시민운동 경험, 최진섭 의원의 행정 경험을 집중시켜 프로젝트를 진행한다면 뭔가 해낼 수 있겠다는 생각이 들었다. 나의 이러한 제안에 모두들 좋다고 했다.

작은 학교 지원조례는 2년 동안의 성과를 모아 교육위원 공동발의로 제출하는 것으로 하고 의회가 열릴 때마다 우리나라 곳곳의 성공적인 작은 학교를 방문하기로 했다. 이후에는 일본의 성공적인 작은 학교를 탐방하기로 했다. 공청회와 토론회 등은 답사가 완료된 이후 조례제정을 앞두고 시행키로 했다.

일단 10월 8일 경남 남해의 삼동초등학교를 방문했다. EBS 다큐를 통해 남해 바닷가의 작은 학교가 일본의 히가시나루세 초등학교를 벤치마킹하여 새롭게 거듭나고 있다는 것을 알게 됐고, 그래서 이곳을 방문하게 된 것이다. 우리가 찾아갔을 때는 마침 삼동초 학생들이 서울에서 열린 〈좋은 학교 박람회〉에 참석하여 전교생 76명이 대통령 앞에서 공연을 하게 되어 모두 서울에 갔다고 했다. 삼동초의 변화과정을 설명해주시는 교감 선생님의 어투에 자신감과 자랑스러움이 묻어났다.

칠판에 적혀 있던 줄탁동시 (啐啄同時, 알을 깨고 나오려는 아기 새의 노력(啐)과 바깥에서 이를 도와주려는 어미의 노력(啄)이 동시에 일어나야 함을 설명)라는 말이 눈에 띄었다. 함께한 교육위원들께서는 충북과 비교하여 학교 시설이 열악함에도 불구하고 교사들의 노력과 합심으로 이룩한 성과에 대해 칭찬을 아끼지 않았다. 교사와 학부모들이 합심해서 노력하면 학교를 바꿀 수 있다고 배운 시간이었다.

이어 10월 14일에는 충북의 보은 수정초와 청원의 동화초를 방문했다. 보은 수정초는 교장 선생님의 열성과 헌신적 노력이 돋보이는 곳으로, 충북에서 작은 학교의 모범으로 많은 칭찬을 받고 있다. '밤에도 열리는 학교' 방과 후 최우수 학교의 명성에 걸맞은 시설과 프로그램이 이목을 끌었다.

이어 방문한 청원의 동화초는 도시의 부모들이 폐교 위기에 있는 청원의 작은 학교에 32명을 한꺼번에 전학시켜 폐교 위기를 극복하고, 내실 있는 작은 학교를 만들기 위하여 한창 의욕적인 활동을 전개하려는 학교였다. 그러다보니 교육위에서 도와줄 일이 많았다.

　우리 교육위원들은 이번 몇몇 작은 학교 방문을 통해 장기프로젝트 〈작은 학교 활성화 프로젝트〉가 어쩌면 농촌의 작은 마을을 살리고 어린이 교육의 획기적 전환이 될 수 있을 것이라 판단했다. 공통의 의제 설정을 잘한 것 같아 뿌듯하기도 했다. 내일은 단양의 가곡초를 방문하기로 했다.

　도시에서 농촌으로 되돌아가는 교육환경, 그 계기를 우리가 만들 수 있을 것이라고 각오를 다져본다.

느리지만 단단한
삼우초등학교 방문기

사실 충북의 시지역인 청주와 충주, 제천을 제외한 군지역의 대부분은 100명 이하의 작은 학교로 이루어져 있다. 그것도 읍지역의 학교를 제외하면 면지역학교는 모두 작은 학교라 생각해도 무방할 정도다.

우리 교육위원회가 선택한 작은 학교 활성화 프로젝트는 그 동안의 농산촌 작은 학교의 폐교우선정책에 대한 대안적 의미를 갖는다. 그런 점에서 전국에서 최초로 제안하는 의회 차원의 작은 학교 살리기 정책이라고 할 만 했다.

지방자치 시대에 마을에 존재하는 작은 학교는 농촌마을에 커다란 자산이다. 우리가 시작하는 이번 공동 프로젝트가 농촌의 작은 마을을 활성화시키고 농촌학교 교육의 새로운 전환이 될 수도 있으리라 생각했다.

의원 혼자서는 하기 어려운 일을 상임위원회 전체가 합심해서 지역의 문제를 의제화 하고 대안을 마련하는 첫 걸음을 띤것같아 뿌듯한 마음이었다. 어쩌면 농촌의 작은학교 살리기의 시작을 우리가 할 수도 있을 것이라는 생각에 가슴이 벅차 올랐다. 이번에 우리가 방문한 곳은 전북 완주군 고산면에 위치한 삼우초등학교다. 조그만 시골학교에서 진한 감동을 받았다.

학생 114명, 교장 포함 교사 11명, 도움 주는 직원 8명이 함께하는 시골의 작은 학교는 들어설 때부터 여느 학교와 다른 외관이 눈에 띄었다. 둥근 원형의 독특한 학교 건물은 도무지 학교라는 느낌을 주지 않았다. 교실마다 현관처럼 밖으로 통하는 문이 나 있어서 대부분의 어린이들은 정문이 아닌 이곳으로 주로 다닌다고 했다.

건물 입구에는 통상적으로 있을 법한 권위적인 학교의 트로피나 거울 같은 소품은 보이지 않고 바로 도서관이 자리 잡고 있었다. 거실 겸 도서관인데 어린이들이 이곳저곳 틀어박혀 자기만의 세계를 펼쳐볼 수 있는 구조다. 함께 토론이 가능한 비닐하우스 같이 생긴 아늑한 공간이며 다락방을 연상케 하는 구석방, 더욱이 물음표를 상징하는 도서 대여대는 일반 시설과 분위기부터가 달랐다.

폐교 위기의 시골 작은 학교에서 서울에서 전학 온 아이들, 전북에서 이주한 아이들 60여 명이 함께하는 학교가 되다니 이렇게 모범을 보이게 된 이유를 알고 싶었다. 누구나 자신만의 교육철학을 제안할 수 있는, 권위를 떨쳐낸 교사들의 합의와 토론의 과정을 보고 싶었다. 그들이 지난 6년여에 걸쳐 지켜가고자 했던 작은 학교의 성공신화를 직접 듣고 보고 싶었던 것이다. 단 하루, 잠깐 다녀온 삼우초에 대한 이야기를 교감 선생님의 프레젠테이션을 통해 듣게 되었다.

삼우초등학교의 철학

학교를 소개하는 첫 장에서 삼우초의 철학을 잠시 이야기했다. 오히려 시골의 작은 학교이기 때문에 가지고 있는 장점, 그것의 활용 방법이 무엇인지, 모든 선생님들의 교육관을 공유하려는 학교의 의지, 기왕에 함께한 학교 운영철학의 합의에 대해 지켜가고자 하는 성의 있는 노력이 돋보였다. 특히 새로 부임하는 교장 선생님의 교육관에 따라 달라지는 학교정책이 아닌 오히려 학교 구성원들이 애초에 설정해둔 철학을 유지하고 지켜가려는 점이 믿음직스러웠다.

정규수업으로 승부

일단 정규수업의 질로 승부한다. 모든 결정 과정은 민주적 토론을 거쳐 정한다. 모든 프로그램은 학교 정체성에 맞추어 만든다. 타 선진지의 것을 모방하면 오히려 성취감과 보람을 못 느끼므로 이곳에 맞는 독창적 방식을 적용한다는 거다. 수업의 질 향상을 목표로 모든 선생님의 모든 수업을 1주일에 한 번씩 동료 교원에게 공개함은 물론 수업모형의 개발을 통해 선생님들의 수업 전문성을 높인다고 한다.

설명하시던 교감선생님은 오히려 어린이들이 학원, 방과 후, 학습지 등 아이들이 네다섯 배의 과중된 학습량에 시달려서는 안 된다고 목소리를 높였다. 선행학습을 지양하고 정규수업에 집중하며 방과 후나 공부방 수업에서도 정규 교육과정보다 앞서가지 말 것을 당부한다. 양은 줄이고 성과는 높인다는 목표 아래 선생님들이 저녁 10시까지 자료를 모으고 수업 준비를 하는 모습이 당연시되는 학교라니, 그것도 자발적으로 말이다.

지금의 삼우초등학교가 있기까지

2002년 폐교 직전까지 갔던 지역 초등학교 두 개(삼기초와 고산서초)를 통합하는 과정에서부터 지역 주민과 선생님들의 작은 학교 살리기는 시작되었다. 좋은 선생님을 모시는 것은 도교육청의 지원을 받았으며 선생님들이 정말 열심히 가르쳤다. 그러나 2004년 한 해 동안의 노력에 대해 모두가 '실패'라는 평가를 내렸단다. 그 이유는 많은 어린이들이 조손가정이거나 농촌의 고단한 삶을 사는 어려운 집안 사정으로 머릿속에 아무리 좋은 교육을 집어넣으려 해도 불가능했다고 한다. 그래서 모든 선생님들이 함께 심신수련과정 연수를 다녀오고 어린이들의 인성교육, 마음교육, 처음부터 모든 걸 다시 시작했단다. 그러다보니 당연히 삼우초에는 다른 학교에는 없는 '심신단련실'이 있다.

지극히 상식적인 그래서 민주적인

선생님들이 학교를 만들어 가는 과정에서 주민들과 함께 지향했던 것이 민주적 토론과정과 전원 합의의 과정이었다. 학교 설계부터 건축까지 서로 뜻을 모으고, 교육을 위해 요긴한 것이 있다면 학교 구성원들이 다시 반영하는 방식이었다. 당연히 교실의 입구, 심신 단련실, 도서관 등 학교 시설 모두 어린이 중심이 되었다.

더욱이 1년에 몇 번씩 전체 어린이 총회를 여는데 이곳에서는 저학년 어린이들이 고학년 선배들을 고자질하는 자리다. 지적받은 고학년 선배들은 사과를 하든지 아니면 변명이라도 해야 한다. 물론 이 자리 이후 해코지 당한 후배들은 한 명도 없었다.

또 산골짜기 가난한 집 어린이가 전교 어린이 회장이 되었을 때 오히려 도시에서 전학 온 학생의 부모님들이 의아해했다는 후문이다.

초임 발령받은 두 명의 교사가 들어오다

삼우초의 교장 선생님과 교감 선생님 모두 2004년부터 시작된 삼우초 교사 출신이다. 삼우초의 작은 학교 살리기를 성공시키고자 이곳의 교장과 교감으로 발령을 요청했던 것이다. 초기부터 함께했던 선생님들도 든든하게 자기 자리를 지키고 있었다.

그러나 선생님들은 순회교사제로 학교를 순회해야 한다. 그동안 만들어 놓았던 교육공동체는 또 다른 선생님들에 의해 승계되어야 했다. 작년에 초임 발령 받은 두 명의 교사가 새로 부임했다. 이들은 스펀지처럼 이곳의 문화와 전통을 흡수하면서 민주적인 합의 과정을 충분히 익혀나가고 활용하고 있다. 이제 삼우초의 철학은 새로 부임하는 선생님들에 의해 전수되고 있다. 느리고 오래 걸려도 토론을 통해 합의해냈던 삼우의 교육철학이 계속될 것이라는 믿음이 더욱 확실해졌다.

교장 선생님은 자신의 소파에 앉아본 적이 부임 후 한 번도 없었단다. 교장과 교감, 선생님들이 모두 N분의 1로 자신의 소신을 피력하는 학교, 어린이들이 중심이고 나머지는 이들의 올바른 성장을 도와주는 학교, 도시에서 오히려 돌아오는 시골의 작은 학교, 이들은 여전히 실험 중이라고 했다.

전북도교육감은 전북의 학교들을 삼우초처럼 만들겠다는 공약으로 당선됐단다. 삼우초가 만들어가고 있는 상식적이고 소박한, 돌아오는 시골 작은 학교의 이야기는 지금부터 시작이다.

작은 학교,
어떤 희망을 만들어야 하는가

비 내리는 가운데 제천 청풍면에 위치한 청풍초·중학교를 방문했다. 학교 옥상에서 내려다본 청풍호반과 주변 풍경이 정말 좋았다. 제주도의 바다가 보이는 학교와 견주어도 손색이 없을 만큼 정말 환상적이다.

작년 청풍초·중학교는 100주년이 되었다. 학교는 충주댐이 생긴 이후 세 번이나 옮겨 지금의 자리에 안착했다고 한다. 유치원 10명을 포함한 초·중학생 등 전체 학생 수는 71명. 말 그대로 농·산촌 작은 학교다.

청풍면은 제천이 자랑하는 청풍문화재단지를 포함한 드라마 촬영장들이 즐비한 관광지로, 얼마 전 끝난 벚꽃 축제가 말끔하게 정리되어 있었다. 벚꽃 축제를 하는 동안에는 인근 도로가 꽉 막혀 한 번 지나가려면 세 시간씩 걸리기도 한다.

청풍면의 전체 주민수는 300여 명으로 학교에서 내려다보이는 가구가 청풍면의 대부분이라고 봐도 된단다. 여느 농·산촌 학교들이 그렇듯 규모

100년되었다는 청풍초중학교 옥상에서 바라본 풍경

가 작아서 청풍초·중학교의 초등학생 졸업자가 작년 10명, 올해 1학년 신입생은 4명이었다. 계속 줄어드는 추세다.

100년 된 학교, 그나마 다행인 것은 1면 1개교의 원칙이 지켜지는 한 폐교가 되지는 않을 것이라는 기대감뿐, 교장 선생님은 특성화 학교로 많은 학생들이 입학하는 학교를 만들기 위해 최선을 다하고 있었다. 도시 아이들이 온다고 해도 정주하지 않는다면 편법 입학이 되기 때문에 문제는 정주 여건이다.

저녁을 학교에서 먹고 선생님들이 운영하는 방과 후 사랑방학교가 늦게까지 열린다고 한다. 학교가 언덕에 있어 올라오기 어려울지 몰라 마을회관을 활용한다고 했다.

"학교가 없어지면 마을공동체가 위협받습니다. 학교는 아이들만의 공간이 아닙니다. 마을사람 모두의 어린 시절이 담겨 있는 추억의 공간이기도 하고요. 체육대회가 열릴라치면 마을잔치가 벌어지기도 합니다. 아이들 때문에 얼굴 붉힐 일도 함께 풀어가기도 하지요." 청풍초 교사의 말이다.

옥상에서 내려다보이는 이곳 텃밭은 선생님들과 학생들이 함께 농사수업을 하는 곳이다. 함께 수확한 농산물 중 감자나 고구마는 함께 구워먹기도 할 것이고, 이곳에 다목적 교실도 지을 예정이다. 마을사람들과 함께 활용할 공간이자 더 많은 학생들이 오고 싶은 곳으로 만들기 위함이다. 다목적 교실 부지 옆에는 텃밭으로 쓸 공간을 이미 따로 마련해두었단다. 이번 추경 때 올라올 이곳 예산은 바로 통과시켜줄 생각을 굳혔다.

작은 학교가 살아야 마을공동체가 살아난다. 도시의 아이들이 이 아름다운 산골마을로 다시 찾아올 것이라 믿고 선생님들은 생태체험 프로그램을 궁리하고 있었다.

학교를 다녀오고 나서 청풍초 교사로부터 메일을 받았다.

"작은 학교를 살리기 위해 전국에 유명한 학교를 찾아다니며 벤치마킹을 하기도 하고 최선을 다해 노력하고 있습니다. 연간 20회의 다양한 체험학습과 토요 체험학습의 날 등을 운영하며 얻은 결과물들을 토대로 여름방학 동안 홍보 동영상을 만들 예정입니다."

가보니 더 대단한
남한산초등학교

경기도 광주 남한산성 도립공원 안에 있는 남한산 초등학교, 이곳에 들어서는 순간 탄성이 흘러나왔다. 내년이면 100년이 된다는 학교답게 입구의 전나무도, 교정 곳곳의 단풍나무와 향나무도 100년은 족히 되었음직한 당당한 모습을 하고 있었다. 1층으로 이루어진 학교건물과 울창한 나무들의 어울림이 정말 좋았다. 도립공원 내에 학교가 있기에 건물도 한옥에 가깝게 지어야 했다고 한다. 일단 숲속학교의 분위기가 맘에 든다.

'배움과 나눔으로 삶을 가꾸는 행복한 학교 이야기'라는 프레젠테이션 제목으로 교장 선생님이 직접 학교 소개를 한다. 학교 자랑보다는 학교운영의 철학에 대해 이야기를 시작했다. 과거의 학교는 성공한 산업사회의 학교로 인재를 양성하고 경제발전의 효율성을 교육에 접목하며, 지식중심의 경쟁, 선발, 권위적인 학교였다는 평가다. 그러나 새로운 학교는 지식

기반의 학교로 자아실현의 삶을 돕는 학교가 되어야 하며 이를 위해 학생 개인의 변화와 성장에 기초하는 창의, 인성 중심의 학교로 배움과 나눔, 협력과 돌봄이 중요하다고 한다. 남한산초는 '교육의 본질을 찾아 실천하는 교육'이 혁신교육이라고 했다.

'얼마나 알고 있는가보다 얼마나 창의적인가를 중심에 두는 학교로 질문, 독서, 체험중심의 교육과정을 운영'하고 있다고 한다. 남한산초에서 지식이란 '이용'하기 위한 지식, 안목을 제공하기 위한 교양으로서의 지식 교실로서, 지식습득 과정이 곧 자아실현의 과정으로 나아가고 동시에 즐거움을 느낄 수 있어야 한다고 설명했다.

학교를 돌아보면서 어린이들의 천진난만한 표정을 읽으며 학교를 정말 재미있는 곳으로 생각하고 있다는 느낌을 받았다. 아침에 등교하면 뒷산 산책과 차 한 잔 마시는 것이 공부의 시작이다. 또한 이곳에서는 학교와 사회의 관계와 이데올로기로서의 지식을 바라보는 관점을 중요시 여긴다고 했다.

남한산초는 시험을 보지 않는다고 했다. 아마 객관식형 기존의 시험을 이야기하는 것 같다. "전국 6학년들이 모두 봐야 했던 지난 학업성취도 평가에서 얼마나 나올까 걱정은 했는데요. 전국 평균 중상쯤 되더라고요. 그 정도면 만족입니다. 시험을 보지 않는데도 그 정도가 나오니까요."하며 웃는다.

수업시간은 80분씩 진행이 된다. 지루할 것이라고? 천만에 질문과 대답을 창의적으로 생각하는 수업과 참여하는 수업은 오로지 정규수업만으로도 충분하다는 점을 실증적으로 보여준다.

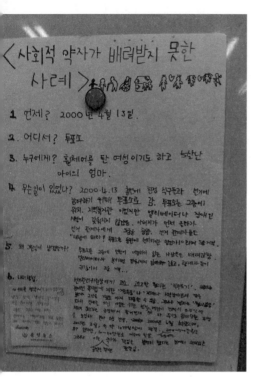

남한산초 교실에 붙어 있던 아이들이 작성한 벽보

단위수업시간에는 체험학습 중심으로 하고 학습속도가 느리거나 빠른 학생의 심화 보충시간을 확보해주면서 협동 및 자기주도적 학습이 가능토록 한다. 이를 위해 교사의 철저한 수업준비는 필수. 학교는 선생님들의 업무경감을 위해 결재를 맡지 않도록 웬만하면 전결로 처리한다. 선생님들에게도 자율성을 주고 교사로서의 자기정체성을 존중하며, 한 사람이 모든 상황을 이끌어가는 것이 아니라 모두가 함께 하는 고유한 학교문화를 11년째 유지하고 있다고 했다.

남한산초는 2000년 전교생이 26명으로 폐교가 될 뻔했던 작은 학교다. 지금도 원주민 자녀는 16명뿐으로 전체 학생 중 10%쯤 된다. 나머지 141명이 타 지역에서 이주한 학생들이다. 남한산초를 다니게 하기 위해 가족이 아예 이사 온 집도 많다. 학생 중 10% 정도는 아토피 때문에 이곳으로 왔단다. 맹자의 어머니들이 이곳에는 흔한 거다. 반지하방에서 생활하기도 하고, 아빠는 직장을 다니면서 가족이 따로 생활하는 사람들도 있다고 한다.

모두 1층으로 되어 있는 남한산초의 교실은 운동장 쪽으로 하나 더 나 있는 입구가 인상적이다. 밖에도 마룻바닥처럼 만들어 놓아 쿵쾅거려도 된다. 교실 밖이자 마룻바닥이니까. 작은 교실이지만 한쪽으로 약간의 공간을 만들어 이곳에 옷도 걸고, 책꽂이로도 사용한다. 모두 어린이들을 위한 공간 배치다.

교장실의 문패는 '교육상담실'이라고 되어 있으며 어린이들이 아무 때나 드나든다. 수업시간의 자율적 참가와 협동의 자세가 엿보인다. 방과 후 프로그램으로는 국악, 영어, 독서 등이며 어차피 학원도 없거니와 주로 운동장에서 뛰어논다고 한다.

PD수첩 방송 중에 나온 남한산초등학교 졸업생의 말이 기억 남는다. "내 인생을 살아가면서 가장 큰 힘은 남한산 초등학교에서의 배움"이라고 하는 말에서 난 큰 감동을 받았다. 학교가 재미있고 즐겁고 자율적으로 참여하는 교육이란다.

그동안 전국의 모범적인 작은 학교들을 방문해보면서 안정적 정착이 걱정됐었다. 그러나 이곳은 이미 학교문화로 자리가 잡혔다는 느낌이 든다. 인근의 학교들도 남한산초와 같은 방식의 열린 교육을 실현하고 있다고 한다. 전국적으로 남한산초의 철학을 함께하는 학교들이 운용되고 있다. 경기도 교육청에서는 남한산초를 모델로 4년간 200개의 혁신학교를 만들고 있다. 남한산초에서 시작된 새로운 교육이 이제 보편화되기 시작했다.

충북에서는 언제나 이 같은 교육이 이루어질까? '학생 개개인이 학교생활 전체 장면에서 소중한 인격체로 존중받는 학교, 놀이와 학습이 함께 있는 학교'가 목표인 남한산 초등학교의 사례가 대한민국 모든 초등학교에서 구현되길 기대해 본다.

"낙오자는 없다"
日 아키타현의 신화

지방의원 해외 연수라고 하면 으레 '외유성 해외연수'라는 낙인을 찍는다. 지방신문들의 단골 메뉴다. 우리는 이번 해외연수를 일본의 작은 학교 성공사례로 주제를 잡고 준비했다. 한국 내 모범적인 작은 학교를 방문하기도 했고, 나아가 EBS 다큐를 통해 우리가 방문할 일본의 학교들을 미리 공부하기도 했다. 연수를 떠나기 전 당연히 사전 질문내용을 보내놓고 심도 있는 방문을 만들고자 노력하기도 했다.

연수기간 중 주로 일본 도후쿠 지역을 방문했는데 산골과 바다가 인접한 지역이었다. 몇 시간씩 차를 타고 이동했는데 꽤 피곤했다. 거기에 저녁식사 후 평가회까지 진행했으니, 교육위원들은 "다시는 이런 연수 안 가겠다"고 할 정도였다. 그래도 참 배운 게 많은 연수였다.

다음은 연수보고서로 제출했던 글이다.

치바 료이치 아키타현 핫포 교육위 교육장과의 대화

아키타는 얼마 전 방영된 아이리스의 눈 덮인 산야 촬영장으로 익숙하다. 원래 아키타는 일본 본섬의 제일 상단인 동북지방의 북서쪽에 위치한 지역으로 흔히 동북3현으로 아오모리현, 이와테현, 아키타현을 꼽는다. 이중 아키타는 미녀가 유명한 지역이라나.

이 세 지역은 산림이 70%인 지역으로 일본의 산골 지역에 속한다. 바로 이 지역의 작은 학교 탐방을 시작했다. 4년 연속 전 일본 연합고사 1위 지역이다. 산골의 작은 학교에서 일어난 교실혁명의 현장을 살펴보고자 했다.

우선 아키타의 핫포정교육위원회를 찾아가서 만난 사람이 '치바 료이치' 교육장이다. 치바 료이치 교육장이 대뜸 내미는 명함이 인상적이다. 명함에 교육장의 얼굴과 언제든지 어려운 일이 있을 때 전화하라는 문구를 새겨 놓고 현 내 모든 학생들에게 배포했다고 한다. 핸드폰도 세 개가 있단다. 산골지역이라 혹시 통화되지 않을까봐 세 개씩이나 가지고 다닌다고 보여준다.

"나는 휴대폰을 세 개 가지고 있다. 24시간 학생들의 전화를 받을 수 있도록 늘 열어놓고 있으며 이것이 바로 왕따 없고, 학교 안 다니는 아이들이 없는 이유다."

이 같은 교육장의 자세는 신선하게 다가온다. 자가용을 손수 운전하고, 멀리서 온 손님들에게 직접 교육청 현황과 학교소개를 해주었다.

"특별히 학력을 높이기 위한 노력을 하지 않는다. 이곳에는 학원도 없고 책방도 없다. 다만 가정에서는 선생님을 신뢰하고 학교수업에 집중해서 공교육의 질을 높이고 있다."

아키타현 역시 50년 전에는 2만 명의 학생들이 있었다. 지금은 8,616명으로 줄어들었는데 저출산 고령화가 원인이란다. 모두들 도시로 아이들을 데리고 떠난 것이다. 충청북도 역시 같은 고민을 안고 있다니 십분 이해가 간다면서 이곳까지 찾아온 우리 교육위원들의 고충을 알고 있다고 했다.

그러면서 이 작은 산골학교가 4년 연속 연합고사 1등을 한 이유가 몇 가지 있다며 말을 이어나갔다.

"우리 현에서는 특히 학교를 신뢰하도록 학부모의 이해와 협조를 구하고 있다."

학부모와 교사가 함께 아이들 교육문제를 고민하고 공유하고 있다고 한다. 수업을 못 따라가는 아이들을 중심으로 "팀티칭 프로그램을 도입해서 한 학급에 두 명의 교사가 수업을 진행하는데, 그중 한 명은 정규수업을 진행하고 또 한 명은 개별 아이들을 지도하는 형태이다. 그와 더불어 머리 좋은 학생이 못 따라오는 학생에게 설명을 해주는 특별학습프로그램으로 학습능력이 전체적으로 상향될 수 있도록 분위기를 조성하고 있다."

이곳 교육의 특징 중 하나는 복습노트를 활용하고 있다는 점이다. 집에서 자발적으로 작성할 수 있는 복습노트를 통해 사고력과 표현력, 스스로 학습을 할 수 있도록 지도한다. 정규교육 이외에 방과 후 꼭 해야 하는 유일한 공부가 복습노트 작성이다.

또 기초, 기본교육에 충실하도록 지도하여 아이들에게 올바른 생활 및 학습습관이 정착되도록 한다. 우리나라에서 요즘 유행하는 자기주도형 학습법이 바로 이곳에서 이루어지고 있었다.

치바 료이치 교육장은 "왕따 당하고 있는 아이들에 대한 대책을 세워 특별히 관리하고 있다. 학교를 안 가려고 하는 아이들이 늘어나 중학교 교사들과 함께 대책을 모색하고, 초등 6학년과 중학 1학년 아이들을 함께 가르치고 있다."면서 초등학교 인력부족을 이야기하며 중학교 선생님이 초등학교 수업을 지원하고 있다고 했다. 현재는 학교 안 가는 아이들이 단한 명도 없다는 점을 강조하기도 했다.

하치모리 초등학교로 이동하기 전 치바 교육장은 "일본과 한국에서 우리 현을 방문하고자 대기하고 있는 건수가 501건이다. 대부분 방문 거절을하고 있으며 사전 질문을 보낸 곳 등 26건만 방문을 받아주었다. 한국에서는 10번째 방문이다."면서 은근히 자랑을 내비친다.

히가시나루세 초교의 교실혁명 현장에서

우리가 작은 학교에서 희망을 발견하려 한 것은 한 편의 SBS다큐가 큰역할을 했다. 그리고 EBS가 히가시나루세 초등학교의 사례를 한국의 남해 삼동초등학교에서 적용 실험해보고자 하는 '180일의 기록'을 보면서 일본의 히가시나루세 초등학교를 비롯한 일본 작은 학교 해외연수를 기획하게 된 것이다.

나는 다큐에 나왔던 눈 덮인 산골 작은 학교를 다니는 칸나를 만나보고 싶었다. 히가시나루세 초등학교를 수줍은 듯 마주하고 있는 그큰 눈망울을 보면서 어쩌면 작은 학교가 충북에서도 아이들의 희망이 될 수 있겠다는 생각을 하게 되었기 때문이다. 칸나는 체육실에서볼 수 있었다. TV에서 본 모습 그대로 씩씩했다. 또 대단히 예의바르기도 했다.

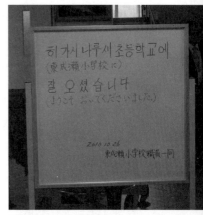

히가시나루세 초등학교를 들어서자
한글로 쓰여 있는 정겨운 인사말이 보인다.

일본의 학교 현관을 들어서면
가지런히 놓여 있는 신발장과 우산꽂이

처음 히가시나루세 초교를 들어서면서 느낀 점은 학교 구조가 모두 아이들 위주로 되어 있다는 점이었다. 학교 건물을 들어서면서 가장 눈에 띄는 것이 아이들의 신발장과 우산꽂이였다. 정리정돈이 잘 되어 있었다. 교실을 비롯한 모든 곳에 아이들의 그리기, 서예 등 작품들이 걸려 있었다. 잘하면 잘한 대로 못하면 못한 대로 아이들의 정성이 그대로 묻어났다. 특히나 감동을 받았던 부분은 선생님이 도와주거나 잘된 작품만 걸려 있는 것이 아니라는 점이었다. 두 번째는 전적으로 아이들 중심의 학교라는 점이다. 심지어 교장실조차도 아이들의 놀이터였다. 소파에서 뒹구는 녀석하며, 선생님들의 권위주의적 모습이라곤 찾아볼 수 없었다.

세 번째는 뒤떨어지는 아이들 중심의 교육방식이 특히 눈에 띄었다.

네 번째는 본교육의 철저함이다. 기본에 철저한 것이 일본 교육의 전통인 듯싶었다. 너무도 당연한 것에 내가 감동을 하게 된 것은 한국의 아이들이 방과 후며, 학원이며, 선행학습 등에 치우쳐 있는 반면 이곳에서는 정규 학교수업만으로도 전 일본 최고의 성적을 내기 때문이다. 선생님들은 본 교육을 더 잘하기 위해 늦게까지 토론회를 열어 학습에 대한 진지한 토론을 하고 있었다.

분필을 여전히 쓰고 있는 교실의 정면에는 어린이들의 자기소개서가 붙어 있었다. 교실에는 두 명의 선생님이 함께 아이들을 가르치고 있었는데 이를 팀티칭이라고 했다. 충북에서 시행되고 있는 보조교사를 활용한

팀티칭과는 전혀 달랐고, 두 분 모두 정교사였다. 한 분은 기본 교육을, 또 한 분은 뒤떨어지는 아이들을 개인 교습처럼 가르치고 있었다. 특히 수학과 국어 수업이 이렇게 이루어졌으며 심지어는 음악과 서예시간까지 두 분의 선생님이 함께 가르치고 있었다. 수학시간에는 어린이들끼리 서로 가르쳐주는 모습이 또 인상적이었다. 공부를 잘하는 학생이 이해

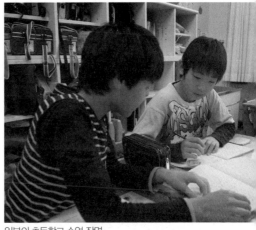

일본의 초등학교 수업 장면
공부를 잘하는 아이가 뒤처지는 아이에게 알려주는 모습.

가 부족한 학생을 가르치고 있었는데 대단히 자연스러웠다.

다큐에서도 눈여겨보았지만 히가시나루세 초교의 특징 중 하나는 가정학습의 충실함이었다. 선행학습을 하지 않는 이곳에서는 특히 복습노트를 활용해 학생이 직접 내용을 작성케 하는 훈련이 되어 있었다. 또 배운 것을 활용한 사고력 및 표현력을 기르기 위해 복습노트는 학생 각자의 노트가 모두 달랐다.

이를 위해 학교에서는 1주일에 한 번씩 학부모에게 학교에서의 일상을 가정에 통보하고 정기적으로 학부모와 선생님들이 회의를 하고 있었다. PTL이라고 불리는 학부모 간담회를 통해 학교와 학부모간 신뢰가 확보되고, 이것은 아이들까지도 자연스레 학교를 신뢰하는 기반이 되었다.

히가시나루세 초교의 교육이념 중 새로 부임하는 교직원에게 하는 당부가 눈에 띄었다.

1. 사람을 이해하고 사람을 소중히 하는 교육

2. 교육에 '희망과 미래가 있다'는 본질을 잊지 않는 교육

3. 우리 마을에서 교육 받은 것을 자랑으로 생각하게 할 것

4. 아이들을 안정감과 신뢰감 속에서 교육

5. 교육에 상한점은 없다(가능성을 끝까지 올려줄 것)

6. 다양성을 중시하는 교육

7. 학력향상 정책은 1년을 통해 성과에 도달한다.

   (일시적인 결과에 연연하지 않고 노력한다)

지역사회와 함께하는 츠키다테 초등학교

츠키다테 초교는 전체 학생이 29명이다. 선생님을 비롯한 직원 수는 11명. 그러나 이 지역에서 자라고 있는 삼나무 목재로 지어진 학교는 정말 아름답다. 새롭게 지어진 지 5년 된 신사옥 앞쪽에 136년이 된 구 학교 건

일본의 오래된 학교 앞에서. 100년넘은 학교임에도 이렇게 보존하고 있었다

일본의 산골학교 어린이들과 함께

물은 케센누마시 차원에서 보존하고 있다. 츠키다테 초등학교 역시 어린
이들 위주의 건물 형태로 넓은 복도에 급수대를 설치하여 학생들의 편의
를 중심으로 배치했으며, 천정에 채광창을 설치하고, 학생들이 움직이는
동선을 실용적으로 고려했음을 볼 수 있었다.

  츠키다테 초교의 1, 2학년은 마을을 감싸고 돌아드는 야세강에서 치어
방류학습, 고기잡이학습, 고구마 심고 수확하는 체험학습을 한다. 어린이
들이 수확한 고구마를 자랑스럽게 들어 올리는 야마모토 마사미 교장의
자랑스러운 미소를 잊을 수 없었다. 3, 4학년은 메밀재배학습, 누에를 직
접 길러 실 뽑는 학습, 명주실로 공예품 만드는 체험학습을 실시한다. 5, 6
학년은 숯을 굽는 학습, 전통문화 체험학습인 '스카자나 카쿠라'전 통춤 학
습 등을 하고 있었다.

  츠키다테 초등학교를 방문해서 프레젠테이션을 한다고 하기에 어떤 소
개를 하려는지 궁금했었는데, 학생들에게 마을사람들이 참여하는 생태학
습프로그램을 소개했다. 더군다나 산골마을에 고기 잡고 농사짓는 마을의

전통과 문화를 마을사람들이 직접 아이들에게 가르치고 있었다. 이를 자랑스러운 학습이라고 소개하는 교장과 교감 선생님이 더 아름다웠다.

이 학교 어린이들 모두가 40년 동안 지속되고 있는 '와세아사시 춤'과 '북춤'을 배운다. 지역민들이 직접 참여해서 가르친다고 한다. 연중 한 번씩 이루어지고 있는 학교 학예회는 마을사람들이 함께 참여하는 마을축제가 되고 있다. 케센누마시에서는 절대(이렇게 표현했다) 폐교를 시키지 않아 츠키다테 초등학교보다 학생 인원이 더 작은 학교도 있다고 했다. 학교가 없어지면 마을공동체가 무너지고 나아가 마을이 사라지게 되기 때문에 정책적으로 학교를 가능한 존치시키고 있다고 했다. 케센누마시가 추진하는 지속가능한 마을 만들기의 지역 거점으로 학교를 활용하여, 자연과 지역이 함께 지속될 수 있도록 하는 것이 목표라고 한다.

또한 학교와 지역사회가 아이들의 교육에 함께 참여한다. 교육에 대한 투자 역시 29명의 학생들을 위해 도시의 어느 학교 부럽지 않은 시설을 크고 아름답게 지어놓은 것과 어느 곳에 살든 교육의 질이 떨어지지 않도록 노력하는 모습에 감동했다. 학교 인근 농사짓는 가구 수가 16가구, 나머지 학생들은 인근 시내에서 일부러 출퇴근을 해서라도 이 학교에 보낸다고 했다.

학교 통폐합보다 시골 마을의 지속가능성에 더 많은 무게를 두고 학교를 마을의 거점 문화공간과 교육의 공간으로 지키고자 노력하는 현장이 바로 츠키다테 초등학교였다. 심지어 학생이 두 명밖에 없는 학교도 존치시키려 한다고 했다. 그들은 학교가 없어지면 마을도, 문화도 사라진다고 했다. 일본의 산골마을에서 지키고자 하는 가치가 우리의 가치와 별반 다르진 않을 것이다.

기리타 중학교에 입학하려면

아오모리현 토와타시 기리타 중학교는 인근 지역을 공동학군으로 정했다. 따라서 기리타 중학교를 입학하고 싶으면 멀리서도 올 수 있는 '특임제도'를 두고 있다. 전체 학생 수 47명 중 기리타 중학교가 위치한 동네에 살고 있는 학생은 19명이다. 토와타시에서 농촌지역 작은 학교를 살리기 위해 정책적으로 고민한 결과다. 시골학교라도 입학하기가 쉽지만은 않다.

초등 6학년 중 기리타 중학교 입학을 원하는 학생들은 입학 허가를 우선 받아야 한다. 허가조건으로는 첫째 의지와 희망이 있을 것. 둘째 보호자와 함께 살 것(악천후 시 보호자가 등하교 책임질 것). 셋째 학습의욕 있을 것. 넷째 볼런티어 정신, 협동심 있을 것. 다섯째 건강하고 장애 없을 것 등 조건이 꽤 까다로운 편이다. 물론 학교장의 면접도 있고 그동안 탈락한 학생도 4명이나 된다고 한다.

특임제도 외에 학교의 선생님 역시 토와타시 교육위원회에서 5~10년을 근무연한으로 발령을 받는다. 우리나라 초빙교사제와 유사한 제도이며, 영어 원어민이 진행하는 팀티칭 수업, 가정실, 음악실, 미술실, 체육관 등 특별교실을 연중 운영한다.

누마오 이치아키 교장은 학생들에게 "봉사정신, 향토애, 국제인의 태도 육성을 위해 다양한 체험 학습이나 특색 있는 교육활동을 통해 감성이 풍부한 인간성을 키운다."고 한다. 또 교육이 성공하기 위해서는 외부의 하드웨어가 중요한 것이 아니라 내부의 소프트웨어가 매우 중요하다고도 했다.

우리가 도착하기 전날 할로윈데이 축제를 열었는데, 유리창에는 그날 붙여둔 스티커들이 그대로 남아 있었다. 드넓은 농촌 들녘과 아름다운 창문가에 따뜻한 햇볕이 드는 아담한 학교, 단정한 교복을 입은 학생들의 미소가 예쁘다. 토와타시 교육장과 이치아키 교장 선생님의 열정적인 설명만으로도 시골 작은 학교 기리타 중학교를 지키고자하는 노력의 흔적이 역력했다.

- **기리타 중학교의 교육목표**

  1. 미래세계에 적합한 평화적 · 창조적 인간 육성
  2. 바르게 행동하는 학생 육성
  3. 진취적이고 심신을 단련하는 학생 육성

- **기리타 중학교의 중점 노력 방향**

  1. 수업 충실 – 한 사람 한 사람의 학생이 각 교과 및 통합적인 학습시간 등에 주체적으로 대응하고 확실한 학력을 키울 수 있도록 기초, 기본적인 내용에 입각한 교재연구.
  2. 도덕적 실천력 육성을 위한 도덕교육 충실
  3. 특별활동 충실
  4. 학생지도 및 진로 지도의 충실
  5. 장애학생 등 특별지원교육의 충실
  6. 환경교육의 충실
  7. 국제화에 대응하는 교육

교육의원들의 평가회 '줄탁동시'를 보다

박○○ 의원 : 한국의 교육장은 관료적인데 이곳 교육장은 학생들에게 카운슬링을 직접하고 있다. 교장도 교육장과 대화를 할 때면 의사소통이 원활히 안 되는 경우가 종종 있는데 이곳의 교육장은 관료적이지 않고 학교와 학생을 지원하고 있었다. 한국도 지원청으로 바뀌었으니 학교와 학생들에게 진정한 도움을 주는 교육행정을 펼칠 수 있도록 하는 기회가 되었으면 한다. 농촌의 현실이 우리와 비슷하다.

최○○ 의원 : 학교가 인상적이었다. 들어서는 입구에서부터 아이들의 작품중심으로 꼼꼼하게 전시해 놓은 것 인상적이다. 칠판 역시 분필로 써 놓은 것과 선생님들이 성의 있고 열성적으로 가르친다는 것이 눈에 보였다.

장○○ 의원 : 료이치 교육장의 관료적이지 않고 서민적이며 아이들에게 24시간 전화를 개방한 것, 직접 차량을 운전해서 하치모리 초교로 함께 가는 모습이 인상적이고 본받아야 한다고 느꼈다. 특히 학교 부적응아와 함께 가르치는 모습은 가식적이지 않고, 아이들끼리 레포(Rapport) 형성된 것 보기 좋았다.

- 인턴교사에 대해서도 다시 보게 되었다
  (보조교사가 정교사임은 추후 알게 됨.)
- 지자체 예산 1/6 지원한다는 이야기
- 학생들 신발장, 교실 정리정돈 등 학생 기본교육이 잘 이루어진 것 감동

전○○ 의원 : 전 교육장이었던 것이 창피할 정도였다. 료이치 교육장이 하치모리 초등학교 방과 후 학습을 하고 있는 아이들 세 명을 모두 잘 알고 있는 듯했다. 관료적이지 않은 모습에 놀랐다. 교장 선생님이 교육장을 가식 없이 대하는 모습에 시사 받은 바가 많다.

가식 없는 학교현장, 선생이 교실에서 교장을 나가라고 하더라. 빨간 펜을 많이 쓰는 교사가 훌륭한 교사라는 말에 감명받았다.

우리나라 학교들은 화이트보드로 바꾸었는데 이곳은 아직도 칠판을 활용하는 모습 좋았다. 또 선생님들이 서서 가르치는 모습도 좋았다. 우리나라의 경우 앉아서 가르치는 경우 많다.

환경정리는 아이들의 작품 중심으로 모아 놓았더라. 열의 있는 선생님 모습도 감명 받았다.

전문위원 : 복습노트활용, 팀티칭기법, 아이들끼리의 1:1 수업 등이 학업성취를 높이는 방법이라고 한다. 1등 비결이 무엇이냐고 물어보았더니 아키타에서는 아이들에게 신중하고 정중하게 대한다고 하더라. 직접 보면서도 아이들끼리 서로 가르쳐주는 것이 잘될 수 있을까 하는 생각을 하게 되었다.

학교 들어가는 입구에 신발장, 우산꽂이, 책꽂이 정돈된 것 신선했다. 들어서면서부터 우리나라 학교들처럼 학교의 권위를 상징하는 것 없이 아이들것 중심으로 되어 있는 것 신선했다. 우리나라 아이들 가방 무겁게 다니는데 이곳 학교에서는 신발주머니도 학교에 있었다. 메모 습관, 게시판 활용 정갈하게 잘 되어 있었다.

하○○ 의원 : 우리 농촌 들녘과 다를 바 없는데 질서 잘 지키는 것, 기초와 기본에 충실한 것 매우 인상 깊었다. 또 민관이 함께 이루어낸 성과를 중점적으로 지속시킬 수 있는 것 좋았다. 의식개혁, 선생님·학부모·학생이 신뢰를 가지고 있어 '줄탁동시'의 모습을 보았다. 이러니 1:1 결연, 순회지도 교사, 팀티칭 등이 잘 될 수밖에 없다.

교사와 관리자가 권위주의 없이 동등하고, 교사의 사명감 넘치는 모습들이 모두 자연스럽게 흘러가고 있어야 한다. 교육환경이 화려하지 않지만 실용적이고, 지역사회와 연대가 가능한 점, 표정과 기본자세 배워야 할 것이다.

위원장 : 미네로 교육위원회에서 만든 정책이 학교현장으로 내려갔는지 아니면 학교에서 요구해서 실행된 것인지 알고 싶었다.

저소득층, 장애아이들 늘어나고 있어 아이들을 위한 프로그램 개발이 중요하다.

신중하고 정중한 자세로 아이들 대한다는 말, 교육장의 태도, 공부 잘하는 아이들이 동급생 가르치는 모습, 기본에 충실하다는 점이 돋보였다. 교육청이 매우 밝고 선생님 중심적으로 배치되어 있어 실용적인 면이 좋았다. 학교포기 아이들 대책, 뒤떨어진 아이들 한 명도 없다는 점, 수업에 집중할 수 있는 분위기를 배워야 한다.

일본 교육위원들과의 대화

일본 연수의 주제는 성공적으로 운영되고 있는 작은 학교 탐방이었다. 또한 방문학교가 위치한 지역의 교육위원회를 방문하여 작은 학교에 대한 지원 상황을 알아보기도 했다. 우리가 찾아간 곳은 아키타현의 핫포정 교육위원회, 모리오카시 교육위원회, 아오모리현 교육위원회였다. 물론 히가시나루세촌 교육위원회, 케센누마시 교육위원회, 도와타시 교육위원회는 학교 방문 시 교육장이 직접 안내해주고 현장에서 함께 이야기를 나누기도 했다.

우리 일행이 마지막으로 찾아가 회의식 대화를 나눈 곳은 모리오카시와 아오모리현의 교육위원회였다.

• 모리오카시 교육위원들과의 대화

모리오카시는 인구 29만의 선진 교육도시로 유명하며 미야자와 켄지 등 유명인들을 배출한 도시다. 초중고 70개에 2만 3,000명의 학생들이 있다. 모리오카시는 전체 시 예산의 9.4%(956만 엔 정도)를 교육에 투자하고 있다.

일본교육시스템과 한국 시스템의 차이에서 오는 정책 차이가 적지 않았는데, 일본의 교육위원회는 지자체 내부 시스템으로 되어 있어 한국처럼 독자적이지 않고 현과 청, 그리고 시의 한 부서로 되어 있다. 인상적이었던 것은 지역사회와 학교의 공조시스템이다. 학교에서는 지역주민들을 활용한 거주자 입주 방문지도, 청소활동, 자원회수, 가정실습, 모필 지도, 체육실기지도, 이과실험, 영어교육 등 자원 활동에 비중을 두고 있으며 모두 자원봉사 개념이었다.

특징적으로 이곳에는 방과 후 학습은 공식적으로 없다. 다만 체육 및 특기적성활동은 지역사회와 함께 이루어지고 있으며 여러 가지 측면에서 심지어는 교육실력 면에서도 작은 학교가 학력이 더 좋은 편이다.

또한 이지메 등 학교폭력, 왕따 등에 대해 매달 각 학교에서 보고하게 되어 있다. 기본적으로 학교 차원에서 대응하고 있으며 매년 11월 학부모와 아이들에게 앙케트를 받게 되어 있다. 매년 왕따 관련 회의를 '이지메 용서하지 않는 모임'에서 한다.

모리오카 교육위원회에서는 초등학교에서 벼농사 체험, 지역 상인 인터뷰, 중학생의 직장연수 등이 중요한 수업이라고 생각한다. 머리로만이 아닌 직접 체험이 중요 학습이라고 했다.

• 아오모리현청 교육위원들과의 대화

아오모리현청 교육위원회의 가와무라 마사히로 교육차장은 우리 지역이 안고 있는 문제와 같은 고민이 있음을 알려주었다.

"아이가 줄어들고 있는 것 현실이다. 아이가 줄어들면 지역 활기가 떨어진다. 아이들 웃음소리가 들리는 마을이 좋지 않은가? 내가 처음 교사가 되었을 때 학교에서 돌아가는 길 어느 집에서나 아이들 책 읽는 소리가 들렸다. 그러나 지금은 환경이 달라졌다. 선생님들은 아이들 교육이 매우 중요하다고 생각한다. 좋은 아이를 가르치고 싶다고 생각한다. 지금의 교육제도는 약 15년 전 부터 시작되었다. 팀티칭은 15년 전에 자리 잡고 있다. 아이들이 스스로 문제해결능력을 기르자는 모토로 이를 위해 선생님들이 무엇을 해야 하는가 1975년부터 계속 준비해왔다."

그는 우리들과의 대화에 진심으로 답변하고 있음을 느낄 수 있었다. 현청 예산의 20%가량을 교육예산으로 쓰고 있다고 했다. 아오모리현에서도 저출산 문제와 농촌 고령화문제로 학교가 줄어들고 있는 것에 대해 우려하고 있었다. 그러나 가능한 폐교를 시키지 않는 방향으로 유도하고 있다고 했다. 또한 선생님들의 문제에 대해 "우리 역시 선생님들이 신뢰를 많이 잃고 있다. 인간이기 때문에, 1938년부터 공무원보다 선생님 월급이 높았다. 그러나 지금은 비슷한 대우를 받는다."고 했다.

그는 지역사회의 학교에 대한 지원과 참여가 아오모리현의 특별한 자랑거리라고 했다. 모두 자원봉사에 근거하며 각자가 가지고 있는 전문지식을 학교에 투자하고 있다고 자랑했다. 이러한 관심으로 일본에서도 아오모리현의 학력 수준이 상위권을 차지하는 것이 아닐까라는 생각을 하고 있다고 한다.

일본에서도 전국 단위 학력고사가 년 1회, 현에서 주최하는 초5, 중2학년에 한해서만 실시한다고 한다. 물론 학교별 공개는 하지 않는다고 했다.

일본 작은 학교 탐방 연수를 마치며

충북도의회 교육위원회 위원들은 이번 연수에 열성을 다했다고 자부한다. 가는 곳마다 끈질기게 질문하고 우리의 문제에 대한 대안을 찾으려 노력했다.

특히 일본의 교육위원들은 우리들의 시간초과를 넉넉히 이해해주었을 뿐 아니라 진심으로 대하곤 했다. 이들은 한국에서 연수를 온 사람들 중에 이렇게 시간을 초과해가면서까지 진지하게 이야기를 나눈 경험이 거의 없었다고 격려해주기도 했다. 이번 연수 중 우리들과의 대화에 응해준 교육위원들과 각 학교의 교장, 교감선생님들께 다시 한번 고마움을 전한다.

충격, 연수지 도호쿠에
지진과 해일이 밀어닥치다

작년 충청북도의회 교육위원회에서는 '작은 학교에 희망을 찾는다.'는 주제로 일본 도호쿠 지역의 4개 현으로 연수를 다녀왔다. 바로 그 지역이 이번 지진 해일과 원전 연쇄폭발로 가장 큰 피해를 입은 지역이다. 우리가 방문했던 지역이 거론되면서 교육위원 모두가 충격에서 헤어나지 못했다.

3월 16일 현재 공식적 피해상황으로 "미야기현 이시노마키 시의 실종자는 1만 명, 게센누마에서는 지난 14일까지 전체 7만 5,700명의 주민 가운데 6만 명 행방불명, 이와테현 리쿠젠타카타와 각각 1만 7,000명, 오쓰치에서는 1만 명의 행적이 묘연한 상태다."고 밝혔다.

우리가 다녀온 곳은 미야기현, 이와테현, 아키타현, 아오모리현이었다. 후쿠시마현과 야마가타현까지를 도호쿠 지역이라 하며 이곳은 일본 북동부에 위치해 전기·전자, 자동차 등 제조업 중심의 투자가 많고 쾌적한 환경과 좋은 교육여건, 저렴한 토지가격 등을 갖춘 곳이다.

　인구 7만여 명 가운데 6만 명이 행방불명이라는 케센누마시. 우리가 방문한 츠키타테 초등학교 어린이들의 아름다운 미소가 마음에 남아 있다. 츠키타테 산골마을에 고기 잡고 농사짓는 마을의 전통과 전통문화를 마을 사람들이 직접 아이들에게 가르친다. 이를 자랑스러운 학습이라고 소개하는 교장과 교감선생님이 더 아름다웠던 곳. 지나카타가스미 교육위원장과 야마모토 마사시 교장은 "지속가능한 사회의 지역거점 학교로 자연과 지역이 지속될 수 있도록 하는 것이 교육목표"라고 강조했었다.

　1만 7,000명이 실종되었다는 이와테현, 당시 모리오카 교육위원회 위원들과의 대담은 정말 유익했었다. 그들은 머리로만이 아닌 직접 체험이 중요 학습이라고 강조했다. 모리오카시는 인구 29만의 선진교육도시로 유명하며 미야자와 켄지 등 유명인들을 배출한 도시. 전체 시 예산의 9.4%(956만 엔가량)를 교육에 투자하고 있었다.

　진도 9.0규모의 지진과 해일에 직접 맞닿은 아오모리 하치노헤 시에서는 숙박을 했었다. 아름다운 등대와 태평양을 누비던 오래된 배가 정박 중이던 곳. 가와무라 마사히로 교육차장은 아오모리현에서도 저출산 문제와 농촌 고령화 문제로 학교가 줄어들고 있는 것에 대해 우려하고 있었다. 후지사과로 우리에게도 유명한 아오모리 사과 농장과 사과 박물관은 어떻게 되었을까?

산맥 뒤쪽이라 그나마 덜 피해를 보았다는 아키타현, 나는 아키타현의 핫포정 교육위원회의 치바 료이치 교육장이 내밀던 24시간 전화해도 좋다는 명함을 잊지 못한다. 청소년들과 학부모들이 언제라도 전화할 수 있도록 3개의 휴대폰을 들고 다닌다면서 하치모리 초등학교까지 손수 안내하던 자상한 분이셨다.

그날 우리와 함께 아이들의 교육과 미래에 대해 진지하게 이야기하던 그들이 이번 대지진과 해일로 인해 어찌 되지는 않았을까 마음이 불안하다. 그들이 보여준 교육자로서의 헌신과 자랑스러움이 아직도 기억 속에 생생한데 그들의 안전이 확인되지 않고 있다. 연락도 되지 않는다.

가끔씩 아찔하게 떠오르는 불안감을 애써 떨쳐버리고 그들이 어느 곳에서라도 무사할 것이라는 희망의 끈을 놓지 않을 것이다. 그들이 반드시 돌아와 미소가 아름다운 우리 아이들의 미래를 밝혀주리라 믿는다.

토론회에 쏠린 작은 학교들의 관심

어제 충청북도의회 교육위원회가 '농산어촌 작은 학교 희망 만들기'라는 주제로 토론회를 열었다. 무려 1년 동안 일본의 작은 학교를 비롯한 지역 내 작은 학교들과 전국 초등학교 모범사례를 찾아다니며 발로 일군 정책토론회였다.

알다시피 지역 언론들은 교육위원회가 지난 1년 동안 교육계와 불화하고 교육위원회가 갈등하면서 문제만 만들어왔다고 줄기차게 주장해왔다. 그래서인지 단 한 명의 기자도 얼굴을 볼 수 없어 애써 마련한 기자석은 텅 비어 있었다. 하다못해 의원 1인이 개별 토론회를 열어도 이 정도는 아니다. 결국 다음 날 몇 개의 신문에서만 다루어졌고 어떤 신문은 보도는 했지만 애써 행사의 주최 측인 '교육위원회'를 밝히지 않았다.

지난 1년 동안 교육위원회는 2년 연속해서 추진할 장기계획으로 '작은 학교 희망 만들기' 정책 준비와 현장답사, 대안 만들기를 준비해왔다. 의회

역사상 상임위원회 전체가 공동의 정책과제를 목표로 함께 장기적으로 준비한 사례는 흔치 않은 사례인 것으로 안다. 교직생활의 경험이 풍부한 교육위원들과 정치활동을 해온 도의원들이 교육청과 지자체의 양쪽 기관에 공동의 정책과제를 던지는 자리였다.

토론회는 도내 작은 학교 교장들과 행정담당자, 작은 학교 학부모 등 150여 명이 참여해 의회 토론회치고는 성대한 규모로 진행되었으며 자료 준비 역시 교육의원들과 전문위원들이 함께 한 달여의 준비과정 끝에 마련한 자리였다.

청주와 충주, 제천 등의 도시를 제외하고 군 단위 대부분이 작은 학교인 상황에서 학교통폐합에 대한 새로운 정책마련이 시급한 상황이다. 더욱이 교육청에만 문제제기를 할 상황이 아니라 지자체가 공동의 책임으로 무너져가는 마을공동체를 세워야 한다는 인식 아래 학교 통폐합의 근원부터 해결해야 하는 시대적 상황과 맞물려 있는 것이 작은 학교의 현실이다.

경제논리로 그동안 220여 개의 학교를 통폐합했는데 오히려 농산어촌의 붕괴와 늘어나는 이농현상 등 새로운 문젯거리가 더 많은, 불합리한 상황을 만들게 되었다. 이 상황에서 의회가 나서서 대안 마련을 준비해야 하는 절박성을 표면화시킬 기회라 여겼다.

많이 준비한 토론회였으니만큼 예상대로 호평을 받을 수 있었고, 그동안 농·산·어촌 작은 학교 정책에 대한 문제점과 대안들이 쏟아져 나왔다. 일선에서 작은 학교를 운영하는 교장 선생님들의 열정과 신념, 교육담당자들의 고민들이 정책 과제로 한가득 채워져 나오는 자리가 되었다.

교육위원회 전원이 만들어낸 공동의 기획이 하모니를 만들면서 밖에서 보고 듣던 교육위원회와는 전혀 다른 모습에 놀랐다는 관계자들의 말을 여러 번 듣기도 했다.

1년 동안 교육위원회는 최대한 만장일치제를 지키기 위해 노력했다. 그러다보니 의견의 충돌도 있었다. 결국 교육감 증인채택 문제와 야간자율학습 현장방문 등 두 가지 사안만 합의하지 못했다. 예결산을 비롯한 나머지 대부분을 만장일치 합의로 통과시켰다. 위원장을 비롯한 의원들의 노력이 빛을 발한 어제의 토론회는 은근히 그동안의 고생에 대해 한 번쯤 '잘했다'는 말을 내심 기대하기도 했었다.

뭐 그래, 어쨌거나 이제 시작이다. 어제 토론회를 기점으로 우리는 2단계 '작은 학교 희망 만들기'를 위해 매진코자 한다. 세부정책을 조율하고, 조례를 검토하고, 지원책을 만들고, 작은 학교가 더 경쟁력이 있음을, 작은 학교 가고 싶어 미치겠다는 사람들을 불러 모을 수 있도록 노력하겠다.

제3장

의정 2년차
"갈수록 태산이네"

사회적 약자의 편에 서자, 권력자에게 칭찬을 받기보다 존경을 받자, 할 말은 하자, 늘 현장에 있자, 겸손하자. 뭐 이런 것이 초심이었을 것이다. 스스로 노력하고, 점검하고, 한순간 변해 있는 모습을 발견한다면 소스라치게 놀라 깨어날 수 있어야 한다.

도의원 당선 1년, 다시 한 번 그날을 돌아본다.

구제역 방역 현장 자원봉사를 마치고

새벽 6시 인수인계 받다

새벽 4시 50분 알람소리에 눈을 떴다. 새벽 6시부터 괴산 사리면 불당 골 앞 구제역 방역초소 자원봉사 순번이기 때문이었다.

5시 50분쯤 이용상, 김영근 청주시 의원이 밤샘한 불당골 방역초소에 도착했다. 따로 초소가 없는 관계로 지역 방범대 승합차에서 밤을 샜다고 했다. 얼굴이 말이 아니었다. 이용상 의원은 시간에 맞추어 와준 다음 순 번 대기자가 여간 고마운지 표 나게 반가움을 내비친다.

김영근 의원이 해야 할 일에 대해 인수인계를 해준다. 마을로 들어가는 사람들은 상관없지만 나오는 사람들은 누구를 막론하고 간이로 설치한 방 역워셔액으로 소독을 하고 나가야 한다고 했다. 혹시 소독액이 떨어지지 않았는지, 떨어졌을 경우 대체 방법 등을 알려주고는 밤샘 고생의 흔적만 남겨 둔 채 어두운 시골길을 부릉거리며 사라져갔다.

민주당의 구제역방역 자원봉사 발대식

전날 민주당에서는 구제역방역 자원봉사 발대식이 있었다. 벌써 150여 만 마리 가까이 살처분 되었다고 했다. 백신 접종이 51% 가량 되었는데 이렇게 되면 방역 청정국 자격의 지속에 대해 안심할 수 없다는 이야기도 나왔다.

충북은 소의 5%, 돼지는 10% 가량이 살처분되었다고 했다. 15개 지역으로 구제역 양성지역이 늘어났다고도 한다. 충북 민주당은 도의원과 청주 청원의 기초의원들이 앞장서서 24시간 방역활동을 하기로 결의했다. 도의장과 시의장까지 포함해서 24시간 교대 근무 조를 편성하고 4개 초소를 맡기로 했다.

김대중 대통령은 2000년 3월 "방역은 제2의 국방이다. 방역은 기존의 규정에 얽매이지 말고 상상할 수 없을 정도로 강력하게 하고, 피해 농가에 대한 보상은 농민들의 기대 이상으로 파격적으로 행하라."고 지시하여 강력하게 대처한 바 있다.

그러나 이번 구제역은 영주에서 발생한 이후 40여 일이 흐르면서 전국적으로 확대되고 있으며, 이는 1990년대까지만 해도 세계적인 양돈 수출 국가였던 대만 축산업이 청정국 지위를 박탈당했던 최악의 상황을 떠올리게 할 만한 수준이라는 평이다. 그럼에도 이명박 정부의 대응은 아직까지 미미하다.

충북 괴산의 민심은 흉흉했다

우리가 방역작업을 한 곳은 괴산에서 처음으로 구제역이 발견된 불당골이었다. 이미 인근 마을까지 돼지 5천여 마리가 살처분되어 매장되었다고 했다. 도착한 마을 입구는 엊그제까지 돼지들의 꿀꿀거리는 소리가 시끄럽게 들리던 곳이었는데 그저 닭 울음과 개 짖는 소리만 간간이 들리는 마을로 변했다. 축산의 흔적은 냄새만 남았을 뿐 축사는 비어 있었다. 더군다나 건너 마을에서는 내가 있는 동안에도 염소를 살처분한다면서 마을 입구로 들어오는 모든 차량과 사람들을 통제해달라고 요청하기도 했다. 멀찍이서 살처분되는 현장을 지켜보면서 참으로 속상하고 비통했다.

인근에서 소를 30마리 키운다는 아주머니는 소독 방역샤워기를 통과하면서 구제역 감염 우려에 잠을 못 잔다고 했다. 건너편에서 염소 살처분을 도와주던 아저씨는 건너 마을 돼지 키우는 집에서 구제역이 발병되었음에도 청주 인근으로 납품을 했다면서 죽어나자빠지는 돼지 때문에 신고를 늦게 했다고 안타까워했다.

낮 12시까지 6시간 동안 현장에서 일하면서 여러 사람들의 이야기를 들을 수 있었는데, 마른기침에 간간이 섞여 나오는 이야기는 모두 흉흉한 것들이었다. 마을 공동체의 인정 어린 대화는 기대하기 어려웠다.

이미 구제역은 재앙의 수준에 들어선 것 같았다. 구제역이 발병되어 전국적으로 확대되고 있으며 의정부에서는 구제역 때문에 공무원이 과로로 사망했다고 한다. 그런데도 대통령과 영부인, 유인촌 장관 등은 엊그제 뮤지컬을 관람하고 있었다고 했다.

여전히 정부는 구제역에 대한 초동 대응 실패 이후에도 정신 차리지 못하고 있는 것 같다. 내가 본 현장이 일부 지역이긴 하지만 그곳 주민들은 축산업 자체가 사라질지 모른다는 공포감에 떨고 있었다.

청정충북을 지켜내기 위하여

내일은 진천으로 방역자원봉사를 갈 예정이다. 충북도의회 차원에서 실시하는 자원봉사다. 모든 도의원이 참여키로 했다. 이미 충북도의회와 충청북도는 전시상황이다.

일선 공무원들은 피로가 누적되어 최악의 상태다. 교육청에서도 제안만 들어오면 교육청 공무원을 파견하겠다고 부교육감이 내게 이야기했다. 이제 온 도민이 구제역에 대항해야 할 시점이다. '청정충북'을 지켜내기 위해서.

비겁한 도의원의 참담했던 하루

어제는 4대강 사업저지 충북도지사 규탄 도민문화제가 상당공원에서 열렸다. 문화제만 참가하고 규탄집회가 시작될 무렵에 슬며시 빠져나왔다. 같은 당 도지사에 대한 규탄대회 참여를 망설이는 도의원의 비참함. 원칙과 정의로움을 거드는 일조차 버거운 상황이다.

매일 아침 도청 출근길에 지나치는 단식농성장에서 보름째 밤을 지새는 사람들, 한 달을 이어가고 있는 150만 배는 8만 배를 돌파했단다. 수행자의 고난처럼 절하는 시민운동가의 눈빛과 정면으로 마주하기 어려웠다.

애초 충북에서 4대강 해법은 첫 단추를 잘못 꿰었다. 결과적으로 전면 재검토를 위한 공동 검증위는 시민단체의 참가를 들러리처럼 만들어버렸다. 당연히 '전면재검토'라는 표현과 이를 위한 공동 검증위는 4대강 반대를 외쳐온 시민단체들과의 의견 조율에 적극성을 보여야 했다.

그러나 검증위는 애초 사업의 문제없는 진행을 위해 형식적 회의 진행만으로 일관했고 급기야 지금과 같은 상황에 직면하게 되었다.

정치는 신뢰를 기반으로 해야 한다. 당연히 지켜야 함에도 지키지 않음으로써 발생되는 신뢰비용의 지출이 대단히 크다. 개인들이 지켜야 할 기본 질서를 지키지 않아 발생되는 낭비, 대통령이 공약을 파기함으로써 쓸데없이 지출하는 비용, 그리고 충북에서는 4대강 공약과 관련한 충북도의 안일함이 현재의 상황을 만들었다.

그 앞에 아무 일도 할 수 없게 된 도의원 하나가 그냥 규탄문화제에 머릿수 하나쯤 채워보고자 참석했을 뿐이다. 이것밖에 할 수 있는 일이 없었으니까.

매일 아침 단식농성자의 안부를 물으면서 속이 아팠다. 점심시간 몰려나오는 도청 인파들 사이로 절하는 사람이 너무 작아 보인다. 아무 일도 없는 듯한 일상 속의 편린들이 내게는 너무 무겁고 힘겹다.

이제 충북생명평화회의는 '충북의 환경과 생명을 지켜내기 위해 결연히' 싸우겠다고 한다. 정치인으로서 대안과 협상능력을 발휘하지도 못한 채 문화제에만 참여하고 규탄대회는 슬그머니 빠져나온, 비겁하고 초라한 도의원이었음을 슬퍼한다.

도의원 1년의 소회는
'늘 처음처럼'

작년 6월 2일 도의원에 당선되었다. 길게만 느껴지는 1주년 다시 한번 처음의 마음을 잃고 있지는 않은지 점검이 필요하다.

처음 도의원에 당선되고 나서 우선 하려고 했던 일은 '출근'이었다.

도의원에게 월급개념의 '의정비'를 주는 것은 하루도 흐트러짐 없이 도민을 위해 일하라는 것으로 생각하고 빼먹지 말고 도의회에 출근하기로 마음먹었다.

그것도 공무원들보다 먼저 출근하자. 나중에 보니 나보다 먼저 출근하고 밤 늦게까지 일하시는 공무원들이 많았다. 일찍 일어나는 새가 먹이를 먼저 발견한다는 생각으로 하루의 일과를 정식화, 공식화했는데 그동안 잘 지켜낸 것 같다. 9시쯤 될 무렵이면 지역 신문과 언론 스크랩을 통해 그 전날의 소식을 대충 점검할 수 있었다.

두 번째는 동네 행사에 빠지지 말고 참여하자는 생각이었다.

통장회의와 주민자치위 회의를 가급적 빼먹지 않으려 노력했는데 의회 일정상 부득이 빠지기도 했다. 인사말을 통해 나름의 의정보고를 한다는 생각으로 의례적 인사말보다는 활동보고에 방점을 찍었다.

또 산남동과 분평동의 경로당과 아파트 관리소를 세 달에 한 번쯤은 방문해야겠다고 생각했으나 꼭 그렇게 하지는 못했다. 한 번 도는데 시간이 많이 걸렸다. 이런 방문을 통해 주민들에게 도움이 될 만한 민원을 챙길 수 있었다.

세 번째는 도의회의를 효율적 활용하는 것이었다.

도의회에는 도의원들의 활동을 도와주는 80여 명의 공무원들이 있는데 이들의 도움을 받는 게 무척 중요하다고 생각했다. 도의원은 보좌관이 없이 혼자 일을 해야 하기 때문에 의회시스템을 잘 활용하는 것이 중요했다. 많은 분들의 도움으로 도정질문과 5분 발언 등 의회활동을 잘 하게 된 것 같다.

공무원들에게 살갑게 다가가는 일, 도민을 위해 같은 일을 하고 있다는 동의를 얻는 일, 인간적으로 공감되는 사이가 되고 있는지 노력 중이지만 잘하고 있는지 늘 걱정이다.

네 번째로는 상임위 활동에 충실하자고 생각했다.

교육위원회를 통해 도교육청과 충북 교단의 현실을 많이 알게 된 것 같다. 여전히 이곳에는 하고 싶은 말도 많고 거론하고 싶은 것도 많다. 아마 학부모의 입장과 외부의 시선으로 교육계를 바라보기 때문일 게다. 교육계 역시 나같은 교육 외적인 사람의 시선이 부담스러울 것이다. 어쨌든 상임위 활동은 스스로 최선을 다하고 있다는 생각이다.

다섯 번째로 깨어 있는 도의원을 목표로 했다.

도민이 아파할 때 관심 기울여 주는 것, 민원이 생기면 일단 만나서 애기 들어주는 것, 구제역의 현장에 나가고, 아이들의 급식이 안전한지 급식소를 나가보고, 농성을 하면 어떤 일로 그러하는지 알아보는 일, 모두 해결할 수는 없어도 곁에 있어 주려 노력하자고 했는데 여전히 부족함을 많이 느낀다. 도민이 아파할 때 같이 아파하기 위해 늘 깨어 있는 자세, 참 힘들다.

사회적 약자의 편에 서자, 권력자에게 칭찬을 받기보다 존경을 받자, 할 말은 하자, 늘 현장에 있자, 겸손하자. 뭐 이런 것이 초심이었을 것이다. 스스로 노력하고, 점검하고, 한순간 변해 있는 모습을 발견한다면 소스라치게 놀라 깨어날 수 있어야 한다.

도의원 당선 1년, 다시 한번 그날을 돌아본다.

초심을 잃지 말자,

늘 처음처럼.

충북도의회 옥천에서 본회의 열다

2011년은 지방의회 부활 20주년이 되는 해다. 지역주민들의 자치운영과 국토의 균형발전을 위해 매진해온 20년이다. 충북도의회는 지방자치 20주년을 기념하고, 제9대 의회의 지역균형발전이라는 의지 표명을 위해 그동안 지역발전과정에서 소외 문제가 대두되었던 남부 3군을 선택해 본회의를 개최하기로 결정했다. 주위에 전시의정의 표상이라고 비방하는 말도 들려오지만 어떤 사안인들 부정적인 의견이 없으랴. 의정이나 도정의 시행과정에서 동전의 양면처럼 장단점이 모두 있을 것이다. 그러나 단점이 있음에도 그 일을 추진하려 하는 것은 본회의 옥천 개최를 추진하면서 얻게 되는 기대효과가 더 크기 때문이다.

그동안 남부 3군이 균형발전 대열에서 다소 멀어져 있는 것은 사실이다. 심지어 옥천군 일각에서는 대전권으로 편입시켜달라는 자조 섞인 의견 까지 표출한 바 있다. 도정에서도 극복해야 할 중요과제 중 하나다. 민선 5기에서는 북부권과 남부권에 출장소를 두고 지역적 소외감을 극복하고 남북부 지역의 균형발전을 도모하기 위해 노력하고 있는 중이다. 그렇다고 낙후된 지역에 무턱대고 투자만 할 수도 없는 일이다. 충청북도는 이 과제를 수행하기 위해 고민해야 한다.

하지만 무엇보다도 중요한 것은 남부 3군 지역민들의 소외감 극복이라고 생각한다. 민선 5기가 표방한 '함께하는 충북'은 바로 이런 의미를 표현한 것이 아닐까 생각된다. 함께 하는 충북을 만들기 위해서는 나만 잘 살면 그만이라는 주민의식은 버려야 한다. 청주, 청원이 재정자립도가 높다고 하여 자립도가 낮은 시군을 모른 처해서는 안 된다. 우리 도의회는 이런 주민의식을 심어주기 위한 노력의 일환으로 '당신들과 함께하고자 한다.'는 차원에서 현장회의를 개최하려는 것이다.

다만 본회의장이 이동하면 많은 장비, 인원이 움직여야 하고 바쁜 공무원들 출장 나와 출석하는 번거로움이 당연히 있다. 그러나 이러한 불편함을 감수하고서라도 지역민들과 함께하는 열린 의회를 20년만에 처음으로 지방에서 개최한다는 당위가 중요하지 않을까? 기왕에 고위공직자들이 지역을 돌아볼 수 있는 기회가 되고, 남부 3군 지역민들이 도의회에 관심을 갖게 되며, 도의회가 소외지역의 균형발전을 위해 고민하는 계기가 됨으로써 함께하는 충북 구현을 위해 도민 모두가 소외된 지역을 한번쯤 돌아볼 수 있는 기회를 갖게 될 것이라는 기대감이 이번 도의회의 옥천 개최를 통해 갖게 될 성과였으면 하는 것이다. 일각에서 단순히 눈에 보이는 불편함으로 이 같은 성과를 폄훼하는 것이 무척 유감스럽다.

지방자치 20주년 기념, 옥천에서 거행되는 도의회 본회의에 격려와 응원이 필요하다. 도의원들이 더 많은 정책 제안을 통해 남부 3군의 발전을 요구하도록 독려해 주시길 부탁한다. 그동안 소외감을 비추어온 남부 3군의 군민들에게 충북도민 모두가 당신들과 함께하고 있음을 강조하고 그동안 부족했던 점에 대해 사과를 하는 기회가 되어야 한다. 이번 도의회의 옥천 개최를 기회로 충북도의회가 지역민들에게 더욱더 많은 배려와 신경을 쓸 수 있는 계기가 되었으면 한다.

옥천 본회의를 추진하면서 느낀 생각들을 정리한 것이다. 우려했던 문제는 대부분 일어나지 않았다. 언론의 반응도 일을 벌이기 전과 후가 달랐다. 주민들이 호의적인 반응을 보인 것은 물론이다. 실수해서 후회하는 것보다 하지 않아서 하게 되는 후회가 크기 마련이다. 무엇보다도 균형과 분권을 강조하는 우리가 스스로를 되돌아보는 계기가 됐다.

'야자'를 '야타'라고 했더니
또 주민소환 논란

올 것이 오고야 말았다. 작년에는 탄핵 받을 위기였는데 올해는 교총에서 주민소환운동을 펼칠 수도 있다고 한다. 도의원 중에 매년 연례행사처럼 탄핵의 위기와 주민소환 대상이 된 사람은 아마 전국에서 나밖에 없을 것 같다.

작년에 문제가 되었던 것은 학교 운영위원들이 거수기 역할을 하지 말라는 발언 때문이었고, 이번에는 야간자율학습의 자율성 여부에 대한 의원 연구 때문이다.

대부분의 지역 언론은 교육청의 의견을 여과없이 전하는 데 충실했다. 몇 가지 사실 확인부터 해야 할 것 같다.

교육청은 "도의회가 학생과 학부모를 대상으로 설문조사를 추진하는 것은 충북교육에 백해무익을 초래하는 소모성 논쟁의 재현", "도의원이 상임위에서 의결된 사항을 존중하지 않고 이를 다시 설문조사한다고 하는 것은 교육의 본질을 저해하는 의회활동"이라고 주장했다.

일단 이번 연구는 '도의회가 추진하는 것'이 아니고 의원연구비로 진행하는 것이다. 의회 연구비는 의원 개인이 할 경우 300만 원, 단체가 요청할 경우 500만 원까지 받을 수 있다. 이번 연구는 단체연구비 500만 원을 의회 운영위원회에서 의결했다.

또한 결정된 상임위 의결사항은 '교육위원회가 공동으로 추진키로 했던 현장방문 활동을 하지 않는 대신 개인 의원들의 활동은 입법기관으로서의 의원 개인 활동이므로 보장한다'는 것이 의결사항이었다. 누가 의결사항을 존중치 않았다는 것인가?

아직 설문조사 방식으로 해야 할지 또 다른 방식으로 진행해야 할지 고민 중이지만, 야간 하는 것은 '교육의 본질을 저해하는 백해무익한 활동'이라고 표현한 것에 대해 할 말이 많다.

의회의 임무가 집행부의 견제와 감시이다. 교육청이 교육위에 보고한 내용에 따르면 '학생들의 자발적 동의서를 받아서 야간자율학습을 진행'한다고 했다. 그런데 도의회 게시판이나 개인적 민원 의뢰가 들어오는 것은 대부분 '타율적이고 강제적 야자(야간자율학습)를 시키고 있다'는 제보다.

의원으로서 당연히 이에 대한 사실파악과 연구 활동을 하는 것은 당연한 일임에도, 백해무익하고 교육의 본질을 저해한다니 그럼 의회 본연의 임무는 하지 말라는 것인가?

다음은 충북 교총의 발표내용을 따져보겠다.

"설문조사를 진행하겠다는 발상은 충북교육을 말살하려는 불순한 의도"

라며 "항의단 방문, 주민소환제 추진, 항의집회를 검토하는 등 강력히 대처하겠다."

일단 의원의 연구 활동이 '충북교육을 말살하려는 불순한 의도'라는 말에 동의하기도 힘들고 모멸감을 느낀다. 교장 선생님들이 다수 운영하고 있는 교총의 성명서가 맞는지 의심스럽다.

의원은 학부모와 학생들의 입장, 행정서비스를 받는 수요자 입장에서 활동한다. 행정수요자가 타율적이고 강제적이라고 주장한다면 의원으로서 당연히 연구하고 실태 파악을 하는 것이 당연한 것이지 '충북교육을 말살하려는 불순한 의도'라니? 내가 보기에 교총의 민주주의적 소양과 자질에 문제가 있는 것은 아닌지 심사숙고해보길 권한다.

교총은 그동안 집회를 자제해 왔는데 이번 경우에는 '항의단 방문과 주민소환제, 항의집회를 검토'한단다. 이미 작년에도 무상급식을 앞두고 학교급식의 안정성을 위해 식판샘플 조사를 의뢰할 당시에도 교총에서는 '교육계를 길들이려 하는 의도'라고 해왔다.

결과적으로 식판의 안전성 검사를 통해 교육계가 길들여졌는가? 의원 개인의 활동 때문에 교육계가 길들여지고 말살당할 수 있는가? 교총은 더 이상 의회가 진행하는 본연의 임무인 정치활동에 대해 공무원 신분임을 감안해 그에 반(反)하는 정치적 활동을 자제해주실 것을 권고한다.

또한 교총의 "충북도의회가 지난달 '야간자율학습실태점검단' 구성을 취소해 놓고"라는 말과 관련해서 사실 여부를 확인하고자 한다.

야간자율학습실태점검단은 2011년 4월 교육위원장이 교육감에게 의정질문으로 공개적으로 제안한 자리에서 교육감의 거절로 무산되었다. 계속

'지난달(6월)' 의회에서 무산된 것처럼 표현하지 말아 줄 것을 요청한다. 다시 말씀드리거니와 교육위에서는 '야자 관련' 공동 활동을 하지 않고, 의원의 개별 활동으로 대치할 것을 결정했음을 다시 밝힌다.

마지막으로 야간자율학습의 자율성 확인을 위한 연구 활동은 도의원으로서 당연히 해야 할 일이다. 어차피 정규 학습 이외에 보충학습과 방과 후, 0교시, 야간자율학습 등은 교과부에서도 학생과 학부모의 자율적 참여를 보장하라는 요구이다. 문제는 현장에서 강압적이고 타율적으로 이루어진다고 하니 도대체 그 정도가 얼마나 되는지 알아보아야 할 책무가 도의원에게는 있다. 더욱이 교육위원으로서 교육청을 감시 견제해야 하는 의원으로서 당연한 책무다.

최근에는 방학 중에도 학교에 나오라고 해서 옥신각신하고 있다는 제보도 들어오고 있다. 혹자들은 선생님들이 아이들에게 좀 더 많은 공부를 시키고자 말씀하시는 것을 '강제'라고 느끼는 것에 다름 아니라고 하지만 학부모까지 선생님들과 싸우고 항의했다는 것은 정도를 넘어서는 일이라는 생각이다.

야간자율학습 등은 나 역시 있어야 한다는 생각이다. 방과 후 학습도 필요하다. 그러나 여기에는 자율적이고 자발적 참여가 전제되어야 한다.

학생들 스스로학습의 전제는 책상 앞에 앉는 것부터 시작된다. 책상 앞에 강제로 앉으라고 하면서 그것을 스스로 학습하는 것이라고 우기는 것은 올바른 자세가 아니다. 차제에 자율학습이 진정한 '자율학습'이 되길 기대한다. 아니면 타율학습이라고 이름을 바꾸든지.

의회의 정상적 업무보고가
교육청 길들이기라고?

7월 도의회에서는 도청을 비롯한 교육청의 모든 기관으로부터 올해 추친 되고 있는 업무보고를 받고 있다. 이는 도의회 고유의 활동이자, 도청과 교육청에 대한 중간 점검의 과정이다. 그런데 당시 지역신문 4곳에 동일한 기사가 실렸다.

충북도의회 교육청 업무보고 요구
'교육청 길들이기'교육계 반발

지방자치법 42조에 의해 집행부에 대한 정상적 업무보고는 도청을 비롯한 모든 공공기관에 대한 의회의 당연한 권한일 뿐 아니라 오히려 업무보고를 받지 않거나 형식적으로 받는 것을 문제 삼은 것도 아니고, 정상적 업무 보고에 대해 '교육청 길들이기'라고 반발하고 있다는 내용이다.

이것이 교육청 일부의 의견이라 해도 그 정도가 너무 심하지 않은가?

여전히 도의회와 교육청의 관계를 이해하지 못한 일부 공무원들의 의견이라고 믿고 싶다. 다시 한번 주장하지만 교육청은 도의회가 감시견제해야 할 집행기관이다. 도청을 비롯한 모든 기관이 시행하는 연초 보고와 중간업무보고, 그리고 행정사무감사를 시행하는 것에 대한 반발 의견을 표출하면서 도의회를 교육청 길들이기로 몰아가는 것은 문제가 있다.

이러한 의견을 기사화했다는 점도 좀처럼 납득이 안 된다. 적어도 기사를 내려 했다면 이번 회기에 실시되고 있는 도청 각 기관들의 의견도 물어봤어야 하는 것 아닐까? 유독 교육청만 도의회의 업무보고에 대해 반발하는 이유가 무엇인가? 작년 7월부터 네 번째라면서 곧 행정사무감사까지 받아야 한다고 했다는 보도가 있었지만, 작년부터 도청도, 교육청 본청도 그렇게 보고했고 특별한 일이 아니었다. 아니 모든 행정기관이 이러한 의회의 견제와 감시로 지탱되어 왔다.

만일 해산된 이전의 교육위원회가 행정기관의 집행관련 보고 받기를 하지 않았다면 오히려 그것이 더 문제인 것이다.

한편 오늘 기사에서 특징적인 것은 '작은 학교 희망 만들기 정책'에 대한 도의원들의 제안을 마치 행사 참석을 하지 않은 데 대한 보복이라고 표현한 대목이다. 도의회는 집행부에 정책제안과 요구를 할 수 있다. 이것도 고유기능이다. 교육위원회는 지난 1년 동안 7명의 의원들이 공동연구를 해왔으며 일본을 비롯한 국내의 작은 학교를 방문하였다. 지자체를 구성하는 마을공동체의 붕괴와 작은 학교의 폐교 위기가 상관관계를 가지고 있으며, 식량자급률이 25% 밖에 안 되는 우리나라의 경우 다시 농산촌 마을의 활성화 필요성이 있을 때 작은 학교들의 역할에 대해서까지 고민하고 있다. 당연히 시·군 단위 교육장들에게 작은 학교에 대한 관심과 희망을 만들어보자는 노력을 요구하는 것이 뭐가 그리 문제인가?

기사에 나와 있는 것처럼 집행부가 국민들이 선택한 도의원에 대한 고유의 감시와 견제기능을 무력화시키기 위해 조롱하고 비난하는 것에 대해 참기가 힘들다. 교육계 전체의 의견이기보다 일부 의회와 집행부 관계를 이해 못한 한두 사람의 의견이라고 믿고 싶다. 더 이상 상식적이거나 정상적이지 않은 아집과 독선에 근거한 자기편의적인 의견으로 아침신문 몇 개를 도배하는 듯한 기사를 보고 싶지 않다.

그리고 의정 4년 차를 향해 가는 지금까지 교육청은 길들여지지 않았다.

의정은 물밑에서도 이뤄진다

교육위원회 1차 회의가 열리는 날이다.

연말 정기회를 제외하고는 대체로 열흘 가량의 회기에서 첫날과 마지막 날은 본회를 열고 회기 중에는 상임위원회별 회의가 열린다. 예결위가 중간에 하루나 이틀 정도 열리는데 이번 303회에서는 하루만 도청 추경 예산안을 다룬다. 의회운영위원회는 첫날 본회의가 열리기 전 오전 중에 소집되어 의회회기와 운영에 관한 논의를 먼저 한다.

참고로 나는 작년 도의원이 되고부터 교육위위원이면서 운영위원과 예결위원을 겸했다. 회기 첫해부터 벅찬 일정이었지만 할 만했다. 물론 올해부터는 예결위원장을 하고 있다.

오후에 열린 교육위원회에서는 의원발의 조례 4건을 통과시켰다. 모두 교육의원들께서 하나씩 발의하셨다. 동감 가능한 조례여서 이견 없이 통과되었다.

회의가 끝나고 교육청의 보고가 있었다.

　이렇게 의원들이 모두 모일 즈음 교육청에서 성립 전 예산안 보고를 한다. 이날 보고한 내용 중 행정사무감사에서 심도 깊게 질의할 내용이 한두 개 눈에 띈다. 이런 내용은 추가 자료를 요구하고 문제가 발견될 경우 집중 추궁하게 된다. 보고 후 새로 임명된 교육장들이 인사를 왔다. 차 한 잔 하고 덕담을 나눈다.

　이때 산남동 맹꽁이 서식 습지에 세워지는 정보원 건립 공사와 관련해서 담당직원과 의견을 나눴다. 교육청의 사업집행 시 조금이라도 문제가 생길 수 있는 경우에는 관련 단체와 연관 있는 사람들과의 소통을 했으면 좋겠는데 그런 절차 없이 그냥 집행한다는 느낌이 든다. 이번에도 그런 측면이 있는 것 같아 아쉬웠다.

　기왕이면 사업시행 계획단계에서부터 시행되는 동안이라도 좀 더 넓게 의견교류를 했으면 좋겠다. 담당자와 의견교환은 의원에게도 꼭 필요한 것 같다.

　공식회의를 통한 윽박지르기, 혹은 자기의견만 주장하는 방식은 좀 더 다양한 의견 전달의 기회를 악화시킬 가능성이 더 높다. 그런 점에서 오늘 같은 날 그런 의견 교환이 이루어진다.

　최미애 위원장은 아예 담당직원을 불렀다. 관심 있는 분야라서 함께 이야기를 나눴다. 학교비정규직 관련한 보고와 당부였다. 현재 충북지역 학교비정규직들은 교육감을 상대로 소송을 진행하고 있다. 이에 대한 보고도 듣고 새롭게 등장한 비정규직 노동조합과의 협상대책에 대해서도 의견을 나눴다.

　담당자가 분명한 자기입장과 업무에 대한 주관이 있을 때에는 의견 나누기도 쉽고 이후에도 기분이 좋다. 조직사회에서 직급에 대한 책임과 권리에 대한 규정 때문에 담당직원의 역할이 많지 않을지라도 해당되는 상대방에 대해 이해하려 노력한다는 느낌이 들면 안도감이 든다.

어차피 정책결정자와 정책입안자가 다르고, 의회의 역할과 담당직원의 업무 한계가 다르기 때문에 문제 해결의 방안을 놓고 많은 대화가 필요하다.

오늘은 하루 종일 일을 해야 했다. 이런 날은 6시쯤 되면 좀 지친다. 배도 고프다. 교육청의 식구들이 2만 명이 넘는다. 국공립 교사들이 1만 2천 명 가까이, 행정직들이 3천 명 쯤, 비정규직들이 7천 명 가까이 된다. 포함 안 된 강사들까지 하면 정말 많다. 그러다보니 하루가 다르게 일이 생긴다. 교육에 대해서는 너나없이 전문가이기 때문에 말도 탈도 많다.

그래서 일관된 자기 의견이 있어야 한다. 교육위원으로 있는 동안 할 수 있는 일의 범위와 방향을 잡고 꾸준히 해나가는 것이 좋겠다는 생각이다. 지치지 말고 차근차근 해야겠다는 다짐이 필요한 하루다.

보도자료 발표한 날의 분주함

오늘은 두 달여 준비한 청주지역 고교생 야간자율학습 실태조사 결과를 발표했다. 발표하는 순간까지 이놈의 수치는 자꾸 엉킨다. 보도자료 복사 다해놓고 숫자 틀려서 다시 복사했다. 예상했던 대로 결과가 나왔고 고교생 다수는 타율에 의해 야자에 참여하고 있다고 응답했다.

아예 보고서 전체를 기자들에게 메일로 전송하고 그것도 모자라 기자실에 보도 자료를 돌렸다. 오전 중 돌렸는데 반응은 오후부터 온다.

KBS, HCN, MBC에서 인터뷰 요청이 왔고, CBS와는 전화 인터뷰를 했다. 저녁 무렵에 확인해보니 통신사들과 지역 신문들에서 보도를 실었다.

역시 교총에서는 악담에 가까운 보도 자료를 냈다. 글을 볼 때마다 느끼는 건데 교장 선생님들이 주로 운영하는 교총에서 쓴 글이 맞는지 정말 궁금하다. 그 논리의 경박스러움이란….

그냥 아무 소리 안 하고 그러려니 한다. 도의원, 도의회의 역할이 뭔지 모르시는 것 같아서….

학생들의 절규가 느껴지는 조사결과를 놓고 부모님들과의 거리감을 어떻게 좁혀야 하나 고민한다.이번 조사에서는 선생님들을 포함시키지 못했다. 교육청에서 이런 조사를 정기적으로 실시해야 하는 거 아닐까?

인천시의회에서 지난주 학생의 학습자율 선택권 조례가 통과되었다. 부럽다. 이렇게 되면 수도권에서는 자율학습 선택권을 학생들에게 모두 돌려주게 된 것이다.

대한민국 고교생의 절반 이상이 스스로 학습권을 획득하게 되었고, 충북은 여전히 학습자율권 얘기만 나와도 경기를 일으킬 정도로 반응이 격하다. 충북도민들의 정책 합의 역량이 부족해서일까?

그래도 올 초부터 주장해왔던 학생의 학습자율 선택권의 문제가 공론화 된 것 같아 그것만으로 위안 삼고자 한다. 좀 더 진지하게 교육계와 토론하고 더 나은 정책 제안을 하다 보면 조금씩 간격이 좁혀지지 않을까.

살림 9단, 옆집 아주머니만
값을 깎는 게 아니다

충북도 2차 추경예산에 대한 심의와 의결하는 날 아침부터 전화가 바쁘다. 이미 어제부터 이러저러한 사람들이 예산과 관련해서 통화를 요청한다. 상임위에서 삭감된 예산을 살려달라는 요청, 상임위는 통과했는데 혹시 모르니 예결위에서 깎지 말아달라는 요청, 이미 얼마 깎였는데 더 이상 깎이지 않도록 배려해달라는 요청. 물론 치열한 설명과 왜 예산이 필요한지 설득한다.

예결산 회의가 시작되고 의원들의 날선 질문과 상정된 예산을 지키고자 하는 사람들의 논리가 불꽃을 튄다. 개중에는 기어이 잘못했다는 사과를 받아내는 의원도 있다.

위원장석에 앉아 의원들의 질의와 집행부의 답변을 들으면서 마치 멀리 떨어져 그들의 공방을 지켜보는 나는 심판처럼 혹은 관객처럼 그때그때 다른 포지션을 취하게 된다.

예결위원회 회의 중

　　난 기본적으로 상임위에서 올라온 예산안은 원안대로 가야 한다는 입장이다. 상임위원들이 충분히 검토했을 것이고, 의원들의 결정에 대한 판단을 내렸을 것이기 때문이다. 간혹 상임위의 결정 후 좀 더 많은 정보와 달라진 의견 때문에 삭감된 예산을 다시 살려내기도 한다. 그럴 때를 제외하고는 웬만하면 상임위 결정을 존중하고자 한다.

　　이번에는 그런 의견이 전달되어서인지 예결위 분위기가 상임위결정 존중으로 흘렀다. 여기에 치열하게 논의가 되었던 예결위 안들이 더 삭감되었다. 웬만하면 의원들의 삭감 요구에 대해 충분한 의견을 피력토록하고 찬반논의 끝에 합의가 안 될 경우 표결로 처리했다. 대체로 만족하는 분위기다. 이날 삭감액은 약 6억 원이 조금 넘는다.

　　회의 전에 간담회를 통해 이번 예결위의 회의방식을 논의했다. 지금까지처럼 상임위원회별 심의 말고, 각 국별 심의 방식으로 바꿔 좀 더 심도 있는 심의가 되도록 하고, 회의 시간이 늘어나는 것에 대해서는 아예 예산심의일을 하루 더 늘리는 것으로 동의를 받았다.

집행부는 많이 힘들 것이다. 늘어난 시간도 그렇고, 또 상임위를 통과했다고 해도 예결위원회가 더 많은 시간을 할애해 심의하게 되었기 때문이다. 이제부터 예산심의가 대충 넘어간다는 소리는 듣지 않을 것이다.

이제 의장단과 상임위원장단 그리고 집행부를 설득하는 일이 내가 해야 할 일이 될 것이다. 피곤했지만 뭔가 한 것 같아 뿌듯한 날이었다. 남들은 이 기분 알까?

우리들의 서글픈 '임금인상투쟁'

야간자율학습 조사 분석 발표가 교육계에 영향을 미치긴 했나보다. 이런저런 얘기들이 들려오고, 요모조모 중재도 들어오고, 여차저차 의견도 들어온다. 그러나 어제부터 지역 언론은 모두 의정비 인상문제로 의제를 옮겨갔다.

그나마 생산한 의제를 제시하며 정책적 제안을 하고 있던 차였는데, 오랫동안 준비했던 제안이 하루 만에 묻히게 되니 적잖이 아쉽다. 행여 비난에 가까운 비판을 듣게 된다 하더라도 이것을 계기로 공론화가 일어나길 기대했었는데….

어제부터 의정비 인상에 대해 어떻게 생각하느냐는 질문을 받는다.

자세한 내용은 인상코자 하는 액수가 월 11만 원 정도이고 행안부 지침을 받아들인다는 의견으로 도의원 대상 조사의원 33명 중 18명이 찬성한다는 것이다. 나는 인상안에 찬성했다.

청주권 의원 중심으로 거의 매일 도의회에 나오는 의원들이 이번 찬성 의견을 주도하고 있다. 매년 물가상승률이 반영되어 실질화되는 공무원 임금 인상률에 준해서 조정되면 좋겠다는 의견이다. 몇 년 동안 동결만 강조하다 어느 날 갑자기 인상해서 욕 한 번씩 먹어가며 처리하는 방식 말고, 사회적 임금 인상률이 반영된 정도에서 매년 결정되었으면 한다는 것이다.

그러나 이런 이야기들은 모두 변명처럼 들릴 것이다. 정치인의 의정비 인상 자체에 대한 거부감이 반영되어, 얼마간 여론의 뭇매로 나타나기 때문이다.

누군가 나에게 이렇게 질문한다.
"시민운동 할 때는 본인도 반대했잖아."
천만에, 나는 무보수 명예직이라는 허명 아래에서 사실상 회의비니 의정활동비니 하며 받아가는 것을 현실화해야 한다고 주장했다. 의정비가 현실화 된 이유도 직업과 관련되어 있는 이권 개입 문제와 함께 무보수 명예직이라는 명분으로 비판을 받아들이려 하지 않았기 때문이다.

지금도 오래전 의정모니터를 할 당시 들었던 이야기를 기억하고 있다.
"자원봉사로 의원활동하는데 왜 상관하느냐?"
나는 시도의원도 국회의원처럼 직업정치인이 되어야 한다고 생각한다. 도의원 외에 가지고 있는 직업을 본업으로 하면서, 조금씩 시간 내어 의정활동을 하는 지금의 방식으로는 한계가 있다. 직업 도의원으로 낭비되는 예산을 절감하고, 각종 정책 제안을 통해 오히려 예산을 확보할 수 있을 때 제대로 밥값할 수 있다고 생각한다.

나 같은 생계형 직업지방의원은 현재 받는 의정비가 대체로 부족한 편이다. 물론 대가없이 활동하던 시민운동에 비하면 천국이다. 그래서 늘 미안하고 감사하다. 그러나 지방자치의 발전을 위해 지방의원의 의정비 현실화가 필요하다는 생각이다.

이번 의정비 인상안이 결정되고 나서도 한동안 엄청난 비난이 쏟아질 것이다. 참 부담스럽다. 그렇다고 모른 척하고 난 아닌 척하면서 있고 싶지는 않다. 또 힘들 것이다.

청주의 박원순은
언제 나타날 것인가?

박원순 변호사가 서울시장이 되었다.

참여연대와 아름다운가게를 통해 대한민국 시민운동의 지도자로 성장한 사람이 민주당이라는 거대 야당 후보와 통합 경선을 하여 범야권 단일 후보가 된 뒤 본선에서도 여당 후보를 눌렀다. 대한민국 역사상 새로운 이정표를 탄생시킨 서울시민들의 위대한 선택에 감탄한다.

시민운동에 참여해 본 경험이 있는 사람은 박원순이 어떤 사람인지 잘 안다. 그의 성품과 역동적 활동에 대하여, 그가 얼마나 많은 사회 변화의 비전을 가지고 있는지, 합리적이고 온화하며 대안 위주의 활동을 통해 수많은 대기업들이 좋은 일을 할 수 있도록 유도하는 통합형 지도자인지도 모두 알고 있다.

누군가는 그가 삼성으로부터, 론스타로부터, LG로부터 자금지원을 받았다며 마치 개인이 착복한 것처럼 몰고 간다. 하지만 분명한 건 여러 대기업이 사회적 약자들에게 도움을 줄 수 있도록, 그가 중간에서 상생의 길, 대안의 길을 제시해 왔다는 사실조차 비열한 흠집 내기로 만들지는 못할 것이다.

안철수 현상으로부터 시작된 기성 정당에 대한 국민들의 불신을 넘어, 큰마음으로 민주당원이었음을 그나마 안도할 수 있게 해준 민주당 지도부와 박영선 경선후보에게도 감사의 인사를 보낸다. 대한민국 민주주의와 중산층을 대변해왔던 민주당이 국민들로부터 대안정당으로 인정받지 못하는 것에 대해 안타까움과 비통함을 느끼지만 나름대로 처절한 자기반성과 새롭게 태어나고자 노력하는 사람들이 여전히 많이 있다는 점을 알아주기를 바랄 뿐이다.

경선 과정에서 보여준 통 큰 결단과 범야권의 단결을 위해 '맏형노릇'을 잘한 것에 대해서는 알아주는 사람이 얼마 없지만, 일개 지방 정치인 중 한 명인 나라도 커다란 격려와 감사의 인사를 드린다.

한편 서울에서 불고 있는 시민혁명, 이번 바람을 나는 감히 시민혁명이라고 부르고 싶다. 지방에서는 서울에 불고 있는 신선하고 통쾌한 바람이 정말 부럽다.

청주시는 시민운동가라는 이름으로 단 한 명의 시의원조차 당선시켜 본 적이 없었다. 다행히 작년 지방선거에는 충청북도에서 시민운동을 하던 사람이 민주당 이름으로 몇 명 당선되어 그나마 다행스러운 정도다.

시민운동에서 제시하는 의제들이 대부분 민주주의의 가치와 보편적 복지의 가치, 사회적 약자들 위주의 가치, 사회적 정의와 환경적 가치들을 의제로 제시하고 있다. 대한민국은 민주공화국이라는 헌법의 상식적 가치와 분단된 국가에서 지향해야 할 평화와 통일에 대한 믿음, 중산층이 강화되어야 부강한 나라—복지국가로 갈 수 있다는 세계 역사 발전의 굳은 신념을 현실화하여 대안으로 제시하는 집단이 시민운동이라고 생각한다. 그들이 언제 스스로의 안위를 도모했는가? 도덕적으로, 헌신적으로 수구와 비도덕에 맞서왔을 뿐이다.

박원순의 당선은 시민운동적 가치와 현실정치 사이에 놓여 있던 거리를 좁혀 놓을 기회다. 단순히 현 정권과 한나라당에 맞서 새로운 정치질서를 만들어 내는 것뿐만 아니라 그동안 현실 안주에 만족하고자 했던 민주당에 새로운 바람을 불러일으키고 앞으로 전진하는 기폭제로 작용하길 기대한다.

민주당은 그동안 수많은 변화를 겪어왔다. 시련도 있었고, 정권을 잡아 국정경험을 한 적도 있다. 보수화 될 때도 있었고, 혁신하고 변화하기도 했다. 국민들이 변화를 요구하면 스스로 변하기 위해 노력하는 정당이라고 생각한다. 민주당에는 노무현과 김대중이라는 자랑스러운 대통령들이 있었다. 그들 역시 시민운동가이며 재야운동가였다.

서울에서 벌어진 이번 시민혁명이 대한민국을 변화시키는 기폭제 역할을 할 것이라 믿는다. 그리하여 변화의 속도가 느린 지방에서도 어느 샌가 새로운 바람이 불어오게 될 것이라고 생각하고 싶다.

오늘은 부러움만으로 바라보고 있지만 내일은 우리에게도 현실이 되는 날이 될 것이라 믿는다. 시민운동가 출신 지방정치인으로서 부러움과 자랑스러움을 한껏 느낀 하루다.

지역축제에 보내는 갈채

오전에 청원 생명축제에 잠깐 참석했다. 이미 언론에서는 수십만이 참여해서 성공적이라는 기사가 보인다. 벌써 네 번째 열리는 이번 축제는 목표한 관람객 수가 40만을 넘어서고 있단다. 청원 생명축제는 청원군에서 생산하는 농축산품들이 각광을 받고 있어 더 기분이 좋다.

여성자원봉사자들이 운영하는 떡 판매 부스에서 하루 500만 원에서 1,000만 원까지 매상을 올린다고 하니 인기를 끌고 있는 농축산품 판매부스는 얼마나 많은 매출을 올릴 것인지 알 만하다.

다양하고 풍성한 행사 중에 향토음식 경연대회가 열리고 있었다. 먹음직스러운 음식들이 음식점의 이름을 달고 출품되었는데 정말 눈을 돌리기 어려울 정도였다. 익히 알려진 상호들이 간간이 눈에 띈다.

발길을 돌려 첫 번째 진행되는 '충북농업인 연구회 성과보고회' 행사장으로 향했다. 농업기술원에서 진행된 행사는 명실상부한 충북농업인 연구

회원들의 잔치였다. 올해 처음 진행된다고 하는데 농업인들 스스로 한 해의 성과를 자랑하는 자리다. 첫 회라서 그런지 도지사를 비롯한 많은 도의원들이 참석했다.

다시 발길을 돌려 충주에서 이루어진 충주시장 보궐선거 민주당 후보의 사무소 개소식에 참석했다.

부랴부랴 청주로 도착해 한창 진행 중인 '청주 공예비엔날레-유용지물' 행사장에 도착했다.

청주시와 자매결연 20주년 되는 일본의 돗토리시와 기념식을 하는 날이었다. 폐허로 변한 옛 담배공장에 꾸며놓은 공예작품 전시회는 그 기획에서부터 세계적 주목을 받을 만하다. 한범덕 시장이 정성을 들였다는 이야기는 이미 듣고 있었지만 옛 연초 제조창을 활용해서 전시 공간을 만든 일은 정말 잘했다는 생각이다. 이미 외국에서도 각종 공장을 미술작품 전시장으로 활용하고 있는 사례가 많고, 엄청난 관광수익을 올리고 있다는 소식은 듣고 있었다.

서울 목동의 철공소에서 이루어지는 예술가들과의 공존소식은 책과 언론을 통해 익히 알고 있다. 그러나 청주가 보유하고 있던 수십 년 된 담배공장은 몇 톤짜리 트럭들이 3층이며 4층까지 담배를 싣고 오르내릴 수 있을 정도의 튼튼한 건물로 담배공장이 옮겨간 이후 도심의 흉물스런 빈 공간으로 남겨져 있었던 곳이다. 이곳이 예술작품 전시공간으로 변화했다는 상상만으로도 대단하지 않은가? 추후 이곳이 예술과 관련된 공간으로 거듭 태어날 수 있었으면 좋겠다. 돗토리시와의 기념행사에 이어 저녁식사까지 함께 했다.

올해도 역시 괴산의 고추축제를 시작으로 해서 보은의 대추 축제며 영동의 난계축제, 옥천의 옻 축제까지 많은 지역축제가 이미 열렸거나 준비 중에 있다.대부분 지역축제가 관람수익과 특산물 판매수익을 올리는 것으로 진행된다. 관람객이 인근 식당을 이용하거나 여타의 관광을 통해 쓰는 돈은 덤으로 올리는 수익이다. 지역 축제들이 여전히 특색 없이 매년 같은 행사 위주로 이루어지고 있다는 비판적 평가 속에서도 나름대로의 의미와 성과를 갖고 진행 중이다.

그중 오늘 청원과 청주의 축제는 별다르다는 느낌을 받았다. 오랫동안 진행하고 준비해서인지 축제의 안정감과 축제 브랜드의 확산성이 눈에 띤다. 단체장들의 열성적 준비 과정도 좋아 보인다.

청주공예비엔날레는 이전부터 공예 인프라의 부족을 지적받았었다. 이번 기회에 공간에 대한 고려가 이루어진 만큼 대한민국 최고의 공예와 미술, 전시 등의 예술가 인프라가 집약되는 계기가 되길 기대한다.

청원생명축제 역시 친환경농축산물에 대한 좋은 제품 이미지를 고양시키고, 넓은 세계 무대에서 오직 청원에서만 즐길 수 있는 축제의 장으로 무사히 안착하여 오래도록 많은 사람들에게 사랑받는 축제로 자리 잡길 기대한다.

행사장 인사 다니다가 보낸 하루였지만 우리 지역 축제들이 제자리를 잡아가는 것 같아 기분 좋은 하루였다.

전국체전 응원기
우리 선수 이겨라!

　이틀에 걸쳐 전국체전을 격려 방문했다. 전국체전에 출전한 선수들이 대부분 학생(초·중·고)들이어서 교육위원으로 매년 당연히 해야 할 일정이다. 소년체전과 전국체전은 매년 지역을 돌아가면서 열리는데 올해 전국체전은 경기도에서 열렸다. 공식명칭이 '전국체육대회'이나 오래전부터 사용하던 '체전'이라는 말을 쓰고 있다.

　우리는 정구게임과 근대 5종 경기를 관람하고 격려했다. 정구 준결승에 올라온 음성고 학생들이 강원을 상대로 벌인 경기였는데 비교적 우세한 가운데 경기가 치러졌다. 목청껏 응원했다. 결국 음성고 정구는 금메달을 획득했다. 근대 5종의 경우 학생들은 승마를 제외한 수영, 싸이클, 달리기, 사격 등 4종의 경기를 치렀다. 운동량 자체가 워낙 많은 경기로, 관람하는 내내 선수들의 호흡과 사격 시 격발하는 순간마다 함께 숨을 멈추어야 했다. 충북의 선수들이 뒤쳐지든 말든 열심히 응원했다. 기량의 차이가 느껴졌다.

매년 소년체전과 전국체전을 방문하면서 학생스포츠 정책에 대해 고민해보았다. 우리나라는 전형적인 엘리트체육정책을 고수하고 있다. 물론 지금은 많은 선생님들이 학업과 병행할 것을 요구하고 실천하고 있어서 많이 좋아진 편이다. 그러나 여전히 학업을 포기해가면서 운동에 모든 것을 거는 선수들도 많다. 현장에서 보면 선수들과 함께 경기장의 관람석에서 목청껏 응원하는 부모들을 볼 수 있다. 경기하는 동안 내내 선수들과 한마음으로 기도하고 응원하는 것을 느낄 수 있다.

학교 스포츠가 좀 더 많은 학생들이 클럽 활동을 통해 자신이 좋아하는 경기에 참여하여, 말 그대로 튼튼한 신체와 건전한 정신을 가진 학생으로 성장하는 형태의 운동이 기반이 되었으면 한다.

충북의 경우 중학생들은 80% 가까이가 학업 중심의 방과 후 학습을 진행하여 특기적성 교육을 등한시하는 현실이다. 일본 히가시나루세 초등학교나 우리나라 남한산초등학교에서 보았던 정규수업 이외에 오로지 운동장에서 뛰어 놀고 좋아하는 운동과 놀이로 하루를 마치는 학교를 왜 우리는 못하는 것일까?

초등학교에서만이라도 정규수업 외의 학업은 지양하고 어린이들이 맘껏 뛰어놀 수 있는 기회를 제공했으면 좋겠다. 축구든, 야구든, 배구든, 농구든 아니면 또 다른 운동을 장려하고 방과 후에는 체육활동 중심의 클럽활동을 하게 하여 이를 통해 실력이 검증된 아이가 더 넓은 세계로 나아가고 이를 통해 스포츠 스타가 되는 길은 없을까?

엘리트 스포츠에 대한 거부감이 있음에도 충북이 소년체전 3위에 올랐다는 소식에 기분이 좋았다. 관람을 하더라도 승리하는 경기를 응원하게되어 더 기분이 좋았다. 우리 지역 선수들이 선전하는 모습에 함께 기뻐하고 열광하는 게 당연하지 않겠는가.

많은 학생들이 스스로 즐기는 자기만의 스포츠 종목이 있어 청소년기를 더욱 값지게 보내고, 소중한 추억으로 남길 수 있었으면 한다. 학생 생활체육에 좀 더 많은 지원이 고려되어야 한다.

학교체육에 대해 좀 더 살펴보아야겠다. 도움이 될 수 있는 방법은 없을까?

직접민주주의로 가는 길
'참여조례'

'도민참여 기본조례 제정' 공청회가 열렸다.

결론적으로 이야기하자면 도의 정책결정과정에 도민이 참여할 수 있는 근거, '조례'가 생길 수 있는 공청회가 열린 날이고, 도민들에게 기본조례의 내용이 공개되는 날이다. 조례를 상임위에서 통과하기 전에 공청회라는 도민 참여와 발언의 기회를 열어, 통과될 조례 내용에 수렴된 의견을 반영할 수 있는 날이라는 뜻이다.

그동안 지방자치에 도민의 뜻을 반영한다는 정치적 수사 이외에 강제력 있는 참여방법은 없었다. 도민이 주인이라면서도 각종 위원회에 참여할 기회를 갖기 어려웠다. 설혹 참여한다고 해도 형식적이거나 말 그대로 의례적인 위상의 참여였다.

이제부터 위원회 구성원의 일정 규모 이상은 공모제나 추천제 등 공개적인 절차를 통해 여성, 장애인, 이주민 등 사회적 약자의 참여가 보장 될 것이다. 또 도의 중요한 정책 사업에 도정정책토론 청구를 요구할 수 있다. 물론 500명 이상의 연서를 통해서이기는 하지만 길은 열렸다.

도지사는 이제부터 대규모 투자사업 및 주민의 복리안전 등에 중대한 영향을 미치는 정책 결정을 하려면 공청회와 설명회를 개최하여야 한다. 여기에 도민의 의견을 직접 청취하기 위해 도민의견조사를 실시할 수 있도록 했다.

주민자치 20년 만에 도민이 도정에 참여할 수 있는 조례가 만들어 지는 것이다. 역사적인 공청회다. 그러나 지역 언론은 방송국 한 곳에서만 취재하는 것 같다.

나는 토론회의 일반 방청인으로 참관했다. 해당 상임위원이 아니었기 때문이다. 속 뒤집는 발언을 하는 의원도 있었다. 여전히 도민이 도정에 참여하는 일이 만만치 않다는 증거다.

참여연대 송재봉 국장이 발제자였고, 공술인으로 하민철 청주대 행정학과 교수를 비롯 이종훈 변호사, 주재구 청주주민자치센터 연합회장, 최윤정 충북경실련 사무국장, 박은상 도 자치행정과장이 참가했다.

송 국장은 주제 발표 중 언론의 무관심에 아쉬워했다.

"의정비 인상 문제에만 관심이 있는 듯."

그래도 이번 조례가 통과되면 전국 광역의회 중 네 번째로 도민 참여 기본조례가 제정되게 된다. 민주주의의 기본 정신이 국민이 참여하는 행정인데, 이제야 제도적으로 도민참여가 가능하게 되다니 얼마나 기다려왔던 일인가. 오늘 공청회에서 큰소리가 나기도 했으나 이것이 우리의 현실이었다. 이렇게 한 발씩 앞으로 가는 거다.

교육청도 의회를 길들인다?

두 명의 기자가 얼마의 시간을 두고 전화를 걸어왔다.

올해 행정사무감사를 교육청에서 하는 이유가 무엇인지? 자료요청이 전년도에는 2주의 시간을 주었는데 올해는 왜 1주만 주는지, 올 행정사무감사가 교육청 본청에 이틀이나 하는 이유가 뭔지, 교육계 길들이기가 아닌지, 뭐 이런 내용이었다.

아니나 다를까 두 곳 신문에 이 같은 내용이 실렸다.

"행정사무감사 일정, 장소 두고 갈등"

충북교육청, 준비기간 2주 줄어 '무리한 행감' 충북도의회, "집행부가 의회 기능에 너무 간섭한다."

왜 이런 기사가 실릴 수 있을까? 만일 위와 같은 질문을 도청이 도의회에 한 적이 있었는지 묻고 싶다.

행정사무감사는 일정은 매년 초에 대략 결정이 된다. 설사 날짜 변경이 된다고 해도 하루 이틀 차이일 뿐 거의 그대로 진행된다. 연초에 행감 준비와 관련된 일정조정을 할 수 있다는 이야기다. 올해는 일주일 정도의 시간만 주었다는 것도 이해하기 어렵지만 실무 관련된 것은 의회 전문위원실과 교육청 의회담당부서에서 조율하여 결정하는 것으로 알고 있다. 의원이 왈가왈부할 사항이 아니다. 더욱이 행정사무감사 자료요청의 경우 도의회 본회의에서 결정되어 교육청에 요청되는 사안이다. 그러나 집행부와 현장 선생님들께 답변 자료준비 시간을 더 주기위해 미리 준비 자료를 넘겨주는 것이 보통이다.

　　올해는 본회의 끝나는 날 항의전화를 받았다. "왜 행감 자료를 오늘 요청해서 오후 1시까지 달라고 하는 거냐, 수업 중에 어떻게 준비하라는 거냐."는 현장 선생님의 전화였다.

　　이건 정말 어이없는 일이다. 행감 자료요청 결정이 난 회의가 끝나자마자 이 같은 전화가 왔다는 것은, 현장 선생님들에게 의회가 무리하게 자료요청을 한다는 여론을 만들기 위해서가 아니라면 어떻게 이 같은 일이 발생하겠는가. 그것도 원래대로라면 그날 결정된 행감 요청 자료를 다음날쯤 교육청으로 가야하는데 왜 이 같은 일이 벌어졌는지, 더군다나 기사의 내용을 보면 도교육청 관계자의 이야기를 따와 "의도한 것인지는 모르겠지만 수감자로서는 너무도 피곤하다."고 토로했다고 보도했다.

　　"이례적으로 도교육청을 방문해 행감을 진행하겠다는 것은 또다시 교육청 길들이기를 시작한다는 의미"라며, "올해 행감이 어떻게 될지 걱정부터 앞선다."고 말했다.

감사 장소 역시 모든 교육지원청에 다 갈 수가 없지만 북부 쪽은 제천에서, 남부 쪽은 옥천에서, 중부는 진천에서, 청주교육지원청 등 현지에서 실시한다. 교육청 본청에서 행감 하는 것을 이렇게 감정적으로 대응한다는 자체가 이상하다. 전 교육위원회 시절 늘 교육청 본청에서 감사를 진행했다. 지금 도의회 교육위원회는 지난 시절 교사위원회가 아니다. 국회에서 진행하는 국정감사 역시 현장에서 국감을 진행하고자 멀리 지방까지 가서 한다. 왜 교육청 본청에서 하는 감사에 대해 이렇게 반응하는가? 이런 말이 나올 수 있다는 것도 의회에 대한 도전이며, 행정사무감사를 약화시키기 위해 미리 선제공격을 하는 것은 아닌지 오히려 반문하고 싶다.

또 교육청은 행정사무감사가 이틀이나 늘었다고 불만이라고도 했다. 올해 도의회 회의일수는 120일에서 130일로 늘렸다. 행정사무감사는 4일이 늘었고 도청에 대한 감사는 이틀, 도청 예결산도 하루 더 늘었다. 교육청 역시 하루가 더 늘었을 뿐이다.

도청에서는 감사일정 늘어난 것에 대해 그 어떤 이야기도 없었다. 아니 집행부에서 의회의 결정에 관여할 수 있지 않다. 지방자치는 행정부에 대한 견제와 감시기능을 의회에 주었을 뿐 집행부에는 예산편성권과 집행권, 그리고 안정적 고용을 보장했다. 그런 행정기관에서 의회의 견제 감시기능에 대해 이런 식으로 문제제기를 한다는 것은 지방자치를 무시하는 일이다.

나는 이번 일이 교육청 일부의 의견이라고 믿는다. 이 같은 기사가 도교육청 관계자라는 익명으로 처리된 것이 도교육청의 공식 입장은 아니라고 생각하겠다. 위의 관계자가 주장한 내용대로라면 집행부가 의회에 해서는 안 될 항명의 뜻을 내포하고 있기 때문이다.

교육위원으로 활동하면서 교육계의 의회무시와 의회 길들이기가 정도를 넘어서고 있다는 생각이다. 타 지방자치단체라면 상상할 수 없는 일이 '관계자'라는 이름으로 언론을 통해 보도된다. 이번 일은 양 기관의 '갈등'이 아니다. 교육계의 의회 고유 권한에 대한 침해다.

정상적인 의회의 활동조차 집행부의 의도대로 만들어가고자 하는 시도도 문제이고 맘대로 안된다고 이런 언론플레이를 하는 것도 있어서는 안 될 일이다. 참 안타깝다.

2년차 나의 6대 뉴스

도의원 2년차인 2011년 올해는 전체적으로 안정감 있는 시간을 보낸 것 같다. 중간에 몸을 돌봐야 하는 시기가 있었지만 여전히 도전하고 공부하는 한 해가 되었다.

특히 아이들과 백두대간을 오르면서 신뢰감을 쌓게 된 것이 가장 큰 일이었다. 20년 동안 집사람이자 동반자로 살아준 아내에게 고맙다. 가만 보니 6대 뉴스가 더 맞는 것 같다. 올해는 여섯 개의 뉴스만….

1. 아이들과 함께한 백두대간 탐사 7박8일

대학에 간 동호와 중학교 3학년이 된 수연이가 환경련 주최 백두대간 구간탐사에 도전하기로 했다. 아빠와 함께한 백두대간 탐사가 쉽지만은 않았을 거다. 수연이는 은근히 다이어트가 될 거라고 생각했던 것 같은데 왠걸 다녀오고 나서 더 튼튼해졌다.

아이들과 내게 서로에 대한 신뢰와 믿음을 심어준 계기가 되었다. 아이들이 믿음직스럽다. 이런 줄 알았으면 금희 씨도 함께 갈걸.

2. 결혼 20년, 팔자에 없는 반지착용 의무화

금희 씨와 결혼한 지 20년, 1987년에 처음 만나 연애 5년 후 결혼해 한 여자하고 25년 연애하면서 살았다. 시민운동가 남편을 포함한 우리 가정을 꾸려온 아내가 너무 고맙다.

그런데 어느 날 금희씨가 끼고 다니던 금반지를 팔아서 두 개의 금반지를 만들었다. 그러더니 하나는 나에게 끼고 다니란다. 난 그동안 목걸이든 반지든 끼고 다니는 것을 몹시 싫어했었다. 반지 끼고 다니라는 거 보니 남편 총각처럼 보일까봐 걱정돼서 그러는 걸까?

3. 아파서 입원하다

특별히 어디 수술하거나 크게 아파본 적이 없다가 두 달여 치료를 받았다. 병원에서 2주일, 산 속에서 요양 2주일에, 치료를 위해 집에서 한 달 정도 쉬었다. 아파보니 건강의 중요성을 느끼게 되었다. 집에서 도청까지 걸어 다니게 되었는데 덕분에 수연이와 함께 출근길 걸으며 이야기도 많이 하게 되었고, 우리 동네를 좀 더 자세히 보게 되기도 했다. 속리산 휴양림이 가끔 생각난다. 역시 산속에 있을 때 기분이 좋아진다.

4. 도의회 예산결산위원장 되다

도청 한 해 예산 3조원, 도교육청 1조 8,000억 원, 도합 5조 원 가까이 되는 예산의 심의와 의결을 책임지는 자리인 예결위원장이 되었다. 지난주 올해 예결산과 추경까지 끝냈다. 복지예산의 증액과 종편예산의 삭감을 지휘했다. 역시 예결위를 끝내고 나면 큰 산을 넘은 것처럼 피곤하다.

5. 동호 대학생 되다

마냥 어리게만 생각되던 아들 동호가 대학생이 되었다. 서울로 가게 되어 할아버지 댁에서 군대 가기 전까지 있어 달라고 부탁했다. 내가 1982년에 청주로 대학 간다고 내려올 때 그것이 부모님들과 함께하는 생활을 끝내는 것인지 정말 몰랐다. 그래서 동호에게 내가 못한 부모님과 함께하는 생활을 부탁하게 되었다.

동호가 친구들과 나누는 생활의 이야기들을 집사람, 수연이와 함께 미니홈피든, 페이스북이든 들어가 함께 읽으며 동호가 건강하게 대학생활을 잘하고 있다는 것을 확인하고 있다.

6. 65편의 독후감을 쓰다

2월 28일부터 65권에 대한 서평을 썼다. 그 전에는 그냥 읽고 말았다가 누군가 뭐라도 남겨두면 좋을 것 같다고 해서 쓰기 시작했는데 은근히 재산이 되고 있다. 글을 쓰거나 뭔가 고민이 필요할 때 요긴하게 쓰인다. 진작 쓸걸….

대충 연간 100권 정도 읽는 것 같다. 내년에는 정독을 해볼까?

아들 동호와 딸 수연이. 아이들과 함께한 백두대간 생태문화탐사.

제4장

톡톡 튀는
지역구 활동

동네 어르신들이 벼 베는 법을 가르친다. 어린이는 진지하게 듣고 있다. 잘 익은 벼는 사람이 고개를 숙이고 있는 모습과 닮아 우리에게 겸손함을 가르쳐준다. 젊은 사람들은 평소 어르신들이 이렇게 많은 지혜로움을 간직하고 있었는지 모르고 있었다. 이제는 배운 대로 처음 잡아본 낫을 움켜쥐고 벼를 베어 본다. 조심스럽고 신기한 체험이다.

등골이 서늘해지는 말
"오랜만이여"

오늘은 통장회의가 있는 날이다. 산남동과 분평동이 같은 날 통장회의를 하지만 다행히 시간을 10시와 11시로 배려해주어 두 곳 다 갈 수 있다. 항상 도의원 인사말의 시간이 있으므로 이때를 활용해서 나만의 의정보고회를 갖는다.

"충청북도가 국제행사로 화장품뷰티박람회를 추진한다고 동네로도 티켓이 많이 내려왔죠? 저도 광주로, 전주로 의회 돌아다니면서 티켓 팔러 다녔습니다. 사실 충북은 우리나라 화장품의 27%가 생산이 되는 곳이잖습니까. 요즘 동남아 일대의 여성들에게는 한류만큼이나 국산화장품이 인기라는데, 이번 기회에 화장품과 뷰티산업을 부흥시키고 충북지역에 특화된 축제를 갖게 되니 힘드시더라도 함께 성공할 수 있도록 노력해 보시자구요."

"요즘 제가 관심 쏟는 분야가 생겼습니다. 지난달에 우리 동네에서 4살 짜리 어린이가 유치원 통학차량에 사망한 사건 모두 알고 계시죠? 어떻게 하면 우리 동네 교통사고를 줄일 수 있을까 고민 중입니다. 통장님들께서 좋은 의견이 있으시면 알려주세요. 세상을 떠난 어린이의 이름이 세림이라고 합니다. 요즘 인터넷에 어린이집 통학차량으로부터 안전할 수 있도록 법을 개정하자는 '세림이 법'을 만들자는 청원운동이 진행되고 있는데요. 저도 관심을 가지고 참여하려고 합니다. 우리 동네에서 발생하는 교통사고를 줄이고 특히 어린이들을 위협하는 교통사고를 근절하기 위해 뭐라도 하려고 하는 중입니다. 좋은 의견이 있으면 알려주세요. 요즘 날씨가 갑자기 추워져서 감기몸살 걸리신 분을 많이 보았습니다. 건강 챙기시고요. 건강에 유념하세요."

이쯤하고 분평동으로 이동한다. 사실 통장과 주민자치위원회가 매달 한 번씩 열리기 때문에 이분들에게 내가 하고 있는 활동을 알려나가는 게 필요하다. 우리 동네에는 기초의원 두 명에 비례대표까지 세 명의 청주시의원이 있다. 이분들 역시 동네 활동이 겹친다. 이 외에도 새마을부녀회, 자원봉사대, 바르게살기, 자율방범대, 방위협의회 등등 10여 개의 자치조직이 동네마다 있고, 주민자치위원회의 프로그램이 또한 10여 개 운영된다. 요가교실부터 노래교실까지 다양한 동민들이 참여하므로 가끔은 얼굴을 비추어야 한다. 요즘은 그마저도 잘 못하고 있다.

우리 동네에는 학교가 많다. 분평동에만 초교가 4개, 산남동 2개, 중학교가 도합 3개, 고등학교가 3개나 된다. 교육위원이기 때문에 가끔씩 학교를 들러보기도 해야 한다. 졸업식과 체육대회는 꼭 가봐야 하는데 주로 같은 날 하기 때문에 다 갈 수 있는 것도 아니다. 아파트관리소와 경로당은 또 말할 것도 없다. 이곳에 가면 아파트 공원과 어린이 놀이터가 정비가 되어 있는지 알아볼 수 있다.

나는 그나마 동이 두 개라서 꼼꼼히 챙길 수 있다지만 인근 최진섭 의원 지역은 다섯 개 동으로 구성되어 있다. 문제는 기초의원의 지역과 겹쳐 있기도 하고 도의원이 할 수 있는 일이 적기 때문에 애매한 점이 있다. 그래도 동네 축제를 비롯해서 대보름, 경로잔치, 어린이날 등 각종 행사에는 꼭 참여해야 한다. 누가 오라고 하지 않아도 알아서 가야 한다. 가끔 "오랜만이여"라는 인사말을 듣는 순간 뒤통수가 서늘해지기도 한다. 더 열심히 다니라는 말로 들리기 때문이다.

동네를 자주 다녀야 하는 이유는 사실 사람들의 이야기를 들을 수 있기 때문이다. 광역의원 기억해주는 사람은 많지 않다. 그래도 지역에 대한 관심과 애정을 갖는 게 중요하다.

난 출퇴근길을 걸어 다니면서 사람들을 만난다. 차에서 손을 흔들어 주는 사람들도 있다. 동네에 많이 머무르는 것, 동네 사람들과 자주 인사하는 것이 중요한 지방의원의 역할이라고 생각한다.

최근에 산남동 우리 동네 구룡산이 파헤쳐지고 있다. 두꺼비 서식지가 파괴되고 마을을 감싸고 있는 산의 일부가 잘려나간단다. 노인회장님께서 걱정이 많으시다. 두꺼비 살리기 운동 10년 만에 또다시 구룡산 지키기 운동을 해야 하는 상황이다. 동네 사람들이 돈을 모아 땅을 사자고 한다. 트러스트 운동이다. 적극 참여할 수 있는 방법을 강구해야겠다.

어린이날은 행사장 순회하는 날

89번째 어린이날이다. 하늘은 모처럼 청명하고 날은 좋다. 작년 청주교대 어린이날 행사는 공사 관계로 열지 못했지만 올해는 재개했다. 중부매일에서 몇 년 째 진행하는 어린이날 행사는 예술문화회관 앞 공터뿐 아니라 근처 주차장에, 인근 쌍둥이체육관 앞마당까지 활용해서 예전보다 더 많은 프로그램과 사람들을 모았다.

초록으로 넘어가는 신록 사이 무대는 마치 주변 풍경을 데코레이션으로 활용한 것처럼 아름답다. KBS 어린이합창단의 어린이날 노래 축가가 있기까지 긴 시간 상장 수여며, 축사와 축하 메시지며, 주요인사들 소개까지 있은 연후에나 오를 수 있었다.

참, 딜레마다. 행사가 폼 나게 되려면 돈이 필요하고, 후원이 필요하고 그러자니 그분들 인사 정도는 시켜야 하고, 대의제민주주의로 선출된 정치인은 또 사람들의 지지를 위해 혹은 행사의 공공적 권위를 위해 어쨌거나 소개와 인사말이 필요하기 때문이다.

그래도 어린이들의 표정과 공연은 늘 감동이다. 소리 지르고 박수도 치고, 인근 멋진 다리 건너 흥덕사지에서는 매년 어린이날이면 사생대회가 열린다. 고인쇄박물관과 뒷산 그리고 푸른 하늘, 앞마당 전시회가 정말 잘 어울린다. 마침 바람도 덜 불어줘서 전시물이 날리지 않아 다행스럽다. 이곳은 주로 교육청 쪽 인사들이 많이 보인다.

"갈수록 어린이들 실력이 쑥쑥 느는 것 같아요" 주최 측의 이야기다. 페이스페인팅은 어린이 행사에서 빠지면 안 되는 곳이 되었다. 늘 많은 어린이들이 줄을 선다. 페인팅을 당하는 어린이의 표정이 꽤 진지하다. 그러나 사실은 자신의 얼굴에 그려져 있는 그림을 스스로는 볼 수 없다. 거울이나 꺼내 보여줘야 그나마 볼 수 있다. 모두 그려주는 언니의 손놀림만 믿어보는 거다.

그나마 손등에라도 그려준다면 보는 재미에 예쁜 물감 칠하는 재미까지 있다. 뒷줄에서 준비 중인 어린이는 늘 뭔가 보챈다. 빨리 해달라고 하면서도 정작 그리는 언니에게는 한마디 말도 못 꺼낸다. 늘 재미있는 페이스페인팅.

어린이날 빼놓을 수 없는 게 또 있다. 바로 뽑기다. 아이, 어른을 가리지 않고 재미있어 한다. 사진 찍는 동안 한 아이는 잘 했다고 '하나 더'의 기쁨을 누린다. 모양대로 잘라내는 것은 어린이나 어른이나 집중이 필요하다. 정작 달고나 젓는 아저씨는 누가 잘하든 말든 신경 안 쓴다. 그러거나 말거나.

어린이들이 참 착하다. 그러나 뽀로로나 곰 인형 탈을 쓰고 한번쯤 나서
본 사람들은 안다. "어린이들이 정말 못살게 굴어요. 흑흑… 때리는 것은
아주 예삿일입니다. 가뜩이나 날도 좋아 더워 죽겠는데 두들겨 맞기까지
해봐요, 탈 쓰는 역할은 정말 고역입니다."

그러나 우린 알고 있다. 어린이들이 친근함의 표시로 다가온다는 사실
을. 함께 사진 찍어주고, 함께 손이라도 흔들어주고, 친구처럼 대해준다는
걸 알고 더 친해지려 한다는 거. 어쨌든 그 역할을 하는 사람은 여간 힘이
드는 게 아니다.

알아서 시원한 등나무 그늘 목재체험을 하고 있는 어린이들은 그나마
손길이 덜 간다. "뭐든 스스로 해주면 손길이 아무래도 덜 가죠. 목재체험
의 재미는 아빠와 함께할 수 있다는 점이에요. 모처럼 아빠들이 우리 어린
이들을 위해 헌신하는 날. 바로 어린이날이죠."

청주교대에서 열리고 있는 어린이날 행사가 벌써 18회째다. 처음 시작
할 무렵, 당시 새로 출범한 전교조에서 시민사회단체들에게 이 행사를 함
께하자고 했었다. 별다른 어린이날 행사가 없던 시절, 작은 천막 하나에
그날만큼은 어린이들을 위해 헌신하자면서 시작했다. 졸업 후 대부분이
초등 선생님이 되는 교대생들에게는 아주 좋은 체험활동이자 미래 선생님
준비를 위한 좋은 프로그램이었다.

단체에서도 자신 있는 프로그램을 한 가지씩 준비해서 나왔었다. 예나
지금이나 대학생들의 공연 프로그램은 흥겹다. 어떤 때에는 경직된 동작
을 보여줄 때도 있었는데 올해에는 매우 대중적이면서도 흥겹고 재미있게
진행 중이다.

어떤 해에는 전교조와 시민사회단체가 주최하는 행사여서 불허된 적도 있었다. 전경들이 지키고 있는 어린이날 행사장이라니 생각만 해도 웃긴다. 바로 이곳에서 자원봉사를 하던 학생들이 이제는 아빠, 엄마가 되어 드문드문 보인다. 참내, 애들이 애를 낳았다.

청주에서도 이제는 여러 개의 어린이날 행사가 진행되고 있다. 모두 어린이를 위한 행사들이다. 사실은 그날 어른들이 참 고생하는 날이다. 하루쯤 온전히 어린이만을 위해 다함께 노력하는 날, 바로 '어린이날'이다. 이곳저곳 행사장 다니다보니 힘도 들고 배도 고프다.

두꺼비 마을축제,
이렇게 재밌어도 되는 건가요?

　5월의 밤, 아카시아 향기 흘러넘치는 산남동 구룡산 자락 법원 앞 도로에서 영화가 상영되었다. 만화가 '강풀'의 원작으로 이미 많은 사람들의 심금을 울린 영화《그대를 사랑합니다》가 마을 축제의 마지막 행사로 상영되었다. 500여 명의 사람들이 모여 부부끼리, 가족끼리 무료시음 하는 맥주 한 잔씩을 들고 35mm 필름으로 상영되는 영화를 보면서 웃다가 울다가 감동적인 시간을 보냈다.

　마을축제라고 하지만 수십 개의 부스 운영과 아침부터 저녁까지 진행되는 마을사람들끼리의 한마당 잔치는 참으로 감동적이었다.
　오전 9시 경부터 시작된 마을길 걷기 행사는 200여 명의 주민들이 어린이들의 손을 잡고 마을 일대를 천천히 걷는 것으로 시작되었다. 산남천을 살리자는 의미에서 좋은 균이 함축되어 있는 황토 볼을 함께 던지기도 했다. 어린이와 어른들이 함께 이루어낸 감동적인 퍼포먼스였다. 더욱이 통장님들과 주민자치위원회 새마을협의회 등 직능단체들이 교통안전 자원봉사를 해주셨고, 덕분에 안전하게 마을길을 걷게 되어 더 의미 있었다. 개막식 후 진행된 줄다리기는 아랫마을과 윗마을로 나뉘어 진행되었고 한범덕 청주시장과 오제세 국회의원까지 모두 참여하여 영차영차 힘을 내보기도 했다.

두꺼비마을답게 생명축제를 모토로 삼아 거행된 올해 우리 동네 마을축제는 벌써 8회째 열리는 관록 있는 축제다. 특히 올해는 그동안의 시민단체와 아파트협의회만으로 열리던 축제에서 벗어나 명실상부한 산남동의 대표 마을축제가 되었다는 점이 가장 자랑하고 싶은 내용이다.

올해 마을축제는 일단 산남동 주민자치위원회와 직능단체들이 모두 참여하고 그동안 축제를 시행해왔던 두꺼비친구들과 산남3지구 아파트 협의회가 함께 준비하게 된 것.

개막식에서 "서로 각기 다른 색깔들이 모여 무지개가 되듯 모두 함께 어울리는 축제가 되자"는 주민자치위원장의 개막 인사가 인상적이었다.

수많은 부스에서는 축제의 모토인 생명축제에 맞추어 어린이들이 참여할 수 있도록 배치되었으며, 자매결연한 청원군의 마을에서는 친환경 농산물을 판매했다. 아파트 부녀회들에서는 알뜰장터를 운영하고 판매된 금액은 전액 불우이웃돕기에 쓰도록 함으로써 더욱 뜻 깊은 행사가 되었다. 행사장 주변에서는 그림그리기와 바둑대회가 진행되었다. 두꺼비축제답게 두꺼비 그리기대회와 양서류 및 잠자리 전시회 등이 함께 열렸다. 학생들이 준비한 현도정보고 '낭랑18세'팀의 난타공연과 퓨전 전통음악을 선보

우리 동네 마을축제−환경축제로 2013년 현재 10년이 되었다.

인 '미즈'의 공연 등이 펼쳐지고, 마을주민들이 결성한 '두꺼비 앙상블 밴드 공연' 까지 다양한 마을축제 프로그램이 진행되었다. 이 모두가 우리 주민들이 만든 공연이었다는 점에 긍지를 느낀다.

규모가 그리 크지 않은 마을축제임에도 두꺼비와 상생하는 그 의미를 알고 있는 마을답게 생명축제를 벌써 8년이나 이어온 우리 마을이 자랑스럽다. 주민들이 모두 함께 만들었다는 점에서 더욱 뜻 깊었던 이번 축제가 더욱 발전되어 전국에서 가장 유명한 생명환경축제로 자리매김하였으면 하는 바람이다.

봄밤, 집사람과 두 손 꼭 맞잡고 감동 공유하던 5월의 마을축제를 잊지 못할 것이다.

우리 동네 두꺼비논 손모내기 하던 날

산남동 두꺼비는 모내기하는 날이다. 구룡산에서 원흥 방죽까지 아파트 사이에 생태통로가 있지만 혹시 산에서 내려오다가 빨리 산란할 두꺼비를 위해 곳곳에 대체습지를 마련했다. 그중 한 곳은 이렇게 논을 만들어 매년 농사를 짓고 있는 중이다.

올해로 벌서 4년째인 논농사는 일체 화학비료와 농약을 쓰지 않고 이렇게 손 모내기를 한다. 동네 어린이들과 부모들이 참여하고, 동네 시니어 클럽 노인회 어르신들이 미리 수작업으로 써래질과 줄을 띄워 놓고 어린이들에게 가르쳐 준다.

요즘은 모내기를 모두 기계로 하고 있어서 옛 정취를 느끼기가 어렵다. 사실 농사가 사람 손 많이 가서 어렵고 고된 노동이기는 하다.

"한 번에 3~5개의 모종을 이렇게 떼어내는 거야."

"열심히 설명하지만 알아듣고나 있는지는 잘 모르겠어요."

아파트 뒷편의 두꺼비논, 동네 시니어클럽 노인회 어르신과 아이와 부모님이 함께 모내기하는 모습.

모내기를 처음 해본다는 엄마와 그 손을 잡고 나온 아이들이 모내기를 잘 할 수 있을까. 처음엔 맨발로 진흙을 밟는 것조차 두려워한다. 박 국장이 마이크를 들고 열심히 설명해서 겨우 모심고 있다. 모 심는 모습만큼은 거의 전문가 수준이다.

"줄 띄웁니다 소리가 나오기 전에 얼른 심어야 합니다."

엄마와 함께 모내기 중이다. 엄마 하는 거 잘 보고 그대로 따라하면 되는데.

"엄마는 잘하고 계신 거예요?"

곁에 계시던 어르신께서는 뭔가 맘에 들지 않으신가 보다. 그래도 배우려는 자세만큼은 아주 진지하다.

"줄 띄워야 하는데 그쪽 아직 안 끝났나요?"

박 국장 오늘 목 쉴 것 같다.

"모 심는 거 처음 본 아이들에게 그나마 두꺼비논까지 와준 것만 해도 감사해야죠."

아이들이 아빠 손, 엄마 손에 이끌려 함께 나와 있는 것만으로도 행복하다는 시니어클럽 어르신들이다. 대충 멀찍이서 쳐다만 보는 사람들은 모내기 하는 이 손맛을 알 수나 있을까. 두꺼비논 모내기하는 한쪽에서는 파전 부치는 냄새가 가득하다. 두꺼비안내자들이 파전을 부치고 있는 중이다.

"모내기가 끝나면 참으로 함께 먹으려 합니다."

"논은 작아도 모내기 날 정취는 물씬 나지요?"

"오늘 고생하신 어르신들 막걸리는 준비되었겠지요."

모두 한마디씩이다. 어린이들과 모내기 후 참으로 먹는 파전이 얼마나 맛있는지는 말할 필요도 없을 듯.

올해 농사가 풍년 들기 기원하면서, 우리 동네 산남동 두꺼비논 손 모내기하는 날이었다.

생태적 감수성을 깨워주는
두꺼비 생태공원의 안내자

'산남동에는 생태문화관이 있다. 이곳의 자원봉사자모임이 두꺼비안내자들이다. 30여 명이 활동하는데 오늘 정기모임에는 스무 명이 넘게 모였다. 내가 소속되어있는 4기들이 제일 많이 모였다. 기분 좋은 저녁.내일은 성화초에서 150명의 아이들이 탐방을 온다고 하여 걱정이다. 30명씩 30분 간격으로 원흥이 방죽 일대를 안내해야 한다.

두꺼비안내자들이 매일 순회하면서 자원봉사를 하는데 토요일인 내일 담당자들이 힘들게 생겼다. 더욱이 오전에 프로그램도 하나 운영해야 한다. 시간 되면 나가볼까?

두꺼비안내자가 되려면 소정의 교육을 받아야 한다. 매년 봄에 모집해서 교육을 진행한다. 벌써 6기가 진행될 예정이다. 하긴 이곳 아파트 입주가 4년 전쯤 되었으니 두꺼비마을이 생기기 전부터 두꺼비안내자 모임은

우리 동네 두꺼비생태공원에 봄이 찾아왔다.

진행된 셈이다. 8년 전 택지개발지구였던 이곳에 아기 두꺼비들이 떼 지어 이동하고 이것을 안내하고 설명하던 사람들이 두꺼비안내자의 모태가 되었다. 당시에는 부랴부랴 주부들 모아서 교육하고 몰려오는 탐방객들에게 안내와 설명을 하면서 수만 명에게 생태적 감수성을 일깨우려 노력했다. 바로 이들의 두꺼비안내자가 되었다.

기왕 두꺼비안내자에 등록되어 있으니 하루쯤 자원봉사를 실제로 해야겠다는 생각이 든다. 오늘 추석연휴 끝나고 만난 안내자들이 참 자랑스럽고 반갑다. 함께 있어 주는 것만으로도 이것저것 물어볼 것 많고 호기심 많은 아줌마들이다.

내일 성화초 어린이들의 안내자로 참여해야겠다. 그렇잖아도 나무강의를 해달라고 하니 좀 더 많은 시간을 내야겠다. 며칠째 가을 날씨 치고는 아주 덥다. 다시 선풍기가 필요한 날.

자원봉사에 대한 생각과 실천

꽤 오래전 민주화 운동과 통일 운동을 하던 청년단체인 청주민청을 해산하고, 자원봉사활동에 기반한 청년운동단체인 KYC의 초대 대표가 되었을 때 자원봉사에 대해 고민을 많이 했다.

당시의 나는 경영학자였으나 본인은 사회생태학자로 불리고 싶어 했던 피터 드러커에게 꽂혀 있었다. 드러커는 정보화 사회의 발현과 평생교육의 필요성에 대해 역설하고, 지식노동자라는 개념을 고안하여 지식노동의 생산성에 대해 인생의 후반부까지 고민했다. 특히 그는 자원봉사활동과 비영리단체에 대해 많은 조언을 아끼지 않아서 더 관심이 갔다.

피터 드러커는 "자원봉사는 일종의 리더십 발휘이다. 인간은 늘 다른 사람에게 영향력을 행사하고자 한다. 그러므로 공동체를 위한 자원봉사는 보다 더 유능한 사람들의 몫이 될 것임이 틀림없다. 목표 달성 능력의 유무를 기준으로 할 수 있게 될 것이다."라면서 자본주의가 발전할수록 자원봉사가 소외감과 격차를 줄이는 역할을 할 것이라고 했다.

정치활동을 하면서도 늘 지식인들의 자원봉사활동에 관심을 가졌다. 특히 전문화된 자원봉사는 지역사회를 더 공동체적으로, 생태적으로 만들어 갈 것이라고 생각했다. 그래서 마을신문을 비롯한 마을단위의 환경생태 자원봉사프로그램을 눈여겨 보아왔다. 보편적 복지가 대세가 되듯 전문적 역량과 기능을 사회에 환원하는 재능 기부는 앞으로 더 늘어날 것이다. 최근 우리 지역에서도 강의부분에서 재능기부가 점차 늘어나고 있다. 청주교육지원청에서도 재능기부자를 모집하고 있었다. 나는 생태교육관련 신청을 했다.

자원봉사를 고민하다가 우리 동네 생태공원 안내 '숲 생태해설'을 진행한 지 한 달도 더 되었다. 바람이 불고 흐려서 걱정했으나 막상 생태공원 순회하는 데에는 문제되지 않았다.

오늘은 내 안내를 받기 위해 온 가족들이 있어서 더 기분이 좋았다. 조금씩 소문이 나는 것 같다. 중학생들이 같이 사진 찍자고 한다. 기분 좋다. 다른 사람에게 뭔가 도움을 줄 수 있을 때 기분이 좋다. 행복감도 느낀다.

누군가에게 생태적 마을공동체에 대해 자부심을 주고, 이를 실현하기 위해 노력하는 사람들을 소개하고, 나무와 풀과 곤충과 양서류를 알려주는 일이 나는 참 좋다.

생태문화관에 오는 수많은 청소년 자원봉사자들의 단순 봉사에서 좀더 자부심과 일의 중요성을 알려주는 일이 중요하다. 가족끼리 탐방하는 사람들에게 우리 동네와 생태공원을 좀 더 자세히 알 수 있도록 안내해주는 일이 내겐 중요하다.

생태공원 숲해설 자원봉사 중

앞으로도 일요일 오전은 무조건 자원봉사를 할 생각이다. 교회 다니는 사람들이 일요일 오전을 지켜내듯 정말 빠져야 할 일이 아니라면 일요일 은 할애할 것이다.

누군가를 배려한다는 차원도 있지만 내가 기분 좋고, 내가 정신적으로 도움을 받을 수 있는 자원봉사가 나를 기쁘게 한다.

자원봉사 3주째,
자리가 잡혀 간다

원흥이 방죽 생태공원 안내 시작한 지 세 번째 날이다. 오늘도 자원봉사를 지원한 학생들이 있었다. 산남중학교 2학년 여학생 둘과 3학년 남학생 한 명과 함께 쓰레기 줍기를 우선 했다.

매번 자원봉사자들이 많이 오는데 단순 안내와 청소를 시킨다.

시민운동을 할 때 자원봉사 프로그램을 만들면서 자원봉사 사전 교육이 늘 절실했다. 자원봉사 참여자들의 만족감과 책임감을 고취시키면서 자긍심을 느끼도록 하는 데에는 자원봉사 활동에 대한 목적 공유가 아주 중요했다.

그런데 인력이 부족하다 보니 이곳 역시 단순 참가 위주로 운영을 할 수밖에 없는 것 같다. 박완희 국장이 일요일에 매주 학생 자원봉사자들을 위한 교육프로그램을 제안한다.

어차피 하는 일이니 잘되었다고 생각했다. 그런 점에서 오늘 학생들과 함께 생태공원 일대를 청소하면서 안내하고 소개하는 좋은 경험이 되었다. 역시 자원봉사 지원 학생들은 성실했다. 이러저러한 설명에도 곧잘 반응을 한다.

원흥이 방죽 생태공원은 여러 가지 환경공학적 기법으로 만들어졌으며, 이웃한 법원과 검찰청도 생태공원을 만드는 데 공헌했다. 두꺼비안내자 선생님들의 자원 활동과 아파트협의회의 주민활동도 중요하며 나아가 생태적 공동체 마을을 실현코자 노력하는 모습에 대한 안내가 필요하다고 본다.

생태공원 안내의 주요 내용으로는 우선, 우리 마을 생태공원이 만들어지게 된 과정과 노력, 생태공원의 친환경 공학적 구조 및 환경, 생태 공원 내 풀과 나무들, 양서류가 서식하는 생태 환경적 상태, 마을신문을 포함 주민자치활동과 성과, 두꺼비안내자와 생태문화관의 활동내용 등이 중요 내용이라고 본다.

내가 자원봉사를 해야겠다고 생각한 이유 역시 이곳을 찾는 사람들이 좀 더 환경의 중요성과 마을에 대한 자긍심을 느꼈으면 해서이고, 생태공원 안내 프로그램을 만들어 보자는 의도였다. 숲 해설가 경험을 살려 접목시키면 내가 잘 할 수 있는 자원봉사가 되지 않을까 생각했다.

청소년들과 한 바퀴 돌고나서 다시 10여 명의 가족 탐방객대상 생태공원 안내를 했다. 다음 주에는 좀 더 많은 준비를 해야겠다.

생태공원 숲 해설 자원봉사 중

생태공원을 찾아온 어린이들.

나무는 몸을 비틀어 살아남는다

　오늘은 생태공원 안내해설 자원봉사 하는 날. 열 명이 넘는 학생자원봉사자가 몰려와서 쉽지 않은 날이었다.

　중학생 녀석들은 리액션을 잘 못한다. 우리 딸 수연이를 보면 안다. 듣는지 마는지 웃지도 않고. 자원봉사를 위한 원흥이 마을 생태공원 이야기와 공원 소개를 하다보면 표정이 굳어있다. 그냥 시키는 대로 화장실청소와 생태공원 휴지 줍기, 그밖에 시키는 일을 하다가 자원봉사증 한 장 씩 들고 가면 그뿐이다.

　오늘 나무이야기를 하다 보니 문득 생태공원의 많은 나무들이 힘들어 하고 있었다. 너무 빨리 나뭇잎을 떨어뜨리는 녀석부터, 사는 게 힘에 겨워 너무도 많은 열매를 만들고는 내년 봄에는 새잎을 달지 않을 것처럼 마지막 열매 맺기를 하는 녀석들, 매자나무와 낙상홍이 너무 많이 말라간다. 작년 겨울 수많은 열매를 맺던 녀석들은 대부분 새잎이 나오지 않았다. 올

우리 동네 원흥이 방죽의 여름

해는 더 많은 녀석들이 빨간 열매를 맺고는 힘을 잃었다.

설명 듣던 사내아이들에게 나무는 싹이 나온 곳이 아무리 척박해도 스스로 삶을 포기하지 않는다고 이야기 해주었다. 몸을 비틀어 살아남을 수 있는 최선의 노력을 하고 햇볕이 들지 않으면 몸통을 꺾어가면서라도 살아남기 위해 노력한다고···. 너희들도 악착같이 방법을 찾다보면 그 어떤 어려움이라도 헤쳐 나갈 수 있는 방법이 있을 거라고 이야기 해주었다.

생태공원 죽어가는 매자나무들과 낙상홍과 자작나무와 단풍나무 그리고 참나무들은 모두 옮겨 심은 나무다. 물가에서 힘겹지만 악착같이 몸을 비틀어 가면서도 살아가는 버드나무는 스스로 싹을 틔운 나무다. 스스로 자라는 녀석은 어떤 방식으로든 변화되는 환경에 적응한다. 옮겨 심은 녀석들은 비교적 많은 거름을 주었어도 잘 살지 못한다.

5년째인 생태공원의 나무들이 아프다. 살아남았으면 좋겠는데 방법을 못 찾겠다. 옮겨 심을 때 더 세심하게 다뤘어야 했는지…. 꼭 그런 것이 아닐지도 모른다. 청주시장 기념식수인 단풍나무도 죽어가는 것을 보면. 커다란 팽나무 두 그루도 어렵게 살아남기 위해 애쓰는 것을 보면.

오늘 중학생 아이들이 열 명이 넘게 왔다. 표정이 밝지만은 않다. 두꺼비이야기를 해줘도, 주목열매 빨간색 새들이 먹고 똥을 싸야 멀리 새싹이 피어오른다고 이야기해줘도, 해맑은 웃음 여전히 피어오르지 않는다.

자원봉사 참여는 함께 살아가는 공동체를 만드는 소중한 일이다. 하지만 좋은 의미가 담겨 있는 일도 자발적으로 시작하지 않는 이상 시간 때우기나 일회적인 이벤트에 그치고 마는 경우가 많다.

옮겨 심은 나무들은 자신들이 원한 바가 아니다. 우리 아이들이 이곳에 오는 것도 어쩌면 자신이 필요한 것은 자원봉사증인지도 모른다. 최선을 다해 우리 청소년들이 이곳 생태공원에 나무들과 풀들이 다 같이 살아가야 한다는 거 알려줘야겠다.

이곳을 방문한 이유는 다 다르겠지만, 스스로 뿌리내리는 나무처럼 생각할 수 있도록 더 열심히 다가서야겠다.

설명 다 끝내고 돌아왔더니 몇몇 녀석들은 수연이 친구란다.

'자식들 그런 줄 알았으면 더 반갑게 얘기 좀 들어주지.'

원흥이 생태공원이 가장 아름답던 날

　우리 동네 생태공원이 깊은 가을 옷으로 갈아입었답니다. 아름다운 단풍잎 고운 숲에 가족과 함께 나들이 나왔어요. 깊은 산의 만추를 만끽하기 위해 오르는 등산길은 아니어도 어린아이들 함께하는 원흥이 방죽 생태공원 가을 단풍맞이 산책길도 아름답습니다.

　숲 안내를 하는 중인데요, 지금은 아카시아 나무를 소개하고 있습니다. 척박한 산성토양에 먼저 자리 잡아 선구 수종이라 하구요, 콩과 식물이 대부분 그렇듯이 질소고정으로 땅을 비옥하게 만들어 주는 고마운 나무랍니다. 더군다나 어렵게 가난을 극복하던 시절 엄청나게 많은 꿀을 생산할 수 있도록 해준 나무입니다. 생존력이 강해 원성의 대상이 되기도 했으나 지금은 서서히 줄어들고 있습니다.

　땅이 비옥해지다보니 다른 나무와 경쟁해야 하구요, 깊은 산속 300m 이상 고지에서는 살기도 힘들기 때문입니다.

늦가을 생태공원 해설 자원봉사 중.

　빨간 잎이 아름다운 이 나무는 화살나무랍니다. 우리네 새봄이 되면 어머니들께서 가장 먼저 바구니 들고 산에 가서 뜯어 오시는 홋잎나물이 바로 이 나무랍니다. 산에서는 화살이 안 생겨서 회잎나무라고 합니다. 최근에는 아름다운 단풍잎과 공원에서도 잘 자라는 작은 키 나무여서 아파트 단지에도 많이 심는 조경수가 되고 있답니다.

　벌과 나비가 얼마나 많이 찾아들던지 한참 쳐다보고 있었답니다. 어린이들은 곤충들이 더 좋은가 봐요. 풀과 나무보다 움직임에 민감한 아이들의 특성이 드러나지요. 그래서 어린이들에게 하는 숲 해설은 대체로 곤충의 움직임과 함께 하는 게 더 좋더군요.

　생태문화관 앞쪽 대체습지인데요, 이곳에는 노랑어리연과 생이가래가 많습니다. 노랑어리연은 햇빛이 나야 노란색 꽃을 피우더군요.

　생이가래가 물위에 떠 있는 것은 긴 뿌리가 물속 깊은 땅까지 이어져 있기 때문입니다. 작은 잎만으로 이 녀석의 크기를 미리 재단하지 마세요. 잎은 물에 젖지 않습니다.

생태공원 참나무를 소개하는 중이에요. 아파트 정원에도 참나무가 있었으면 좋겠는데 아직 실험중인 듯합니다.

생태공원에는 상수리와 떡갈나무가 이식되어 있습니다. 주로 상수리들이고 떡갈나무가 조금 있어요. 아파트와 건물들, 거리의 조경수로 소나무가 기품 있어 좋습니다만 참나무들 역시 도시의 건물들과 잘 어울릴 것 같은데 이식을 할 경우 가지 부분이 일부 죽기도 하고 잘 자라지 못하는 것 같습니다. 참나무들도 잘 활용할 경우 커다란 활엽수의 특징을 살려 품위 있는 도시를 만들 수 있지 않을까 상상합니다.

아스피린의 원료로 쓰이는 버드나무 이야기를 하고 있는 중인데요. 마침 이곳에는 두 종류의 버드나무가 있습니다. 갯버들과 왕버들….

아이들에게 오송 바이오단지와 과학벨트의 기초과학원에 과학자들이 수백 명이 필요하다는 이야기를 하는 장소입니다. 화학약재 중심의 한국에서 생약 중심의 바이오과학이 발달된 유럽 같은 미래를 아이들에게 전해주자는 약속을 받는 곳이지요. 우리도 언젠가는 세계인들이 필요로 하는 중요 약재의 수출국이 될 것입니다. 그것은 바로 우리 주변의 풀과 나무에서 발견될 것이라고 믿습니다.

원흥이 방죽 이야기는 마지막 코스에서 합니다. 우리가 왜 이곳을 지키려 하는지, 왜 수많은 사람들이 사람과 양서류가 공존하는 이곳을 찾는 것인지, 원흥이 방죽 물 순환의 기능들을 설명하지요. 그 모습을 늘 지켜보는 것이 바로 수백 년 된 느티나무랍니다. 지금 원흥이 방죽 느티나무가 가장 아름다울 때입니다. 오늘 생태공원 안내를 이렇게 끝내는 것이지요.

추석연휴 다음날, 지역구 관리하기

추석연휴를 보내고 동네 경로당과 아파트관리소를 돌았다. 적어도 3개월에 한 번씩은 순회를 해야 맘이 편하다. 오전에 들른 경로당에는 어르신들이 아직 나오시지 않았다. 연휴 끝나고 집에서 더 쉬셨다가 나오시려나 보다.

모처럼 들른 4단지 아파트 관리소장님이 바뀌셨다. 인사를 다시 해야 했다. 그런 거 보면 아파트 관리소장도 꽤나 자주 바뀌는 것 같다. 물론 아주 오래 되신 분들도 있다. 옆에 있던 관리과장님이 처음 보는 분이라며 "정치인이…" 하신다.

에구, 이럴 때가 젤 힘들다. 혀를 끌끌 차면서 속으로는.

"당선되고 인사도 안 다니고 어깨 힘준다. 이거지."라는 말이 생략된 것 같아 등에서는 식은땀이 난다.

"저 5월 달에도 들렀는데… 지난 소장님하고는 경로당 앞 정자 설치 문제 상의했었어요." 겨우 대답을 하는 중에도 표정은 처음 보는 사람이라는 느낌이다.

"더 열심히 다니겠습니다."로 마무리했다.

오후에는 경로당 어르신들이 반갑게 맞이하신다.

명절 잘 지내셨는지, 송편은 많이 드셨는지 여쭙고 나면.

"그런데 누구여?"다 들리는데도 옆 어르신과 귓속말을 주고받는 할머니가 보인다.

답변해주시는 할머니도 내게는 안 들리는 것처럼 귓속에 대고 "도의원이여"하신다.

다른 어르신들도 다 들리면서도 마치 아무 일 없었던 듯.

"요즘 바쁘지?" "정치하는 사람들 그만 싸웠으면 좋겠어."화제를 돌리신다.

"그래도 이번 추석 앞두고는 안 싸웠잖아요. 언제 적 얘기래…."했더니,

"그려 요새는 안 싸웠네." "에이, 생각이 다른데 왜 안 싸우겄어? 싸워야지."

이제는 어르신들끼리 정치얘기를 하신다. 그냥 웃다가 일어섰다.

저녁 늦게 산책을 하다가 마을신문 사무실에 불이 켜져 있어 들어갔더니 편집회의를 하고 있었다. 꽤 많은 분들이 열띤 논의를 하는 것을 보면서 감동을 받았다.

오랜만이라고 인사라도 하고 싶었는데 워낙 열심히 회의를 하는 것을 보면서 눈인사만 하고 나왔다. 여전히 마을신문은 4년 가까이 발행되고 있다. 마을사람들의 정성과 노력으로 여기까지 왔다. 더 많은 동네에서 마을신문이 만들어지길 기대한다.

어르신들이 민주당을 선택케 하는 방법

민주당에 소속되어 있는 정치인으로서는 어르신들의 투표 성향을 걱정치 않을 수 없다. 어르신들의 지지를 이끌어내는 방법은 무엇일까?

보수적 성향이라 함은 한나라당이 주장하는 부자들을 위한 정책에 어떤 점을 '보'하고 '수'하자는 걸까? 어르신들이 원하는 어떤 점을 만족시켜야 하는 걸까? 결론적으로 그냥 열심히 성실하게 어르신들을 찾아뵙는 것부터 시작할 수밖에 없다.

오전에는 '노인의 날 기념식'에 참석했다. 최진섭 부의장이 의장을 대신해 인사말을 했고, 이시종 지사가 축사를 했다. 365일 전부가 노인의 날이 되도록 노력하겠다는 의지를 표현 하셨는데 많이 동감했다. 어르신들께서 젊은 도의원에 대한 관심이 있는 것 같았다.

심의보 노인복지관장님이 타주신 커피는 일정 때문에 반도 못 마셨다. 노인의 날 기념식이 끝나고 부랴부랴 분평동 경로당 대표자 회의에 참석했다. 대부분 낯익은 어르신들이다. 자주 경로당을 찾는다고 생각하는데 늘 부족하다.

어르신들의 열성적인 회의진행이 인상적이었다. 회의 끝난 후 함께 식사를 했다. 어르신들은 마을 청소 자원봉사 후 식사를 하셨다.

저녁때에는 산남동 주민자치위 회의에 참석했다. 마침 산남동 경로당 아홉 곳에 대한 시설보수공사, 벽지와 장판교체 등에 대한 사업비가 내려왔다고 했다. 올해 낡은 경로당시설에 대한 지원을 준비했었다. 어르신들이 좋아하실 것 같아 기분이 좋아졌다. 이래저래 오늘은 어르신들의 행사와 어르신들을 위한 고민을 하는 날이 되었다.

조금 더 신경 쓰고 더 살갑게 다가가야겠다는 다짐을 해본다.

정성은 하늘도 감동시킨다는데….

그나마 선거는 상대적인 대상에 대한 투표여서 누구를(혹은 어떤 정당을)지지해서 투표하기도 하지만 그 반대로 누구를 반대해서 투표하기도 하는 것이다. 그러다보니 나름대로는 균형 잡힌 판단을 하고 있다는 생각도 든다. 하지만 처음에 결정한 의견에 대한 후퇴를 하는 것은 아닐까 하는 고민도 하게 된다.

어르신들이 민주당을 선택하게 할 수 있는 방법은 무엇일까? 어르신들은 노인회와 경로당을 중심으로 대단위로 조직화되어 있다. 어르신들만의 소통과 의사결정 방법이 따로 있다고도 생각된다.

결국 더 열심히 다가가다 보면 길이 보일까?

북 카페 일일점장 되어보기

어제는 장애인작업장 춤추는 북 카페의 일일점장을 맡았다. 한 달 전에 날짜와 할일을 상의하고 오래전부터 약속했던 일일점장을 준비했다.

춤추는 북 카페는 장애인 사업장이다. 장애인들에게 기술을 가르쳐 사회에 내보내는 기관인 것이다. 서비스업 장애인 사업장은 아마 우리나라에서 처음일 거라는 이야기를 들었다.

"생소하죠. 바리스타 같은 기술 역시 커피점이라는 서비스업에 필요한 것이니 장애인들이 안정된 수입을 얻기는 쉽지 않겠죠. 그래서 책을 기증받고 판매도 하는 카페 형태를 생각했던 것 같고요. 오늘 보니 사회적 기업으로 다시 진화하려 노력하고 있더군요." 김윤모 대표의 말이다.

새로운 자원봉사는 사람 각각이 가지고 있는 재능을 사회에 기부하는 것으로 표현될 것이다. 작년 한 해 매주 원흥이 방죽 생태안내 자원봉사를 한다거나, 교육청에 재능기부 신청을 해서 '생태감수성' 강의를 하러 다닌

장애인 북까페 일일지점장 자원봉사

것도 매주 자원봉사를 하겠다는 마음에서 시작하게 된 때문이다. 그러던 중 '춤추는 북 카페'의 제안에 응하게 된 것이다.

전화로 부탁하기보다는 SNS를 기본으로 페이스북과 카카오스토리, 문자를 기본으로 홍보하고자 생각했다. 물론 혹시 몰라서 주변 분들에게는 와달라고 부탁도 드렸다. 다행히 많은분들이 참여해주셨다. 내가 초대한 분들은 대부분 40대 중반 이후가 많았다. 이분들은 최근 유행하고 있는 카페 분위기보다는 차라리 술집이 더 편할지도 모른다. 그런 의미에서 일일찻집보다는 일일주점이 더 익숙할 수도 있었다. 그래서인지 6시가 넘어 오시는 분들은 저녁식사 후 반주 한 잔이 제격인데 오늘은 커피부터 마시고 나서 식사를 하려다 보니 일찍 일어날 수밖에 없던 것 같다. 그래도 책도 많이 기증해주셨고 아주 많은 분들이 찾아주셔서 춤추는 북카페 일일 최대 매출을 올리게 되었다. 다음 달에는 김형근 의장도 일일점장을 맡는다고 하니 의원 중에서 첫 번째로 나서서 비교적 잘된 것 같다. 이제 오신 분들에게 감사드리는 일만 남았다. 오랜만에 만난 분도 있고, 일부러 찾아오신 분들도 있었다. 참신한 시도였다는 평가였다. 너무 감사했다. 집사람에게도 많은 도움을 받았다. 권용선 선생님을 비롯한 자원봉사자들에게도 감사했다.

아직까지 모금사업은 우리 사회에서 낯선 자원봉사 방법인 것 같다.

온고지신, 두꺼비논 벼 베는 날

우리 동네 두꺼비논 벼 베는 날이다. 생태공원과 원흥이 방죽 일대를 재정비하면서 대체습지를 만들었고, 그 중 한곳에는 농약을 전혀 사용치 않는 논을 만들었다. 이곳에는 벌써 몇 년째 마을 어린이들과 농사를 지어 봄날 모심기를 한 곳,

이제는 이렇게 벼를 베고 탈곡까지 하게 되었다. 물론 전통적 방식으로 탈곡을 한다. 신세대 엄마가 아이들을 성장시키는 방법이다. 벼 베기를 하면서 많은 젊은 엄마들이 아이들과 함께 나왔다. 자신도 어쩌면 처음 보는 탈곡기와 홀치기를 보면서 어떻게든 체험을 시키고 싶었을 것이다.

"밥은 그냥 얻어지는 게 아니란다. 많은 사람들의 노동과 해님과 비님, 바람님이 도와줘야 하는 거지." 이렇게 얘기해주고 싶었다.

두꺼비논 벼베기 하는 날

본격적인 벼 베기를 앞두고 이른 시간부터 우리 동네 시니어클럽 어르신들께서 준비한다. 어린이들이 들어갈 수 있도록 미리 벼를 베어두고, 탈곡기를 준비한다.

구룡산의 가을은 아름답게 깊어 있다. 그 산 아래 작은 논에는 한살림에서 준비해준 고유의 찹쌀 벼를 심었다. 어디서 볼 수없는 벼에 농약 한 번, 비료 한 번 치지 않고 우렁이농법으로 지은 논이다.

"위험하니까 낫은 이렇게 쥐고 벼는 이렇게 잡고, 비스듬히 힘을 줘서 당기는 거야."

동네 어르신들이 벼 베는 법을 가르친다. 어린이는 진지하게 듣고 있다. 잘 익은 벼는 사람이 고개를 숙이고 있는 모습과 닮아 우리에게 겸손함을 가르쳐준다. 젊은 사람들은 평소 어르신들이 이렇게 많은 지혜로움

시니어클럽 어르신이 탈곡하는 방법을 두 아이와 엄마에게 탈곡하는 방법을 알려주고 있다.

을 간직하고 있었는지 모르고 있었다. 이제는 배운 대로 처음 잡아보는 낫을 움켜쥐고 벼를 베어 본다. 조심스럽고 신기한 체험이다.

전통탈곡기는 이렇게 발로 페달을 밟아가며 벼를 턴다. 와릉와릉 소리가 난다고 와릉기라고도 한다. 어린이가 체험하기는 조금 위험하지만 어르신들과 함께라면 문제없다. 줄서서 탈곡기체험을 기다린다.

"이렇게 벼 포기에서 낱알을 털어 내는 거예요."

신기하기도 하고, 엄마 아빠와 함께하니 재미있기도 하다. 사실 젊은 아빠엄마들도 이런 와릉기 탈곡은 처음 해 본다. 한쪽에서는 벼 훑기를 이용하고 있다.

"위험하지 않아서 아주 어린아이들도 함께 할 수 있어요."

참여하는 어린이도, 아빠와 엄마들도 너무 진지하다. 엉덩이 뒤로 빼고

두꺼비논 벼 베기 후, 다같이 파전에 막걸리 한 잔

힘껏 당겨보는데, 낱알은 안 떨어지고 만만치가 않다. 기다리는 어린이들의 표정도 재미있다.

또 한쪽에서는 부침개를 준비하고 있다. 논에서 일하고 나면 새참으로 준비한 파전과 김치전을 다 함께 먹는다. 오늘은 일 좀 했으니 더 맛나게 먹어야겠다. 오늘 벼 베기를 준비한 시니어클럽 어르신들은 막걸리 잔부터 들어올린다. 오늘은 힘 좀 쓰셨다.

"파전에 막걸리는 벼 베고 나서 아주 그만이지요."

동네잔치가 열린 듯하다. 전 부치는 옆에 앉아 있는 어린이는 벼 베기보다는 엄마 옆이 더 좋다. 신발 벗고 아예 털썩 앉았다. 저 쪽 벼 베기와 탈곡은 다른 사람 일이다. 벼 베기가 끝나고 나면 정리하는 일도 어르신들이

해야 한다. 탈곡 후 볏짚은 잘 말려서 만들기 프로그램에 또 활용한다. 벼는 잘 도정해서 마을사람들과 떡을 해먹을 예정이다. 이렇게 만들어진 떡국은 마을 경로당 어르신들과 새해에 함께 먹기도 한다.

모든 것이 끝난 후 비어버린 논은 다시 자연이 되었다. 벼 베기 하면서 발견한 고라니 발자국들은 이미 지워져 있었지만 낙엽 내려앉을 두꺼비논은 내년까지 아무도 찾는 사람 없을 것이다.

제5장

학교 안 아이들, 학교 밖 아이들

오늘 수연이의 졸업식을 지켜보면서 아빠는 참 행복
했다. 이제 또 한 걸음 세상을 향해 나아가는 수연이가
지금처럼 늘 스스로의 판단과 좋아하는 일에 대한 열정
으로 살아주었으면 좋겠다. 학교는 졸업식 뒤풀이 금지
를 요구하고, 학교 앞에는 경찰관이 지키고 서 있는 시대
이지만 수연이의 자유로움과 당당한 선택이 조금이라도
위축되지 않았으면 좋겠다.

자살을 선택한 너에게 "미안하다"

자살한 중학생이 남긴 편지를 읽으며 가슴이 저려온다. 사회는 왜 저항하는 방법을 알려주지 않았던 걸까? 싫으면 싫다고, 분노를 표현하고, 주위의 사람들에게 도움을 요청하는 방법을 알려주지 않았던 걸까? 무엇이 공개를 하면 더 큰 두려움이 몰려올 것이라는 판단을 하게 했던 것일까?

끝까지 부모님에 대한 조롱을 참을 수 없었던 자존감, 가족의 명예를 지켜내지 못했다는 자책, 지금의 고통을 스스로 헤쳐 나오지 못한다는 자포자기에 이르러서 그 아이가 선택한 '자살'

어쩌면 학교에서 가르친 결과는 '나만 아니면 돼', '오로지 경쟁자이니 누구의 도움에게도 도움을 청할 수 없어', '그냥 순종해야 해', '못 본 척, 못 들은 척 모르는 척해', '하라면 해' 이런 식의 순응과 포기와 비저항의 나약함만을 남겨 놓았던 걸까?

이 사회의 구성원으로 아이들에게 면목이 없다.

우리 사회가, 우리 학교가, 우리 가정이 이리도 취약했다는 것인지. 그 아이에게는 더 이상 기댈 곳이, 더 이상 안정감을 줄 수 없었던 것인지. 믿고 싶지 않은 이 사실들을 고통스럽게 인정해야 하는 것일까?

살려달라고 절규하는 아이에게 오히려 조롱으로 대응한 가해 아이들을 키운 것도 바로 우리다. 더불어 살아야 한다는 공존의 정신도 가르치지 못했고, 사회적 약자의 편이 되어야 한다는 정의로움도 알려주지 못했다. 친구와 나누는 의리도, 구성원으로서 지켜야 할 기본 규범도, 타인의 삶도 내 것만큼이나 소중하다는 가치도 가르치지 못했다. 가장 아픈 것은, 자신이 저지른 일에 대한 상황 인식조차 못하는 변별력 부족한 아이들의 상태다. 여전히 뭐가 잘못된 것인지 모르는 상황.

더 이상 우리 아이들을 포기할 수 없다. 어떠한 폭력도 정당화 될 수 없다. 그들에게 용기와 저항과 믿음과 함께하고 있다는 의지를 보여줘야 한다. 언제든지 손을 내밀 때 잡아줄 사람들이 필요하다. 아이들의 고통스러움에 대해 학교가 그냥 덮어놓고 쉬쉬해서는 근본적인 문제는 해결되지 않는다. 적극적으로 공개하고 다시는 같은 일이 재발되지 않도록 오히려 개방적으로 변해야 한다. 그래야 아이들이 학교와 선생님을 그리고 가족과 주변을 믿을 수 있다.

아. 답답하고 비통하다.

내 딸아이
학습 선택의 권리 찾아주기

중학교 2학년 내 딸은 만화 캐릭터 그리기를 좋아한다. 집에서도 틈만 나면 컴퓨터를 붙들고 캐릭터 데생을 한다. 아빠의 사진을 만화로 그려 놓은 적도 있다. 피아노를 치거나 책보는 것을 좋아하는데 최근에는 뒤늦은 해리포터 시리즈에 관심을 두고 있다.

차로 데려다주는 아침 등굣길에 수연이는 자기가 왜 방과 후 학습을 하지 말아야 할지에 대해 이야기했다. '그 시간에 책을 좀 봐야겠다'는 것이었다. 굳이 독서가 아니어도 스스로 공부하길 원했던 나는 집사람과 상의한 후 담임선생께 우리 아이는 방과 후 학습을 시키지 않겠다고 전했다. 그러나 전화 한 통화로 끝날 일이 아니라는 것을 알기까지 그리 오래 걸리지 않았다.

집사람과는 무려 30분이 넘도록 통화하고, 결국 학교까지 찾아가서 방과 후 학습을 보내지 않겠다고 이야기했다. 물론 딸아이는 읽고 싶은 책 목록과 독후감을 쓰겠다는 독서 계획서를 제출한 후에야 방과 후 학습을 하지 않을 수 있었다.

그러나 이게 끝이 아니었다. 방학 중에도 보충학습을 해야 한다면서 학교 측의 끈질긴 요구에 다시 집사람은 전화기를 들었고, 급기야 내가 교감선생님과 통화까지 하게 되었다.

교육위원회 의원으로서 교육청에 강제로 하는 자율학습과 보충수업을 시키지 말라고 하면 교육청은 늘 교장과 교감선생들에게 누누이 시달하고 있다고 했던 바로 그 말이 거짓이라는 것을 알게 되었다.

학교 현장에서는 그냥 강제로 시키는 것이었다. 학습에 대한 자율적 선택이 학생과 학부모에게 있지 않았다. 내 딸아이 학교만 그렇다면 좋겠지만 그렇지 않은 것 같았다.

이미 창의성 교육, 스스로 주도하는 학습이 대세인 시대에 우리는 강제학습, 선택권을 박탈당한 타율적 학습, 그 어떠한 스스로 학습도 봉쇄된 전근대적 교육 앞에 아이들을 방치하고 있었던 것이다.

창의 인성교육을 위하여 방과 후 학습을 시행하는 것이 아니고 교과학습을 위해 그것이 필요하다는 불편한 진실. 이전에 배운 학과 공부, 혹은 학과 공부에 대한 정답 찍기 훈련을 위해 방과 후 학습이 필요하고 보충수업이 필요했던 것 같다. 이미 충북 중학교의 85%가 교과 중심 방과 후 학습이었다.

대부분 담당 선생님들이 수업을 진행한다. 선생님들과 아이들 모두 다음날 정상적 학과 수업준비를 할 시간이 없다. 대충 준비해서 수업하고,

그것이 매일매일 반복되는 일상이다.

아이들은 이 같은 수업에 진절머리를 내고 있었다. 법이 정한 정규 학습 시간에 꾸벅꾸벅 졸아도 된다. 어차피 같은 이야기 또 들을 테니까. 그 어떠한 창의 인성교육도 발붙이지 못하는 현실. 나는 딸에게 이 같은 공부 방식을 주입시키고 싶지 않다. 내 딸이 원하지 않는 정규과목 이외의 학습에 대한 선택의 권리를 되찾아줄 생각이다.

스스로 공부하는 법을 배우고 스스로 선택한 자기만의 공부 방식을 선택할 수 있도록 내가 가진 모든 권한을 행사할 생각이다. 내 딸이 좋아하는 일어공부를 할 수 있는 시간, 좋아하는 책을 볼 수 있는 권리, 만화 캐릭터 그리기를 할 수 있는 시간을 지키겠다.

그것이 바로 학생들의 학습 자율선택권 조례라고 믿는다.

자율학습을
'자율(自律)'로 허(許)하시오

충북교육청에서 2011년 자율학습 운영계획을 학교에 전달했다. 2008년 이후 처음이란다. 더욱이 자율학습 운영 여부에 대한 지도점검을 통해 강제·획일적 운영으로 민원이 발생하는 학교는 '시정조치 및 주의'를 준다고 한다. 학교현장에서는 학부모들의 동의서를 모두 받았다는 이야기도 들려온다. 진짜 자율학습을 하려나 보다.

그런데 도의회 홈페이지 도민발언대에 최근 두 명의 고등학생들이 자율학습을 '자율'로 해달라며 글을 올렸다. 이곳은 실명을 밝혀야 하는 곳이므로 이들의 신분은 노출되었다. 내 개인 블로그에는 학부모로 보이는 분께서 "자율학습 동의서에 희망으로 선택하기를 강요하는 편법을 이용하여 시행"하고 있다는 글을 올렸다. 이분들만 자율(自律)로 하지 않는 것일까?

충청북도의회 교육위원회에서는 자율학습과 관련해서 '학습자율선택조례'로 제정할 것인지 아니면 교육청과 학교가 정말 자율적으로 학부모와 학생들의 의견을 수렴하도록 할 것인지를 놓고 고심 중이다. 충북도교육청은 올해 자율학습 현황으로 충북인문계고교 자율학습 선택학생이 1, 2, 3학년 합쳐 83.6%라고 보고했다. 이 현황통계를 분석해 보니 청주의 경우 89.5%가 자율학습에 참여하는 것으로 분석되었고, 학년별로 보면 1학년 93.8%, 2학년 88%, 3학년 86.7%로 나타났다.

사실 공교육의 정규학습을 제외한 학습에 대한 자율적 판단과 참여를 오래전부터 실시하고 있는 서울의 경우 우리 도와 같은 고민을 할 필요가 없다. 또 올해부터 학생인권조례를 실시한 경기도의 경우 경기방송 학생 인터뷰에서 "자율이에요. 아이들이 스스로 정해서 하고 있더라고요. 스스로 원하는 아이들만 할 수 있게끔 하고 있어요. 남고 싶은 아이들만 남으니까 분위기도 좋고…."처럼 대체로 학부모와 학생을 비롯한 교사들 역시 자율학습의 자율적 선택이후 학생들의 분위기도 좋아졌고 학습능률도 향상되었다는 평가다.

위키백과에는 자율학습에 대한 설명으로 "자율학습(自律學習)은 대한민국의 일부 중학교와 대다수 고등학교에서 학생들을 대상으로 운영하는 정규수업 외의 자습이다. 정규수업 전의 0교시와 정규수업 후의 야간자율학습(줄여서 야자)이 여기에 속한다. 이것 또한 엄연한 자습이기에 보충수업이나 방과 후 학교와는 달리 교육프로그램이 제공되지는 않는다. 자율학습이란 말은 본래 자신에게 필요한 공부를 스스로 해나가는 것을 의미하지만, 실제로는 비자율적으로 실시되는 경우가 많으므로 '비자율적자습(非自律的自習)'이라고 할 수 있다."며 노골적으로 자율학습은 사실상 비자율학습이라고 비아냥대고 있다.

여전히 교육청에서는 자율학습의 당위로 학생들의 자기주도학습을 위해 필요하다고 한다. 그런데 이 자기주도학습에 대한 해석이 제각각이다. 이우학교 교장을 역임했던 정광필 선생은 '이우학교의 도전이 성취한 첫 번째 시사점은 학습량을 늘린다고 학력이 신장되는 것은 아니라는 점. 공부해야 할 필요성을 못 느끼는 상태로 책상에 죽치고 앉아 있는 것은 아이들에게 고문일 뿐. 자기주도적 학습능력의 핵심은 학습동기인데 학습동기는 바로 나의 욕구와 능력을 파악하는 힘, 그리고 자아 존중감과 밀접하게 관련된 것이기 때문'이라고 규정했다.

우리 도에서 드디어 학생들의 자율학습과 관련된 논의가 시작되었다. 시작이 세련된 것은 아니지만 어쨌든 의회가 사회적 의제(議題)를 만들어 나가는 일을 하고 있다는 생각이다. 시작된 학생들의 학습 자율선택권의 문제, 10시 이후에는 좀 쉬게 하자는 의제, 정규교과 중심 공교육의 질을 높이는 문제, 선생님들에게 다음날 수업준비를 충실히 할 수 있는 시간을 주자는 문제, 스스로 학습하는 습관을 어떻게 만들어야 하는지의 문제 등등 이렇게 만들어진 내용들에 대한 사회적 합의를 해나가는 과정이 지금 필요한 것이 아닐까?

기왕에 시작된 자율학습이 정말 학생들의 자율(自律)에 의한 학습이었으면 좋겠다. 지금부터라도 각 학교에서는 학생들의 학습자율선택권을 허(許)하시라.

고교 야간자율학습
학생과 학부모의 '괴리'

의견이 분분하던 가운데 청주권 인문계고 학생, 학부모를 대상으로 야간자율학습 실태조사를 실시했다. 도의회 연구비를 지원받아 충청북도의회 야간자율학습 실태조사 연구단, 충북행정학회, 충북참여연대 교육위원회가 공동으로 수행했다.

예상한대로 학생 64%, 학부모 40%가 야자 '효과 없다' 고 응답했으며, 학생 59%, 학부모 35%가 야간자율학습을 강제 지시에 의해 결정했다고 답했다. 이어 야간자율학습의 필요성에 대해서는 학생 66%가 매우 불필요하거나 불필요하다고 응답했고, 학부모의 경우 58%가 매우 필요하거나 필요하다고 응답했다. 또 야간자율학습의 효과와 관련하여 학생들의 64%, 학부모 40%가 효과 없다고 답했다. 이는 야간자율학습 만족도에서 확연한 차이를 보이는데 학생들의 경우 81%가 불만족을 표했으나 학부모 51%가 만족한다고 응답했다.

종교시설이나 기타시설을 방문해 얻은 소중한 결과였다. 생각해보면 수많은 학생들의 야자 없애달라는 요청에 대해 왜 이런 실태조사가 없었는지 오히려 의아했다. 더욱이 실태조사 자체에 대한 엄청난 반발은 또 무엇이었던가.

우리는 야간자율학습에 대한 설문조사와 관련해서 일단 조사가 이루어졌다는 것만으로도 큰 의미를 지니고 있다고 평가했다. 몇십 년이 넘도록 동일한 형태로 진행되는 야간자율학습에 대해서 학생이나 학부모의 만족도, 자율학습의 효율성, 자율학습의 학습 환경, 자율학습의 개선 방안에 대한 주기적인 설문 조사도 없이 기존의 관행을 답습하는 것은 잘못이었다.

이번 조사를 통해 야간자율학습의 개선을 위한 몇 가지 제안을 교육청에 하게 되었다.

첫째, 야간자율학습은 학생과 학부모의 자율적인 의사에 기반하여 실시되어야 한다. 야간자율학습의 강제성 문제는 계속해서 논란이 되어 온 사안이다. 그러나 이번 설문조사 결과는 학생들의 압도적 다수, 그리고 학부모들의 약 30% 이상이 현재의 야간자율학습은 학교의 강제 지시에 의해서 이루어지고 있다고 응답하고 있다. 그러므로 야간자율학습은 학생과 학부모의 자유의사에 따라서 자율적으로 실시할 수 있어야 한다.

둘째, 야간자율학습의 실시 형태에 대한 고민이 필요하다. 교실이나 도서실에서 일률적으로 자율학습을 하는 현재의 자율학습 형태에 대한 만족도는 그다지 높지 않다. 학생들은 자율학습이 성적 향상에 크게 도움이 되지 않는다는 반응을 보이고 있으며 교사의 감독 여부에 따라서 면학 분위기의 영향도 많이 받는다고 응답하고 있다. 이에 한 교사가 여러 반을 순회하는 방식을 지양하고, 효과성을 높이기 위한 감독 방식의 모색도 필요하다. 전체적으로 학생들의 학습 특성을 고려하여 현재의 자율학습 형태외에 학생 그룹 스터디, 교사의 학습 상담 등 다양한 형태의 자율학습 형태를 도입할 필요가 있다.

셋째, 학생들이 오랜 시간 동안 학교에서 생활하고 10시가 넘을 때까지 교실에서 있는 상황을 고려할 때 야간자율학습의 환경을 쾌적하게 유지할 수 있도록 해야 할 것이다. 특히, 야간자율학습 이후의 귀가실태 조사 결과 학생들과 학부모들은 귀가 환경의 안전성에 대해서 많은 우려를 하고 있었다. 이와 관련하여 적절한 안전 조치를 마련할 수 있도록 노력해야 할 것이다.

넷째, 야간자율학습에 대한 다양한 대안을 모색할 필요가 있다. 야간자율학습은 기본적으로 학습 시간의 총량을 늘리면 성적이 올라갈 것이라는 시대에 뒤떨어진 학습관에 기반하고 있다. 따라서 천편일률적인 야간자율학습이 아니라 학습자의 자기주도적인 학습에 도움이 되는 다양한 대체 프로그램을 개발하여 시행하는 것이 필요하다. 학생들의 자기 주도성 향상에 도움이 되는 학습력 향상 프로그램이나 학생들이 학습을 스스로 기획하고 실행하는 학습 동아리 활동에 대한 지도, 그 외에도 다양한 인성과 창의적인 능력을 함양할 수 있는 창의적 체험 활동 프로그램들을 개발하여 시행할 필요가 있다.

다섯째, 야간자율학습을 몇 시까지 할 것인지도 검토할 필요가 있다. 설문조사의 결과 학생들은 야간자율학습을 늦은 시간까지 하는 것에 대해서 불만족감을 표시하고 있으며 학부모들 또한 늦은 시간까지 이루어지는 야간자율학습에 대해서 학생들의 건강권을 위협한다고 우려하고 있다. 이와 관련하여 야간자율학습 시간을 지금보다 이른 시간에 종료하도록 조정할 필요가 있다.

여섯째, 야간자율학습에 대한 주기적인 실태 조사가 이루어질 필요가 있다. 야간자율학습이 학생들은 늦은 시간까지 학교에 가두어두고 통제하는 수단으로 전락하지 않도록, 진정한 교육적인 활동으로 제 역할을 다하게 하기 위해서 야간자율학습에 참여하는 학생들이 어떤 경험을 하고 교육적인 성장을 체험하는지를 매년 혹은 격년 등 주기적으로 조사하고 이를 야간자율학습의 개선을 위해서 활용할 수 있어야 한다.

학업중단,
학교와 학생 누가 더 문제일까

　　충청북도 교육통계에 따르면 지난 2008년도 1,458명이, 2009년도에는 1,547명이 그리고 작년 2010년 1,455명의 중·고등학생들이 학업을 포기했다. 작은 학교로 치면 한 해 150명의 학교 10개씩이 학생들의 학교 포기로 인해 사라지게 된다는 충격적 결과이다.

　　도대체 학교에서는 어떤 일이 벌어지고 있기에 이 많은 학생들이 학교를 포기하고 있는가? 그리고 학교를 포기한 아이들, 학교 밖 아이들은 도대체 어떻게 생활하고 있는가? 그들이 청소년 시기에 누려야 할 교육과 관심, 그리고 지원은 잘되고 있는가? 누가 학교 밖 청소년들을 보호하고 교육해야 하는 것일까? 지금 충북교육은 심각한 위기에 빠져있다.

다시 교육에 대해 묻는다

　　교육은 무엇인가? E.뒤르켐의《교육과 사회학 Education and Sociology》

에 따르면 "교육은 어린 세대를 대상으로 하는 체계적 사회화라고 정의했다. 여기서의 사회화란 이기적·반사회적 존재로서의 개인이 집단적 의식을 내면화함으로써 사회적 존재로 변화되는 과정을 말한다."

한 해 1,500명 씩이나 체계적 사회화 과정을 포기하는 아이들을 만들어내는 현재의 충북교육이 정상적이라고 생각할 수 있는가?

일본 방문에서 교육계 담당자들은 자신들의 의견발표 처음에 자랑스럽게 이야기하는 것이 꼭 있다.

"우리 학교는 학교 이탈 청소년이 지난 3년 동안 단 한 명도 없었답니다."

학교가 학생들의 사회화 과정에 깊숙이 간여하고 학교 밖으로 등 떠밀지 않는 교육이라는 점을 강조한 것으로 보인다. 교육위원 활동을 하면서 많은 관련 교사들과 교장, 교육장을 만나보았지만 단 한 명도 학교 이탈학생 수와 관련된 이야기를 들은 바 없다.

줄 세우는 교육에서 밀려난 아이들

충북 교육은 성적순 교육이다. 곧이어 7월에 실시될 일제고사를 준비하기 위해 학교에서는 표현이 이상한 '강제적 자율학습'을 실시한단다. 충북 전교조위원장은 이를 항의하기 위해 단독농성을 이어가고 있다. '꼴찌하던 충북교육, 1등 교육으로 만들어 2년 연속 이어가고 있다'는 자랑을 부러워하는 다른 시·도는 확실히 없어 보인다.

중학교에 가면 방과 후 학습의 90%가 학과학습 중심이다. 대부분이 기존 선생님들이 담당한다. 주로 문제풀이식 수업이라는 하소연이다. 고등학생들은 우열반으로 일단 나눈다. 공부 잘하는 아이들은 특별히 합숙을 시키고 중간중간 시험을 통해 탈락시키기도 하고 새로이 받아들이기도 한다. 선생님부터 학교와 학생들 모두 성적순으로 줄을 서고 있다. 어느 학교가 몇 등 했는지 어떤 학생이 순위가 어떤지 알 수 있다. 이에 따라 아이들의 선택은 이미 강요되고 있는 것이다.

학업포기 아이들이 왜 문제일까

바람직한 학교생활 적응은 학교 이외의 사회생활 전반에 걸친 심리사회적 적응상태를 예측할 수 있게 한다. 앞으로의 사회생활을 위해서라도 학교 일상생활의 질을 결정짓는 중요한 척도가 될 수 있다는 이야기다. 학교에 적응하지 못한 청소년들은 학교 중퇴로 이어지고 향후 고등교육과 직업훈련을 받는데 필요한 사회적, 학문적 지식과 기술의 습득을 못하게 되어 결과적으로 성인이 되었을 때 직장과 가정에서의 역할을 성공적으로 수행하기가 힘들어진다.

청소년 시기에 겪는 학교 부적응과 학업 중퇴 경험은 이후 성인기의 인지적, 정서적, 사회적 발달에 큰 영향을 미치고 나아가 정신건강에까지 영향을 미칠 수 있기 때문에 조기 발견하여 예방하고 지도하는 교육적 개입이 매우 중요하다.

오늘날 청소년들의 학교생활 부적응은 청소년 비행의 중요한 원인으로 작용하고 있으며 성인범죄나 반사회적 행동에 연루될 가능성이 높다. 지난 5월 9일자 충북일보에 충북 청소년 강력범죄가 늘었다는 기사가 보도되었다. 2007년부터 4년 새 두 배 가량의 강력범죄가 늘었다는 것이다. 이역시 학교 이탈 청소년들의 문제와 상관없는 일이라고 보기 어려운 것 아닐까.

학업중단 아이들을 위한 노력, 어떻게 할 것인가

지난 도정질문에서 확인한 바에 의하면 학업중단 학생들에 대한 기본 통계가 마련되어 있지 않다는 것이 가장 큰 문제다. 학교는 학교 밖을 나간 아이들이므로 관리하지 않고, 지자체는 그들 스스로 연락을 취한 아이들만을 대상으로 대책을 세운다고 한다.

이는 가장 중요한 것이 도교육청 및 보호관찰소나 소년원 등 유관기관과의 공동노력에 의한 실태 파악이라는 점이다. 이어 학교 밖 아이들을 포함한 취약 계층 아이들에 대한 자립지원과 통합적 지원체계 구축 마련이 우선되어야 한다. 다시 학교로 돌아갈 수 있도록 하거나, 학교 이탈을 하지 않을 수 있는 학교 환경의 조성도 필요하다. 매년 300여 명에 달하는 중학생들은 의무교육 대상자이므로 사실상 학교 포기가 될 수 없음을 확인하고 학교에서의 지원과 관리를 위한 노력이 필요하다.

사회적 인간으로 성장할 수 있는 지원 시스템의 구축을 위한 지자체와 도교육청, 공동의 노력이 절실한 시점이다.

학교 밖 아이들 역시 소중한 우리 사회구성원이다

충청북도 내 청소년들은 누구나 교육 기회를 획득하고, 교육을 받아 성취를 이루는 과정에서 개인의 의지, 능력, 노력 이외에 그 어떠한 요인으로도 제약을 받아서도 안 되고, 어느 누구도 소외되고 방치되지 않고 정상적인 교육을 받아야 한다. 이는 교육이 가지고 있는 보편적 권리에 대한 문제이고 공정성의 원리가 현실성 있게 실행될 수 있어야 함을 의미한다. 이를 위한 전문교육 및 상담인력과 시설, 예산 확보를 통한 체계적이고 안정적인 운영의 제도화가 시급하다.

학교 밖 청소년,
본격적으로 지원을 시작하다

　　매년 충북에서 학교를 포기하는 청소년이 1,500명이다. 약간의 편차가 있기는 하나 벌서 몇 년째 이 같은 기조를 유지하고 있다. 150명의 학교 10개가 매년 사라지고 있다는 얘기다. 작년 도정질문에서 문제제기를 했고, 교육청 위기학생관리 시스템과 담당자, 도청 청소년 지원과와 청소년 종합 지원센터와 함께 구체적 대안 마련을 위해 노력해왔다. 의원 연구비를 활용해 학교 밖 아이들 지원을 위한 연구를 했다. FGI 포커스그룹 인터뷰를 청소년 전문가들과 두 차례에 걸쳐 진행하기도 했다.

　　결국, 오늘 충북지역 2012년 학업중단 청소년 지원 사업 추진회의가 열렸다. 나도 참여했다.

　　학업 중단 아이들에 대한 지원은 크게 보면 두 가지 측면에서 접근해야 한다. 일단 학교에서 위기 학생이 발생하면 학교에서는 Wee클래스에서 상담이 시작이 되고, Wee센터가 개입된다. 여기에서 상담과 프로그램으로 극복이 되면 좋겠지만 잘 안 될 때에는 중학생의 경우 '청명교육원'으로 보내지게 되고 여기에서 위기청소년들이 교육된다. 고등학생은 전학을 보내거나 학교를 그만두게 된다. 교육청의 위기학생 대처는 여기까지다. 아 참, 작년에 학업중단 숙려제를 확대 실시함으로써 청소년이 학교에 자퇴원을 제출하면 15일간의 숙려기간을 두는 동안 진단 및 전문상담 등으로 학업중단을 예방하는 제도를 도입한 것도 성과였다.

학교를 그만두면 청소년센터로 연계되는데 작년 한 해 지역자원 연계 및 네트워크사업으로 현재까지는 충북교육청에서 청소년 정보와 관련해서 적극적 지원이 이루어지고 있다는 평가다. 1차적으로 지난 2008년도부터 2010년까지 3년간 1,000여 명의 명단이 전달되었고, 전수 연락결과 500여 명은 연락두절, 500여 명은 청소년지원센터 서비스 거부였다. 30여 명만이 서비스를 받겠다는 연락을 받은 상황이다. 이후 2011년 12월부터 2012년 1월까지 500여 명 연계받았고 지역별로 대책을 논의하기 위한 회의가 오늘 열린 것이다.

여기에서 청소년종합지원센터는 스스로의 정체성을 학교 밖 청소년 지원사업으로 정하고 내부시스템과 프로그램을 정비하면서 한편으로는 청주, 충주, 제천, 단양에만 존재하는 청소년지원센터를 각 군 단위까지 설치하는 것을 목표로 올 예산에 반영했다. 오늘 참가한 새로운 센터는 청원군이었다. 몇몇 곳에서 준비되고는 있으나 좀 더 빨리 설치되어야 한다.

오늘 회의에서는 학업중단 청소년 집중관리 체계를 확립하고 각 기관별 역할을 확인했다. 이어 학업중단 청소년 지원사업의 세부 매뉴얼과 공통서식을 확정지었다. 대상 청소년을 확인하고, 특히 학년 초 3월이 되면 급격히 학교를 그만두는 청소년이 집중되므로 이에 대처하기 위한 방안과 대응책을 논의했다.

준비는 다 된 것 같다. 그러나 문제는 근본적인 것에 있다. 청소년센터 전문가들의 직업적 안정이 보장되지 않고 있다. 대부분 비정규직에다 언제 그만두어야 할지 모른다. 거기에 청소년지원센터가 그동안 형식적인 측면이 있어 공간이 협소하고 본격적인 상담 사업이나 프로그램을 진행할 수 있는 상황이 아니다. 지자체의 관심도 적은 상황이다. 최근의 학교폭력 문제가 그나마 관심을 유지해주고는 있으나 지속적으로 청소년 강력범죄율과 학교를 그만두는 아이들의 상승곡선이 동일한 진폭으로 나타났으며, 학교를 그만 둔 청소년들이라 해도 사회적 지원과 안전망의 구성이 절실하다는 주장은 늘 지나치기 일쑤였다.

작년 한 해 학교 밖 청소년 지원에 대한 정책에 매달리다보니 청소년지도사들과도 많이 친해졌다. 조금씩 신뢰를 보내기도 한다. 이제 준비되고 있는 '학교 밖 아이들 지원조례'를 통과시키고 각 지자체에 더 많은 지원과 관심을 요구해야겠다.

그러기 위해 중요한 것은 여론의 지원이다. 학교에 적응하지 못해서 학교를 그만두더라도 우리 사회는 청소년들에 대한 직업적 지원이든, 생활적 지원이든, 혹은 대안학교든 상담지원이든 아이들이 건전한 이 나라의 사회인으로 성장할 수 있는 안전망을 마련하고 너희들을 지켜주려 한다는 안도감을 주어야 한다.

실제 우리 준비는 끝났다. 아직도 미흡한 점은 있으나 준비 체계를 갖추었고 모자란 점은 채워나갈 것이다. 내가 의원활동을 하는 한 이 문제는 끝까지 지원한다.

'학교 밖 청소년 지원조례'가 떴다

학교 밖 청소년 지원조례를 준비하는 동안 예산과 조직구성 및 교육청, 청소년종합지원센터 등의 공조가 매우 중요했다. 충북도내 학업중단 청소년들의 증가는 교육적 소외와 유해환경 심화를 동반한다. 따라서 학업 중단 청소년이 건전한 사회구성원으로 성장할 수 있도록 폭넓은 교육기회 와 자립에 필요한 지원사항에 대한 제도적 장치를 마련하는 데 주안점을 두어야 했다.

학교 밖 청소년 지원조례의 내용은 바로 이 같은 필요를 기반으로 하여, 일단 유해환경으로 보호받고 자립에 필요한 지원과 교육을 지속적으로 받을 수 있는 행·재정적 지원정책을 도지사의 책무로 규정했다. 또 학업중단 청소년들에 대한 실태분석과 정책개발을 '학업중단청소년지원운영위원회'를 설치하여 시행하면서 필요한 예산을 도지사가 지원할 수 있도록 명시했다. 여기에 더해 도지사가 교육청, 대안교육기관, 경찰청 등과 긴밀한 협력체계를 구축하여야 함을 명시했다.

조례 제정으로 충북의 청소년정책의 변화는 일단 충청북도와 도교육청 양 기관에서 학업중단 청소년에 대한 관심을 증가시킴으로써 학업중단의 예방 및 대처를 위한 인식을 증가시킨 것이 가장 큰 성과였다. 이는 그동안 학업을 중단하는 순간 교육청의 책임이 사라지게 되는 특성상 지자체와 도교육청 간 책임 떠넘기기를 줄이면서 두 기관간의 정보공유 및 상호 지원의 폭을 증가시키고 협력을 체계화시켜나가는 기반이 마련되었다.

그즈음 총리 명의로 학업중단 전 숙려제를 실시한다는 정책이 마련되었는데 충북도는 이미 6개월 전부터 숙려제를 실시하고 있었다. 또한 충청북도청소년종합지원센터와 연계한 일선 학교에서의 학업중단 학생 및 학부모 상담 도입을 통한 예방교육이 강화되었다.

조례제정 전 충북도내 4개에 불과하던 청소년지원센터를 11개 각 시군 모두에 설치하게 되었다. 청소년지원센터의 설치는 행·재정적인 지원이 강화되어 인력 배치 및 안정적이고 지속적인 예산이 확보된다는 것을 의미한다. 물론 열악한 재정문제는 계속 관심을 두어야 한다.

지방의회의 청소년정책과 관련한 조례를 들여다보면 열악하기 그지없다. 일단은 학교를 그만두는 청소년들이 제도권 밖에서 원하는 교육을 충분히 받을 수 있는 대안교육센터를 설립하거나 실효성 있는 자활능력을 키워줄 수 있는 자활지원센터의 설립이 절실하다.

학교 밖 청소년 조례의 통과 이후 충북지역에는 '아동청소년포럼'이 창립되었다. 나는 이곳의 공동대표로 참가하게 되었다. 그동안 조례 제정을 위해 만났던 지역 내 청소년 전문가들의 추천이 있었던 것이다. 청소년포럼을 통해 지역 내 청소년 정책들을 점검하고, 청소년들이 행복해 하는 세상을 만드는 일에 또 한 발 들어선 것은 분명하다.

고3, 이제 겨우
1라운드 끝냈을 뿐인걸!

나는 청소년들에게 공부보다 더 중요한 것이 많다고 조언한다. 오늘 수능을 끝낸 고3 학생들 대상 강의에서도 같은 이야기를 했다. 사실 고교를 졸업하면서 인생의 2라운드가 시작된다. 10대 시절이 우울했거나 맘대로 안 되었거나 혹은 절망적이었더라도 괜찮다.

겨우 1라운드를 지났을 뿐이다. 우리 사회가 좋은 대학 가는 것을 인생의 가장 중요한 일인 것처럼 몰아가고 있을 뿐이다. 더 중요한 것은 이제부터 아닐까?

나는 10대에는 공부보다 더 좋은 습관을 만드는 것이 중요하다고 이야기했다. 내 어린 시절의 경험 때문이기도 했다. 나의 10대는 행복하지 않았다. 꼴찌에 가깝던 중학교 성적, 야간 고등학교 시절은 이겨내기 힘겨웠다. 고3, 마지막 1년 동안 죽기 살기로 공부한 성적으로 대학을 입학한 것이 내 인생을 바꿨다.

그때 나를 성장시킨 것은 세 가지 습관이었다.

김밥장사를 하시는 어머님은 지금도 새로 나온 책을 손에서 놓지 않는다. 어린 시절 어머님의 책 읽는 습관은 내게 가장 큰 선물이 되었다. 끊임없는 독서습관은 가장 강력한 나의 무기다. 일 년에 최소한 100권 정도는 읽는 것 같다. 한 해 서평만 65편을 쓴 적도 있다. 갑자기 튀어나오는 새로운 아이디어와 어떤 상황, 어떤 질문에도 무심코 답변이 되는 것은 독서의 힘이라고 생각된다.

또 하나는 고3 시절 공부하는 과정에서 나를 이기는 습관을 배웠다. 잠 안 오는 약을 많이 먹어 쓰러진 적이 있다. 새벽 4시 20분 첫차를 타고 도서관을 다녔다. 아버님은 그 새벽에 한 번도 안 빼놓고 내 아침밥을 차려주셨다. 그 당시 난 스스로를 이기는 것이 얼마나 성취감과 만족감을 가져다 주는지 알게 되었다.

국회 보좌관 시절 18시간씩 책상 앞에 앉아 산더미 같은 서류를 훑어볼 때도 당시의 경험이 나를 이끌었다. 몸 상태가 안 좋았던 올여름 아들, 딸과 함께 백두대간을 종주할 수 있었던 것도, 어려울 때마다 나를 지탱할 수 있는 힘은 나를 이기는 습관이었다.

난 무엇이든 시작하는 것은 신중하게 생각하는 습성이 있다. 일단 시작하면 끝장을 볼 때까지 할 수 있다는 자신감이 내 가슴 밑바닥에 깔려 있는 것 같다. 스스로도 난, 늘 시작만 하면 오래 갈 수 있다는 암시를 하곤 한다. 그리고 습관을 만들기 위해 노력한다. 걷는 습관을 만들기 위해 아예 한 시간씩 되는 출근을 걸어서 하거나, 저녁 먹고 무조건 걷는 것을 통해 습관을 만든다.

밥 반 공기 먹기, 오래 씹기, 커피 끊기 등도 거뜬하게 3년씩 하곤 했다.

뭐든지 좋다고 생각하는 것은 일단 습관이 될 수 있도록 주변 환경을 만든다. 그리고는 가능하다고 생각하는 것을 습관으로 만든다.

이제 10대를 마감하는 학생들은 5라운드쯤 뛰어야 하는 경기의 1라운드를 끝냈다고 했다. 진짜는 이제부터다. 좋은 대학 나왔어도 변변치 못할 수 있다. 행복하지 못할 수도 있다. 고등학교만 졸업하면 어떠랴, 얼마든지 자기만의 성장을 이루어가며 만족스러운 삶을 살아갈 수 있다.

10대를 살아온 시간 동안 삶의 방향을 잡지 못했어도 괜찮다. 남자라면 군 생활을 통해 더 많은 고민을 할 수도 있다. 좀 쉬어도 좋다. 그냥 놀아도 된다. 성공한 사람들의 대부분은 20, 30대에 이러저러한 경험을 많이 한 사람들이었다는 연구결과도 있다. 한 가지만 꾸준히 해서 성공한 사람은 많지 않다.

곧 2라운드가 시작된다. 20대의 첫 시작. 좋은 습관 몇 개만 간직하고 있다면 괜찮다. 이제 겨우 한 발짝을 떼었을 뿐이니까.

자랑스런 꼴찌반 졸업생
수연이에게

"여학생반이 남학생반을 제치고 꼴찌를 할 수도 있는 건가요?"

선생님들조차 의아했다지?

마지막까지 꼴찌였는지는 잘 모르겠지만 우리 수연이의 중3 시절 함께 했던 반 아이들의 표정을 보면서 아빠는 참 자랑스러웠다. 중3 시절이 가장 재미있었다는 수연이와의 대화도 아빠는 제일 재미있었다.

수연이네 반 아이들이 공부는 못해도 체육대회에서는 두각을 나타내고, 학교축제를 늦게까지 함께 준비하는 것을 보면서 친구들의 표정까지도 느껴졌었단다. 더군다나 개근, 정근상을 가장 많이 받은 반이었다지?

졸업식 날 담임 선생님께서 한 명 한 명 친구들을 호명하면서 칭찬과 격려의 말을 해주는 것에 감동했다. 수연이에게는 "중심 지켜주어서 고맙다" "어떤 일을 할 때 뭔가 새로운 방향으로 잘 되게 하려 고민하는 모습이 좋았다"는 말은 아빠가 늘 수연이에게 격려해주고 싶은 말을 선생님께서 대

백두대간생태탐사중 수연이와 함께

신 해주신다는 느낌이 들었다. 사실은 아빠도 언제인가 비슷한 말을 듣고 크게 좋아했던 때가 있었거든.

훌륭한 선생님과 밝은 표정의 아이들, 공부는 꼴찌일지 몰라도 표정만큼은 최고인 친구들과 10대 가장 중요한 시절을 보냈다는 것이 좋았다.

아빠는 수연이가 백두대간 생태탐사 7박 8일 일정을 씩씩하게 완주하는 것을 보면서 자랑스러웠다. 알아서 일본문화 축제를 다녀오고, 독서캠프를 다녀와서 재미있었노라고 수다 떠는 모습이 사랑스러웠다. 페북을 통해 자신의 입장을 밝히고, 아빠에게도 의견이 다르지만 성우들의 영화 더빙 필요성을 논리적으로 설득하는 것을 보면서 믿음직스러웠다. 동아리 대표의 일 처리 방식의 문제점을 지적한다든지, 최근의 셧다운제에 대한 반대 입장을 밝히는 모습도 보기 좋다.

수연이만의 의지와 그 의지를 당당하게 표현할 수 있다는 게 얼마나 좋은 일인지.

어느 날 관심 있던 일본어에 더해서 일본어과가 있는 고교를 가겠다고 했을 때 내심 참 기뻤다. 스스로 자신의 미래를 준비하고 선택하는 수연이가 참 고맙고 대견스럽다. 어쩌면 수연이의 중3 시절이 행복했던 만큼이나 기억에 남는 중요한 선택을 했던 시절이었음을 기억하게 될 것이다.

오늘 수연이의 졸업식을 지켜보면서 아빠는 참 행복했다. 이제 또 한 걸음 세상을 향해 나아가는 수연이가 지금처럼 늘 스스로의 판단과 좋아하는 일에 대한 열정으로 살아주었으면 좋겠다.

학교는 졸업식 뒤풀이 금지를 요구하고, 학교 앞에는 경찰관이 지키고 서 있는 시대이지만 수연이의 자유로움과 당당한 선택이 조금이라도 위축되지 않았으면 좋겠다.

수연이의 마지막 중3 교실에서의 시간을 함께 보내게 되어 영광이었다.

– 수연이가 무진장 자랑스러운 아빠가 –

P.S. 이 편지 공개해도 되겠지? 부탁!

내가 만난 중유럽의 학교와 아이들

교육위원회의 하반기 해외연수는 중유럽으로 정했다. 대부분의 나라들이 유치원부터 국공립대학까지 무상교육 중심으로 이루어져 있지만 현지에 가서 직접 확인해 보자는 의미도 있고, 차제에 전문학교들을 방문해 보는 것을 목표로 정했다.

전문기술학교의 모범생,
오스트리아 빈의 'HTL 도나우슈타트 전문기술학교'

첫 번째 방문지는 오스트리아 빈의 'HTL 도나우슈타트 전문기술학교'였다. 학교를 들어서는데 넓은 운동장이 없는 게 일단 눈에 띄었다. 약간의 공간은 그나마 그 다음 방문한 다른 학교보다는 낫다는 생각은 들었다.

오스트리아는 이미 1774년 마리아테레지아 여제시절부터 초등 6년간의 의무교육을 실시했다. 1869년 교육법을 제정하면서 6세에서 14세까지 의무교육을 확대했으며 1962년 의무교육기간을 9년으로 확대해서 오늘에 이르고 있다.

우리가 방문한 직업학교는 15세부터 다닐 수 있는 3~4년제 전문 직업학교였다. 오스트리아 교육제도에 의하면 일단 3세에서 5세까지 유치원은 의무교육은 아니지만 무상으로 운영되며, 이후 4년간 초등학교와 11세부터 14세까지 다시 4년간 중등교육과정을 거쳐 이후 실업계 및 인문계 중등학교로 진학하게 되는데, 우리가 방문한 이 직업학교는 유로공동체에서 유일한 직업전문학교로 졸업 후 100% 취업이 된다고 한다.

부임한 지 두 달 되는 젊은 교장선생으로부터 이 학교에 대한 자세한 이야기를 들을 수 있었다. 학교에 대한 자긍심과 교장으로서 책임감을 강하게 느끼고 있다는 느낌이 들었다.

이 학교는 기계, 전기, 에너지, 전자, 인포메이션 네트워크 등의 과정을 교육하고 있으며 올해부터 언론, 홍보 등 미디어 부문을 추가로 가르치고 있다고 했다. 물론 공업 분야뿐 아니라 상업 분야의 전산학과 사무직원 양성까지 포괄하고 있으며 영어를 비롯해 대학 진학반의 운영까지 하고 있는 1,200명 규모의 학교라고 한다.

대기업들과 제휴를 맺고 있어 학교 졸업 이후 취업이 곧바로 되고 있으며 전 세계에서 이 학교 출신들이 인정받고 있다고 자랑이 대단하다. 또한 환경지속성 인증학교라고 강조했다. 심지어 이 부분에 대해서는 별도의 프리젠테이션을 따로 설명듣기도 했다. 스스로 환경단체가 경영하는 학교로 표현하기도 한다. 학교에서 기술자격증을 따는데 환경관리 분야를 추가로 따도록 지도한다고도 했다.

오스트리아는 이미 200년 전부터 기술교육정책을 지속해왔으며 이런 기반 위에서 경제적 생산성이 높기 때문에 유럽에서도 앞서가는 기술교육을 해나가고 있다.

교장 선생님은 최근의 추세가 전 세계적으로 회사 내에서 견습공들에게 별도 교육을 시킬 시간이 줄어들고 있어 학교 졸업 후 바로 투입이 될 수 있도록 해야 한다고 했다.

수업하고 있는 교실을 공개하기도 했는데 둘러보니 여학생들이 거의 보이지 않았다. 학교 측에서도 여학생들이 입학하지 않아 걱정스럽다고 했다. 오스트리아는 여성들이 직업선택을 다양하게 할 수 있으며 특히 서비스업 쪽에서 일하면 높은 임금을 받기 때문에 군이 기술학교를 다닐 이유가 없기 때문이라고 했다. 그러다보니 여성들이 직업학교에 들어올 수 있도록 특별 멘토링 등 다양한 방법을 활용하고 있다고 했다.

또 한 가지 문제이자, 신임 교장이 하고자 하는 정책 중 하나는 젊은 교사들을 영입하려 한다고 했다. 정년이 60~65세까지 보장되어 있다 보니 전체적으로 고 연령층 선생님이 많아 최신 기술을 가지고 있는 젊고 다이내믹한 교사를 원한다고 했다.

이곳 학교에서 선생님의 자격은 공과대학 출신으로 4년 이상 직업 경험이 있어야 하며 교장 인터뷰를 통해 교장이 선출하며 교사에 대한 평가와 정기적인 상담 등을 교장이 실시한다고 했다. 교장에게 상당한 권한을 주고 있는 점이 부러웠다. 물론 교장은 단체장이 임명한다고 한다.

한편, 외부 지원으로는 환경이나 사회복지관련 협력을 마을기업이나 대학을 통해 지원받는다. 현재 기술학교에 지원하는 신입생의 경우 다양한 학생들이 입학하는데 무려 32개국의 40개 모국어를 쓰는 학생들이라 한다. 4개 그룹으로 이루어진 서로 다른 구성원들을 학습시키는 게 쉽지만은 않다고 했다.

수업을 둘러보면서 이론교육보다는 실습교육을 중심으로 수업하고 있다는 점을 알 수 있었다.

학교를 둘러보고 단체사진 찍고 학교를 나올 시간이 쉬는 시간으로 보였다. 학교 담장이 철제로 되었는데 우르르 나오더니 전부 담배를 꺼내 물었다. 학교 안은 금연구역이니 당연히 학교 밖으로 나와 담배를 피우고 있었다.

한쪽에서는 선생님들로 보이는 그룹도 담배를 물고 있었는데 제자들과 함께 담배 피우고 있는 모습이 아주 자유스러웠다. 하긴 중유럽 여행 내내 길가에서 담배 물고 다니는 젊은 여성을 쉽게 볼 수 있었다.

감동체험 경험한 헝가리 부다페스트 국립고등학교

헝가리 음악은 오스트리아에 비해 연상되는 사람도, 특이점도 없었다. 그런데 웬 음악예술학교를 가게 되는지 사실 의아하기는 했다. 오스트리아만 해도 베토벤이며 모차르트, 요한 스트라우스 등 쟁쟁하고 익숙한 음악가가 좀 많은가?

그런데 우리는 헝가리 부다페스트 국립학교를 방문했다. 들어가는 문은 어느 건물로 운동장도 없고 뭔 학교라고 보기에는 다른 건물과 특이점 없는 곳이었다.

그러나 우리를 맞이해 주신 분은 젊고 아름다운 교감선생님이었다. 완전 미인! 당연히 이분에게 헝가리의 교육제도 전반과 학교에 대한 이야기를 들을 수 있었다.

헝가리는 6세에서 14세까지 8년 과정의 기초교육을 받게 되며, 학업

우수학생은 이 과정을 6년 만에 수료하기도 한다. 이후 중등교육을 6년 간 받게 되는데 우리가 방문한 학교는 초등과 중등을 함께 하고 있는 학교였다. 정부에서는 3세부터 5세까지의 유치원과 대학과정까지 모두 무상으로 되어 있다. 대학의 경우 3~4년 과정의 전문대학과 5~6년 과정의 University로 구분한다.

유럽의 교육기관을 방문하면서 느낀 점은 학교는 일단 무상교육이고, 대학은 꼭 가야하는 곳은 아니며, 학교 및 교사의 자율성과 균등한 교육기회 그리고 사회통합과 복지를 위한 필수적 수단이 교육이라는 점이었다. 당연히 학원은 없고, 방과 후 역시 필요하다면 국가에서 지원하기 때문에 사립학원이 필요가 없었다.

미인 교감선생님이 설명해준 바에 따르면 지자체에서 지원되던 학교운영비용이 최근 학교 개혁 이후 국가에서 지원키로 하고, 교장의 재량으로 운영되던 것에 중앙기관에서 고용하고 재정 집행 역시 계획에 의해 집행하는 체제로 바뀌고 있다고 했다.

헝가리의 교육제도가 점차 바뀌고 있는 모양인데 예컨대 4, 6, 8학년에 치러지는 시험결과가 중앙교육 부서로 보고된다는 점과 매일 체육시간을 주는 것 따라서 교장 재량이 점차 줄어들고 있다는 점이었다.

기존 예산배정은 학생당으로 되었다면 지금은 학교성격에 따라 정해진다고 했다. 그러나 개인문제, 종교문제, 학교의 자율적 이동 등의 교장 권한은 그대로라고 했다. 거기에 학교 격차를 줄이고 평준화되도록 하는 중이지만, 선생님의 월급은 그대로인 반면 수업시간은 늘어나면서 교사들이 시위 중이라며 말꼬리를 흐렸다.

어쨌든 이 학교는 560명의 학생과 86명의 교사가 있으며 이 학교에 입

세계 어느 곳이나 어린이들의 호기심과 미소는 아름답다.

학하려면 노래 테스트를 받아야 한다고 했다. 물론 그럼에도 헝가리 정규 수업을 모두 받고 있으나, 다만 합창시간이 4시간 포함되어있고 이 과정이 끝나면 상급학교 김나지움으로 간다고 한다.

아름다운 교감선생님의 설명 이후 우리는 8세들의 음악수업 참관을 요청받았다. 바로 이곳에서 교장 선생님이 직접 음악수업을 진행하고 있었고, 우리 일행들은 꼼짝없이 한 시간 수업 참관을 해야 했다.

세상의 모든 어린이들은 정말 예뻤다. 우리가 들어서자 곁눈질로 작은 미소로 반긴다.

교장 선생님은 계속해서 헝가리에서 익숙한 민요를 흥얼거렸고, 어린 학생들 역시 함께 흥얼거렸다. 이 광경은 수업 내내 그랬다. 앉기 무섭게

유럽학교 음악수업을 참관하고 있다.

아이들과 손을 잡고 노래를 부르며 빙빙 돌기도 하고 뒤로 돌기도 하면서 수업을 진행했다.

흥얼거리는 음악의 다음 진행을 물어보는 것 같았다. 손을 들고 자신을 선택해 달라고 요구했다. 계속되는 질문과 답변, 전체 아이들을 이렇게 집중시킬 수 있다니….

계이름을 손과 흥얼거림으로 표현했다. 아이들이 빠져드는 모습이 느껴졌다.

헝가리 언어로 진행되는 수업이 지루할 것이라는 선입견을 깨고 참관하던 우리 모두가 집중하고 있음을 느꼈다. 교장 선생님은 열정적이었고 아이들은 입으로 흥얼거리던 선율을 음계로 표현하고 그리고 직접 음계를 노트에 그려 넣고 있었다. 작곡수업이었고 하나하나의 음이 얼마나 다양하게 진행되는지를 스스로 배우도록 했다. 참관하던 교육위원 중에서도 다음 음계를 흥얼거리고 있었다. 참 신기한 경험이었다.

왜 동유럽에는 유명한 작곡가들이 많았는지 참관수업을 통해 경험할 수 있었다. 이미 8세들이 음에 대한 이해와 음계를 그려가며 확장과 이어짐을 스스로 느낄 수 있는 교육이 있었다면, 당연히 스스로 작곡하고 노래를 만들 수 있을 것 같았다.

수업 마지막 과정은 교장 선생님으로부터 확인과 점검이었다. 스스로 그려 넣은 음계가 제대로 되었는지 확인하고 격려해 주는 것으로 수업이 끝났다. 우리 일행은 수업종료와 함께 박수를 보냈다. 바로 이것이 이 학교가 자랑하는 '코나이 졸탄 교수법'이라고 했다. 이 학교의 설립자가 시작된 수업방식을 우리에게 보여준 것이었다. 이보다 더한 학교탐방 프로그램이 있을 수 있을까? 완전 감동 수업이었다.

학교 문을 나오면서 의원들끼리 사진을 찍으려 했더니 아이들이 몰려 나오다가 함께 포즈를 취하게 되었다. 자유롭고 스스럼없는 모습, 그래도 수줍은 듯 끼어드는 모습이 아름다웠다.

프라하 직업학교를 방문하다

체코의 프라하는 대학생의 도시라 할 만하다. 무려 14만 명의 대학생이 있다고 하는데 세계 각국에서 온다고 했다. 체코 역시 3세에서 6세 유치원, 6세에서 14세 초등 6년과 중등 3년의 9년제 의무교육, 국공립은 무상교육이고 약간의 사립이 유상교육이다. 우리가 방문한 학교는 4년제 상업학교로 100년 전통을 자랑한다. 물론 건물도 100년이 넘었다. 체코의 많은 건물들이 모두 수백 년 된 건물이었다.

이곳 역시 운동장 없이 건물로 들어서면 학교다. 외국어, 컴퓨터, 비즈니스, 경영, 회계를 전문적으로 가르치고, 한편으로는 대학 진학과정을 함께 가르친다고 한다. 최근에는 85% 정도가 대학을 진학하고 15%는 또 다른 사회진출을 모색하고 있다고 했다.

이곳에서 일반 학교로 가기도 하고 다시 오기도 하는데 보통 김나지움 가르치는 교육과정이 포함되어 있고 영어와 독일어, 스페인어, 러시아어 등 제2 외국어도 함께 배우는데 최근에는 제3 외국어를 배우고 싶어 하는 학생들이 늘어나는 추세라고 한다. 수학 경시대회에서 좋은 결과 있었다고 은근 자랑하기도 했다.

상업학교이다 보니 가상의 학교를 만들고 서비스하는 시뮬레이션을 하기도 한다. 교실은 19개, 학생 수는 500명, 학교 안에 교장의 거주지가 함께 있다고 하며, 현재 교장이 된 지 8년 되었는데 이 학교가 중유럽에서 가장 아름다운 학교로 평가받고 있다고 했다.

수업을 둘러보면서 중유럽의 10대, 20대들은 모두가 미인들이라는 생각을 하게 된다. 이국적인 방문객들을 신기해하기도 하고, 소녀들답게 수줍어하기도 한다. 수업 분위기가 자유롭다. 쉬는 시간에 이리저리 뛰어다니는 녀석부터 빵을 우물거리는 녀석, 자기들끼리 수군거리기도 하는 모습을 보면 영락없는 10대들이다.

이제 이 아이들이 한 해 1억 명이 된다는 체코 관광객들을 대상으로 하거나 또 다른 직업을 선택하게 될 것이다. 전체 GDP 26%가 관광 수입이라는 천년고도 프라하 상업학교의 자존심을 느낀다.

프라하 2구역 구청의 교육담당자를 만나다

프라하 시에 22개의 구청이 있고 각 구청마다 교육담당부서가 따로 되어 있다. 물론 교육 관련된 내용은 프라하시 차원의 교육담당국이 따로 있으나 각 구청에서 인건비 및 시설보수 등 예산 담당을 하고 있다. 교육재정 담당자는 2구역 전체예산 중 45%가 교육예산이라고 한다. 물론 교사재교육 등 교원업무는 시 차원에서 관리한다.

이곳 2구역에는 3세부터 6세까지의 유치원 8개에 1,160명과 10개 초등학교 3,200명이 있다고 한다. 15세 이상의 고등학교는 시에서 관리한다. 쾌적한 교육관경과 교육시설을 목표로 하고 있다는 설명을 들었다.

유럽을 둘러보면서 지난 일본 연수 때도 그랬지만 지방자치시대에 교육청이 따로 있을 필요가 있는가 하는 생각이다. 교육감을 따로 선출하지 말고 도지사가 함께 관리하면 어떨까? 어차피 교육부는 선생님들의 교육내용과 교사 교육 등을 담당하고, 나머지는 지방자치단체에서 함께 관리하면 훨씬 효율적이지 않을까?

아마 우리나라만 교육행정과 일반 행정을 나누어 놓은 것으로 보인다. 결국 교육자치의 핵심은 행정의 통합과 지역에서 필요한 재원을 성장시켜내는 방식의 교육이 맞는 것 아닐까 한다.

구청의 의회 역시 개방형으로 되어있다. 앞쪽에는 집행부가 앉고, 의원들이 공부하듯이 앉고, 그 뒤쪽으로 방청인들이 앉는다. 창밖으로는 오래된 프라하의 건물 지붕들이 보인다.

체코의 중등교육기관은 일반학교인 김나지움과 중등직업학교, 중등기술학교로 나누어진다. 김나지움의 학생 수 비율은 15~16%로 일정하게 유지되고 있는 반면, 마투리타 시험공부를 할 수 있어 취업과 고등교육기관

진학이 모두 가능하다. 중등기술학교의 학생 수는 24%에서 38%로 급증하고 있는 반면 중등직업학교는 61%에서 46%로 급감하고 있다.

체코의 고등교육기관은 18세에서 23세가 주로 가는 일반대학교와 기술, 농업, 가축 등 특성화 고등교육기관이 있다. 이곳에서는 학사학위를 수여하는 3년 과정, 석사학위 또는 기술학위를 수여하는 4~6년 과정, 그리고 7년 이상이 소요되는 박사과정으로 구분된다.

동유럽의 교육현장을 둘러보고 교육관계자를 만나보면서 우리나라와는 또 다른 체계의 교육을 바라볼 수 있었다. 오스트리아의 우리 가이드가 재미있으라면서 한 말이 연수기간 내내 떠나지 않았다.

몇 년 전인지 세계 학생들의 공통 수학시험을 보았는데 1등은 핀란드 학생들이, 2등은 한국 학생들이 차지했단다. 오스트리아 학생들은 저 뒤쪽으로 처져 있었다.

당연히 오스트리아에서는 벌집이라도 쑤신 듯 교육이 잘못되었다고 난리가 났다. 핀란드 교육이야 가까우니 잘 알고 있었고, 결국 한국으로 방문시찰단을 보내기로 했단다.

그들의 보고서에는 '새벽부터 학교에 가서 밤 10시까지 공부하고, 거기에 사립학원에 다니도록 하면서 체육이나 음악, 미술 수업은 일주일에 한 번 정도이고 시험 성적순으로 대학을 보내는 교육시스템을 가졌다.'고 했단다.

이런 사실이 언론을 통해 공개되고 이어진 사회분위기는 거기가 어디 사람 사는 곳이냐, 차라리 지금이 낫다면서 현재의 교육정책을 유지하게 되었다는 내용이다. 이 내용은 언젠가 오스트리아 신문에 실렸던 적이 있다는 끝말과 함께.

제6장

성찰과 자성으로
밥값하는 후반전

의회에서 왕따를 당하고 결국 직접 호소를 택해야 할 때, 나아갈 때처럼 깔끔하게 후퇴해야 한다.

이번에 또 지는 법을 배운다. 의견의 옳고 그름은 상관도 없고 토론의 대상도 아니다. 누군가를 설득하고 설득당하는 일만 남는 거다. 그냥 조금의 미뤄둠 정도가 항의 표시의 전부였을 뿐. 이제부터 다시 시작한다.

어쨌든 50세 첫날이 밝았다

한 100년쯤 전 평균수명은 47세였단다. 60년대에는 52세, 70년대 들어 61세로 늘어났다고 한다. 내가 태어나던 1960년대 초반으로 보면 이제 삶을 정리해야 할 때라고 할 수 있다.

새해 첫날 이 무슨 평균수명 타령이냐고 할 테지만 첫날부터 대청댐이 내려다보이는 양성산을 오르면서 새롭게 살아갈 날에 대한 고민을 하다가, 문득 어쩌면 처음부터 다시 시작하는 마음을 가져야 하지 않을까 하는 생각에 도달하고 보니, 결국 지금까지의 내 삶에 대한 전체적인 평가가 선행되어야 한다는 결론에 이른 것이었다.

대학을 들어가기 전까지 스무 살 이전과 이후는 정말 다른 모습이었다. 10대는 너무 우울했다. 초등학교 때 부모님이 빚잔치를 하던 기억과 투병 중인 아버지를 보면서 힘들었다. 이후 영등포 시장 근처에서 자란 중학생

시절은 거의 절망적이었다. 고등학교에 올라갈 때는 집에 불이 났고, 야간 고등학교를 다녀야했다. 그나마 3학년 때 죽기 살기로 공부해서 대학을 갈 수 있었다. 집사람은 그때 썼던 1년간의 일기장이 감동적이었다고 했다.

대학시절은 군복무 전후가 확연히 달랐다. 복학 후 학생운동을 시작하게 되면서 국가관, 인간에 대한 애정, 삶에 대한 통찰 등에 대한 생각이 정립되던 시기였다. 졸업 후 시민운동에 몸담았고 40세가 되면서 시의원 출마를 시작으로 정치활동을 하게 되었다. 결국 나이 50세가 다 되어서 도의원이 되었다.

간단히 정리하고 보니 지금쯤 다시 시작을 준비하고 그 고민을 해야 하는 것이 맞는 것 같다. 이제는 자식으로서 부모님을 어떻게 모셔야 할지, 가장으로서 아이들과 집사람의 선택을 어떻게 보장하고 도움을 줄지 책임을 져야 할 시점이다. 또 나의 이후 진로에 대해, 나아가 사회를 고민하는 중년의 책임에 대해 진지한 성찰이 필요할 것 같다.

세상을 살면서 시간이 지나는 속도에 발맞춰 새로운 경험을 배우고 익히며 도전에 응전하는 것이 아닐까 하는 생각이 들었다. 늘 새로운 경험이었다. 어느 순간 몸이 마음을 따라가지 못하고, 또 어느 순간에는 익히는 것 보다 잊어버리는 게 더 많아졌다. 실수에 대한 후회가 많아지고 세상 평판에 민감해졌다. 습관대로 사는 것이 더 익숙하고, 신문물을 익히는 것이 귀찮아진다. 모두 경험하지 못한 세계였고 응전하지 않으면 안 되는 것들이다.

욕심을 다스리고, 염치를 확인하고, 절제해야 하는 타이밍을 알아야 한다. 그런데 이런 게 가능할까? 그냥 방향만 잡고 여전히 끝나지 않은 도전과 인간에 대한 애정, 역사와 사회에 대한 책임감을 확인하면서 일관성 있게 나아가야 하는 것은 아닐까? 그러나 아직도 수많은 실수와 실패와 방황이 남아 있을 것이다. 또, 욕심은 한계가 없다지? 사실 겁도 난다. 어쨌든 50세 첫날이 밝았다.

지금까지 지내온 날에 대한 정리가 필요한 시점이다. 무엇을 정리하고, 또 무엇을 이어가야 할까? 작년이었던 어제부터 올해의 오늘까지 고민 중이다. 얼마간 끝나지 않을 생각을 이어가야겠다.

새해, 또 어떤 시간들을 헤쳐나갈까?

묻는다,
고로 나는 의원으로 존재한다

　여전히 난 도정질문을 계속했다. 이번에는 외국인 근로자지원센터 설치 및 전담 인력의 필요성에 대해 강조했다. 의원은 도정질문으로 집행부를 감시, 견제하고 정책 제안들을 제시해나가는 것이 대단히 중요하다. 도정질문을 하는 동안 도지사와 교육감의 내심을 알아볼 수도 있고, 집행부 담당자들의 의견을 들을 수도 있다.

　특히 일문일답은 질문하는 의원도 대답하는 행정부도 긴장할 수밖에 없다. 합리적이고 체계적으로 따져 묻더라도 정중하게 예의를 지켜주면 모니터를 보고 있는 많은 공무원들을 설득할 수 있다.

　현재 충북도내에는 외국인 거주자 3만 4,083명(2011년 1월 기준)이 있으며, 불법체류자 5,000여 명을 제외한 합법적인 외국인 근로자도 1만 5,530명이다. FTA 확대로 인하여 외국인 근로자가 더욱 늘어날 전망인데, 충청북도는 충청북도외국인주민지원조례에 외국인 주민의 조기 정착을 위한 지원시책 추진이 강제 규정되어 있고, 외국인주민지원시책위원회 설치가 명시되어 있음에도 외국인의 조기정착과 지역주민과 함께 살아갈 수 있는 여건 조성을 위해 어떤 지원을 하였는지, 외국인주민지원시책위원회가 구성되어 있지 않은 이유가 무엇인지 따져 물었다.

또한 현행법상 지방자치단체장은 중앙정부의 기본계획 및 시행계획을 기초로 외국인주민지원을 위한 연도별 시행계획을 수립·시행하도록 되어 있고, 정부의 2012년 외국인 정책 시행계획에도 '외국인 인권옹호'가 외국인 정책의 4대 목표에 포함되어 있다.

그런데 우리 도는 이에 대한 기본계획이 수립되어 있는 것인지, 도에서 시행중인 외국인 근로자 지원정책의 목표와 중점과제는 무엇이며, 지원시스템은 어떻게 구축되어 있는지, 외국인 근로자의 인권보장을 위해 어떤 사업을 추진하고 있는지를 차례로 심도 있게 질문하면서 외국인 주민을 위한 지원과 인권증진을 위한 정책 사업을 찾아볼 수 없음을 강하게 질타했다.

연합뉴스에서 이번 도정질의를 심도 깊게 내주었다.

"이 의원은 외국인 근로자에 대한 부당한 대우와 인권침해 등 외국인 거주민과 관련된 문제들을 해결하기 위해서는 충북도가 외국인 근로자 인권관련 전담부서의 지정 및 전담인력배치, 외국인 근로자의 고충상담 및 다양한 교육을 지원할 '외국인근로자 지원센터'를 북부 권과 중남부권별로 1개소씩 설치할 것과, 충청북도 외국인 주민지원 시책위원회 설치를 중심으로 적극적이고 책임감 있는 조치를 취할 것을 강조했다." 〈연합뉴스 2012년 5월 10일〉

의원들은 '깎으면서' 성장한다

충청북도 1차 추경을 마지막으로 1년간의 예결위원장 직무를 마무리했다. 생각 같아서는 소주라도 한 잔 해야 했는데 그냥 아쉬움을 뒤로한 채 몇몇 의원들과 도의회 느티나무 아래서 수다 조금 떨다가 그냥 집으로 향했다. 결국 몇몇은 술집으로 갔다는 전화만….

오전부터 밤 9시가 넘어서 끝났으니 하루 종일 추경 심사를 했다. 집행부에서는 생각보다 아주 많이 삭감했다는 눈치다. 6시쯤 끝날 거라고 생각했다가 늦은 저녁을 들게 되었던 도지사는 꽤나 서운했나보다.

집으로 가는 길에 이시종 지사의 전화를 받았다. "저녁약속이 따로 없는데다 혼자 먹기도 뭐해서 저녁 함께하자고 기다렸다"고 했다. 또 "입맛이 쓰다"며 막걸리를 한 잔씩 돌렸다.

아침부터 의원들보다 먼저 회의장에 나와서 이것저것만큼은 꼭 살려야 한다고 피력하던 도지사였다.

그러나 이미 2년차를 넘어서고 있는 의원들은 자신들의 의견을 분명하게 표시했다. 의견이 다른 의원들끼리는 조율을 하려 했다. 상임위의 결정도 존중해야 했다. 큰소리 나지 않은 계수조정을 정리하면서 초선이 대부분이었던 9대 의회가 이렇게 성장했구나 하는 생각을 했다.

상임위에서 올라온 삭감 항목보다 더 많은 삭감 항목을 만들고, 조율해서 살려야 하는 예산과 꼭 삭감해야 하는 예산을 합의했다.

개인적으로 두 해에 걸친 예결위원 생활을 하면서 예산심사가 끝나고 나서의 허탈함을 항상 느껴야 했었다. 모두에게 만족하지 못하는 결과가 도출될 수밖에 없는 것이 예산심사다. 내가 만족하면 누군가는 포기해야 하고, 내가 물러설 수밖에 없는 상황이 되면 무척이나 속이 상했다.

그래도 오늘, 많이 피곤하긴 해도 여느 때 보다는 기분이 좀 괜찮다. 내일, 또 누군가는 서운하겠지.

이렇게 2년간의 예결위원 활동을 끝냈다. 이제 다음 달부터 시작되는 후반기 의회 활동에는 또 어떤 도전들이 기다리고 있을까?

추풍령에서 도담삼봉까지
'충북을 걷다'

길을 만든다

걷는 길을 참 많이도 만든다. 지자체마다 제주도의 올레길이나 지리산의 둘레길 같은 자기 고장만의 길을 만들겠다고 한다. 한마디로 난리다. 충북에서도 괴산 산막이 옛길이 유명세를 타면서 너도나도 길 만들기에 뛰어들었다. 많은 예산이 들어가는 길 만들기 사업, 우리 지역에서만 8개 정도가 만들어지고 있는 것으로 알고 있는데 전국 기초 및 광역 지자체들이 너도나도 나서서 길만드는 사업을 한다면 도대체 몇 개의 길이 만들어지게 될까? 만들고 있는 길에는 얼마나 많은 사람들이 오가게 될까?

충북 역시 기초지자체 별로 길 만들기에 여념이 없다. 그러다보니 서민들의 애환과 삶이 공존하던 길보다는 일단 경관 좋고 방부목 데크 같은 폼나는 길을 선택할 가능성이 높다. 물론 우레탄 같은 길도 좋다.

일부 지역에서는 강변을 따라 많은 예산을 들여 만들어놓은 길에 다니는 사람을 볼 수가 없는 곳도 있다. 한편으로는 기초지자체의 영역으로만 국한하다보니 확장성을 상실할 가능성이 있다.

충북은 국토의 중심부 백두대간이 지나는 육지의 한가운데 위치하고 있다. 충북 전체를 관통하는 길을 고민하다 보면 마을과 마을을 잇고 시군과 시군을 잇게 될 것이다. 나아가 충북을 관통하는 길이 또 다른 도의 경계를 넘나들며 이어질 것이다. 그런 점에서 충북은 사통팔달의 위치를 점하고 있다.

생각해보면 그 이전에도 길은 있었다. 소달구지 덜컹대며 장보러 가던 길, 산 두어 개 쯤 넘나들며 매일 학교 다니던 길, 한국전쟁 때 피난민들 지다가던 길, 동학농민군 넘나들던 길. 어디 이뿐이랴? 시집보낸 딸 그리워 사돈댁 인근 친구 집에서 거나하게 술 한 잔 하고 나서 한밤중 집으로 돌아오시던 아버지의 길, 돈 벌러 오겠다고 편지 한 장 남겨두고 누이가 떠나던 길, 고속도로가 새로 생겨 폐도로가 된 쓰다버린 길, 청년들이 이 마을 저 마을 넘나들며 쏘다니던 길, 하루 두 번 오던 버스가 다니던 길…. 그러고 보니 길을 연결하는 것은 사연을 엮는 것이고, 시대와 시대를 잇는 것이다.

그래서 길을 한번 만들어보자고 생각했다. 내 손으로 충북을 관통하면서도 스토리 있는 길들을 연결해보면 재미있겠다고 생각했다. 가능하면 존재하는 길, 조금만 손보면 당장 활용할 수 있는 길, 새 길이 생겨 용도를 잃어버린 길들을 연결해 보고자 했다. 충북사람이라면 발 딛고 사는 동안 한번쯤은 완주해보고 싶은 길을 만들어 보고 싶은 욕심이 들었다. 그래서 결국 '영동의 추풍령에서 단양의 도담삼봉까지' 연결하는 길을 설계했고 맘 맞는 사람들과 일단 걸어보기로 했다.

영동 추풍령에서 단양 도담삼봉까지 열흘간 충북을 걷다. 충북도청에서 출정식.

　막상 준비하면서 쉽지만은 않았다. 세 차례에 걸쳐 먼저 답사를 다녀왔다. 새벽 5시부터 하루 종일 현장을 가보고 지역사람들을 인터뷰했다. 오래된 옛길, 새로 길이 생겨 지금은 별로 사용하지 않는 길, 그러면서도 과거의 역사가 현재를 규정하고 있는 현장을 확인해야 했다. 기억이 가물거려 잘못 알려준 길을 따라 헤매기도 했고, 지날 수 없는 길을 만날 때는 속상하기도 했다. 최대한 마을과 마을을 연결하는 길, 흔적만 있으면 꼭 넘어야 할 길을 연결했다. 그래도 찻길을 걷는 범위가 20% 가량 되었다.

　막상 걸어보면 또 다른 도전에 직면할 것을 예감한다. 그래도 꼭 길을 만들어야겠다. 그래서 이렇게 도전한다.

'충북을 걷다' 첫날이야기

　예비모임을 못해서 노심초사였다. 미리 함께 걸을 사람들과 인사도 나누고 일정도 공유하고, 준비물도 함께 챙겼어야 했는데 여러모로 준비가 부족했다. 결국 사전 오리엔테이션 없이 곧바로 첫날 충북 도청 앞에서 기자회견 겸 출정식을 해야 했다. 청주 충북 환경련과 백두대간시민연대 등 대표님들과 실무자들, 몇몇 내 외빈들이 함께해주어 출발이 실감이 났다. 더구나 많은 언론에서 관심을 보여 다행이었다. 그래도 여전히 함께 걸을 사람들을 첫 대면한다는 부담감이 컸다.

다행히 총대장 박연수 백두대간시민연대 집행위원장과 실무책임을 맡은 강성구 간사가 일사천리로 일을 성사시키는 바람에 일단 출발할 수 있었다. 그동안 백두대간의 충북구간을 몇 년 동안 진행해왔던 노하우가 큰 힘이 되었다. 더욱이 박연수 대장은 직지원정 대장으로서의 경험과 충북 도계를 탐사했던 경험을 토대로 한 치의 오차 없이 준비했다.

사실 충북을 걸어보자는 제안은 내가했어도 실무 준비가 안 되면 말짱 도루묵이었다. 그동안 박 대장과 강 간사와 함께 세 번의 사전답사를 다녀오면서 서로의 의견교환은 충분히 되어 있었다.

함께 전 구간을 걷는 사람들은 열 명 남짓, 하루나 이틀 중간에 참여하는 사람들은 훨씬 더 많았다. 모두 소셜네트워크를 기반으로 홍보했고, 개인적 인맥으로 참가했다. 강 간사가 준비한 다양한 홍보포스터는 SNS를 통해 많은 사람들에게 알려졌다. 준비과정과 걸으면서의 홍보역시 이것을 통해 알려나가기로 했다.

출발장소는 충북도청으로 만장일치, 충북을 걷고 알리고 새로운 길을 홍보하는 데는 역시 이곳이 가장 적당한 장소였다. 그리고 우리는 '충북을 걷다'첫 출발장소인 추풍령으로 이동했다. 추풍령IC를 나가는 길은 추풍령 휴게소를 통해서다. 우리는 추풍령비 앞에 섰다.

추풍령에서 시작하다

추풍령은 우리의 열흘간 여정이 시작되는 곳이다. '추풍秋風' 가을바람이라는 의미로 경북 김천시에서 서울 쪽으로 올라오다가 해발 200m쯤 높아지니 바람이 서늘하여 '가을바람' 부는 언덕쯤으로 생각했던 듯하다. 어쨌든 추풍령은 경부고속도로가 관통하는 구간이고 고속도로 추풍령휴게소에서 추풍령IC로 진입하는 독특한 구간이다. 경부고속도로 중 가장 높은 해발에 위치하고 있단다.

우리 일행은 추풍령비 앞에 섰다. "바람도 자고 가는, 구름도 쉬어가는, 추풍령 구비마다 한 많은 사연, 흘러간 그 세월을 뒤돌아보는, 주름진 그 얼굴에 이슬이 맺혀, 그 모습 흐렸구나 추풍령고개" 추풍령 비에는 남상규 씨가 부른 대중가요 가사가 새겨져 있었다.

추풍령비 앞에서 고개를 돌려보면 멀리 백두대간으로 이어지는 황학산 줄기의 가장 낮은 지대라는 것을 알 수 있다. 단체사진을 찍고 첫 발자국을 찍었다. 이제 우리는 단양까지 걸어가는 어쩌면 첫 번째 사람들일지도 모른다는 다짐과 설렘을 가슴에 품었다.

• **황간면으로 들어서다**

황간으로 들어서면서 초강천을 따라 걸었다. 황간면 소재지를 가로지르는 냇물이었는데 걷는 내내 아름답다는 생각이 떠나지 않았다. 바위로 이루어진 초강천은 물놀이하기 딱 좋은 곳으로 지금은 논을 가로지르고 있다. 높은 바위 절벽을 우회하는 길을 따라가다가 '가학루'라는 정자가 있는 것을 발견하고는 뛰어올라갔다. 황간 향교 앞에 전경 좋은 곳에 위치한 '가학루'는 세상일을 논하던 장소이면서 전쟁 시에는 지휘소로, 황간 초교가 불탔을 때에는 학교로 쓰였다는 유서 깊은 곳이었다. 지금은 관리하는 사람 없이 방치되어 있었다.

황간역 근처 작은 가게에서 아이스크림을 하나씩 사서 물고 우리는 노근리로 향했다. 쌍굴다리까지 과속 차량들이 지나다니는 큰길가를 걸어야 해서 일행 모두는 상당히 걱정하면서 걸었다. 그렇게 도착한 쌍굴다리. 우리는 노근리 평화공원 추모탑에서 준비한 막걸리를 한 잔 따랐다. 우리만의 추모제는 마침 우리가 충북을 걷기 시작한 6월 25일이었다.

• 우암 송시열의 월류봉

우리 일행이 '노근리 평화공원'에서 1박을 한다고 했더니 정구복 영동 군수와 손문규 충청북도의회 부의장님이 마중을 나왔다. 마침 손문규 부의장집이 황간이었기에 저녁식사 제의를 흔쾌히 받아들였다. 손 부의장이 저녁식사 장소는 황간 '월류봉'이 바라다 보이는 식당이었다. 그곳에 당도하자마자 감탄사가 이어졌다. 이런 아름다운 곳이 충북에 있었다. 바위로 이루어진 기암괴석에 마침 이름처럼 반달이 머물고 있었다. 우암 송시열이 후학을 가르치며 기거했다는 '한천정사'에서 바라보이는 '월류봉'과 그곳을 감싸고 흐르고 있는 강가의 달그림자까지 말 그대로 한 폭의 그림이었다. 신선이 산다면 이곳이 그들의 거처이리라.

영동을 걸으면서 느낀 점은 자연 경관이 단양에 비해 결코 뒤지지 않는데 왜 관광자원을 활용하지 못했는가하는 의구심이었다. 더욱이 영동은 경부고속도로가 지나 접근성 좋은 것은 물론이고, 대전과 대구 같은 지방 대도시도 멀지 않은 곳에 있다.

바로 얼마 전 예산결산특별위원회 회의를 하면서 영동 암벽등반 대회

'충북을 걷다' 도중 비를 만났다. 발바닥이 너무 아파 신발을 벗고 걷는다.

의 예산이 비교적 많이 올라와서 삭감을 하자는 의견에 내심 동의하고 있었다. 영동의 도의원이 강력하게 영동 관광자원의 활용을 주장하기에 자신의 지역이라고 좀 너무한다는 생각도 했었던 터이다.

직접 영동을 지나가면서 굳이 암벽등반 행사가 아니더라도 장기적 관광인프라 활용계획을 세워 잘 만들어 나간다면 좋은 결과가 있을 거라는 생각이 들었다. 어쨌든 영동의 아름다움을 재발견한 셈이다.

노근리 평화공원은 이제 시작이다

푸짐한 저녁 대접을 받고 다시 우리 숙소인 노근리 평화공원에 도착해 씻기도 하고 짐 정리도 했다. 첫날 오후에만 걸었는데도 피로가 몰려왔다. 그럼에도 불구하고 평화공원을 직접 안내해주시던 정은용 노근리 사건 피해자 유족위원장님과 이야기를 시작했다.

노근리 사건은 한국전쟁 초기에 철수 중이던 미군이 1950년 7월 25일부터 7월 29일 사이 노근리 철로 및 쌍굴 지역에서 피난민을 통제하던 중 수백 명의 피난민들을 사살하거나 부상을 입힌 사건이다. 노근리 피해자들은 50년에 걸친 기간 동안 진실을 파헤치고자 노력하여 결국 미국 대통령 클린턴의 공식사과를 받았고, 노근리 평화공원 설립으로 이어졌다. 그러나 여전히 피해보상은 이루어지지 않았다.

정은용 위원장은 일단 노근리 평화공원의 운영비가 턱없이 적다는 말부터 꺼냈다. 개인적으로 도의원을 하면서 지자체로부터 위탁운영을 받은 기관장들을 만나면 예산부족 타령을 들어왔던 터라 일단 다른 주제로 얘기를 돌리려 노력했다. 소주 한 잔하던 우리들의 뒤풀이 만남도 이런 식이었다. 이때 동석했던 이상기 교수가 정 위원장의 이야기를 더 이어가보았으면 한다는 신호를 보냈다.

사실 내 입장에서 노근리는 피해자들의 수십 년에 걸친 활동으로 진실규명이 거의 이루어진 사건으로 웬만해서는 전범사건에 대해서는 절대 사과하지 않는 미국 대통령으로부터 사실상의 사과를 받아낸 엄청난 사건으로 노근리 평화공원까지 세워지는 등 정리가 된 사건으로 생각을 하고 있었다. 그러나 정 위원장은 계속해서 노근리 평화공원은 이제 시작이라고 강조했다. 남북이 대치하고 있는 우리나라에서 전쟁 피해자들의 노력으로 세워진 노근리 평화공원이 본격적인 평화와 인권교육의 장이 되어야 한다는 생각을 풀어놓기 시작했다.

정 위원장은 '2014년 INNP 세계총회 및 국제학술대회'를 유치했다고 했다. 평화, 인권과 관련한 세계적인 모임이란다. 세계 평화 운동가들이 함께 모이는 평화와 인권활동가들의 축제의 장이 될 것이라고 했다. 정 위원장은 이번 행사를 세계적인 평화교육의 장으로 노근리 평화공원을 알려내고 확장하는 기회로 삼자고 노력중이라고 했다.

일단 한국의 발전상을 보여주는 것만으로도 과거 60년 전 전쟁을 통해 폐허가 되었던 한국에 대한 위상을 높일 수 있는 기회이고, 상징적으로 노근리의 피난민 학살 사건의 현장에서 민주주의와 복지국가를 지향하는 한국인의 모습을 보여줄 수 있을 것이라고 했다. 정 위원장은 아무도 눈여겨보지 않는 지방의 작은 공원에서 세계적인 행사를 유치하여 '빵' 터뜨리는 것이 이곳을 빨리 알리는 지름길이 아니겠느냐고도 반문했다.

이어, 매년 우리나라를 찾는 70~80개국의 해외 공직자들에게 한국의 인권과 평화, 민주주의를 알리는 교육현장으로 만드는 것이 당면 목표라고 했다. 이것은 충청북도 차원에서 추진해 볼 수 있는 사업이라고 생각되었다. 매년 수십 개국에서 한국을 이해하기 위해 찾아오는 공직자들에게 한국 현대사의 가장 커다란 비극의 현장에서 인권과 민주주의 그리고 평화에 대해 교육할 수 있는 공간으로 활용할 수 있을 만큼 노근리 평화공원은 매력적이라고 생각했다.

더욱이 서울에서 지방을 투어하는 중간 지점에 영동이 위치하고 있으니 충분히 가능한 일인데다, 휴전선 철책이 아니어도 평화와 인권 교육이 가능한 곳으로는 이곳이 적격지 아니겠느냐는 생각이 들었다. 한국을 알기 위해 찾아오는 여러 나라의 공직자들을 대상으로 하는 거라면, 한국과 충청북도를 알리는 데에도 아주 좋은 아이템이 아닐까 하는 생각이 바로 들었다.

정 위원장은 나아가 우리나라 평화관련 단체들 '4.3평화재단', '5.18 민주화운동기념사업회' 등을 모아서 공통의 인권 평화프로그램을 만들고, 이미 노근리 평화공원에서는 10년 동안 어린이 백일장을 정기적으로 열고

열흘간 걸어서 목적지 도담삼봉에 도착하다.

있는데 이것을 더욱 확대시켜 어린이 프로그램과 대학생 평화캠프 등을 진행할 수 있다고도 했다. 노근리에서는 사실 올해 5회째 반전과 평화 인권을 상징하는 노근리 평화상을 수상하고 있다고 했다.

생각해보면 우리나라는 평화, 인권, 민주주의 그리고 반전운동에 대한 교육이 빈약한 상황이다. 이런 점에서 정 위원장과의 대화는 밤늦도록 유익하게 이어졌다. 난 노근리라는 비극의 현장, 그리고 노근리 평화공원 수련관이라는 장소에서 충청북도에 평화와 인권 교육을 세계적으로 진행시킬 계획을 듣게 되었다.

"그렇지, 노근리는 끝난 것이 아니라 다시 시작해야 하는 것"이라는 점을 절감했다.

'충북을 걷다' 첫날은 참 길기도 길었다. 12시가 넘었다.

의정이라는 로드무비,
후반 스타트!

9대 의회 전반기 활동을 마치고 본격적인 후반기 활동으로 접어들었다. 사실 전반기 마치면서 열흘 간 충북을 좀 더 속속들이 알아보자고 충북의 끝에서 끝까지 걸었던 것이다.

혹시 내가 모르는 충북의 속살을 자세히 볼 수는 없는지, 조금이라도 도움이 될 만한 일은 없는지 살펴보고 싶었다. 한편으로는 많은 것을 배울 수도 있을 거라고 생각했다. 결과는 무척 많은 것을 보고 배웠다는 것이다. 스스로를 돌아보기도 했다.

길에서 만난 누군가가 이런 이야기를 내게 해주었다.

"도의원 계속하셨으면 좋겠어요. 대부분 지방에서 조금 잘나간다 싶으면 서울로 가더군요. 지역에서 사랑받고 존경받으며 지역을 위해 일하는 진짜 지방정치인에 대해서 어떻게 생각하시나요?"

그 말을 들으면서 뒤통수를 한방 맞은 듯한 느낌이 들었다.

그렇지. 누구나 성장한다. 더 커진다. 정치적으로 더 높은 곳으로 진출한다. 뭐 이런 것이 목표가 되기 일쑤다. 그런데 그냥 머무르면서 훌륭한 지방정치인으로 남아 있으라는 거다. 이런 말도 '길'에서 들었다.

돌아보면 지난 2년간 나름대로 열심히 하려 노력했다. 특히 학교급식 식판의 안전성을 확인하기 위한 노력, 학교운영위원회의 역할제고 노력, 학교 밖 아이들 문제, 학교비정규직 처우개선, 학생 학습 자율선택 관련, 작은 학교 지원 노력, 외국인 노동자 인권문제 등을 중점 제기해왔다. 이 외에도 여러 가지가 있었지만 중점적으로 장기적인 노력을 기울여왔던 문제들이었다.

이중 '학교 식판 연구조사' '학교 밖 아이들 실태조사', '야간자율학습 실태조사' 등의 의원 연구 활동과 공동 연구인 '작은 학교 지원을 위한 실태조사' 등의 연구 활동에 대해서는 구체적 연구결과를 내어 놓기도 했고, 일부는 도정질문을 했으며 또 일부는 조례를 제정하기도 했다.

물론 의정활동이 연구와 조례제정, 도정질문, 5분 발언만이 전부는 아니다. 그래서 나름 매일 도청에 출근하다시피 했던 것이다. 정기적 보고도 받고, 찾아오는 민원도 듣고, 통장회의와 주민자치회의는 최대한 참여하고자 노력했다. 그때마다 의정보고 겸 인사말을 할 수 있었다. SNS와 문자를 통해 의정보고를 해보고자 노력하기도 했다.

그런데 막걸리 한 잔 마시고 가만히 생각해보니 별반 달라진 것은 없어 보였다. 세상이 변하고 있는 것 같지도 않고, 그냥 2년이 흘러버린 것 같았다.

물론 나에겐 참 길게 느껴지는 시간이었다는 점은 지금도 마찬가지이지만, 역시 세상은 아주 조금씩 변해서 아무리 노력해도 변화를 느낄 수 있을 만큼 되지는 않을 거라는 누군가의 조언이 기억났다.

그냥 스스로에게 수고했다는 말 한마디면 다 되는 것이라는 이야기였다. 참 세상일이라는 것이 결국 이런 거였다.

도의원 2년 해보면서 배우고 느끼고 성장하고, 또 한편으로는 '세상의 모든 권력은 국민들 것이어야 한다'는 교과서적 의미를 되뇌면서 나름 부딪히고 깨지고 또 달려왔던 거였다. 결국 평가는 도민들이 해주는 것이고, 여전히 정치하는 사람들에 대한 부정적 시선과 정면으로 마주칠 때마다 주눅드는 마음은 어쩔 수 없지만.

다시 2년을 노려보면서 신발 끈을 고쳐 매는 심정으로 일어서야지.
막걸리 한 잔 걸치고, 지난 열흘 충청북도 영동에서 단양까지 걸어왔던 것처럼 앞으로 나아가야지..

반쪽 토론회,
학교비정규직의 현실

반쪽짜리 취급을 당한 토론회를 잘 마쳤다.

교육위원회가 아닌 도의원 개인의 토론회라는 이유로 교육청이 토론불참을 통보했다. 행정관리국장은 열흘간 기다리라고 하더니 자신이 휴가를 시작하는 날, 직원을 시켜 불참하겠다고 했다. 교육감을 직접 찾아가 인사말이라도 해달라고, 어려우시면 다른 분이라도 보내달라고 했더니 아무말 없이 불참했다. 그런 와중에도 '교육감 직계약 관련 학교비정규직' 토론회를 끝낸 것이다.

학교 회계직이라고 불리던 학교비정규직들 – 영양사, 영양사보조, 조리종사원, 행정보조, 과학교사보조, 사서 등 무려 70여 개의 직종 – 이 합법적인 노동조합을 결성하고, 노사협상을 하려는데 교육청에서는 교육감이 교섭당사자가 아니라고 주장한다. 각 학교의 교장들이 교섭당사자란다. 고용노동부에서는 올해 초 교육감이 교섭당사자라고 판시했다.

그러나 교육청에서는 몇 년 전 법원에서 학교장이 교섭대상자라고 했다는 주장을 꺾지 않고 있다. 이러한 와중에 강원도를 비롯한 몇몇 지역의 교육감이 나서서 노사교섭을 하겠다고 한다. 우리 지역에서는 학교비정규직들이 파업을 포함한 적극적 투쟁을 결의하는 총 투표결과 95%의 찬성으로 일촉즉발의 상황이 되었다.

이럴 때에는 누군가의 중재가 필요하다고 생각했다. 토론회도 열어보고, 양쪽의 의견을 들을 수 있는 기회, 서로가 합의할 수 있는 범위와 내용을 찾아보자는 생각으로 해당 상임위의 도의원이 토론회를 열었다.

아쉽게도 토론회는 말 그대로 반쪽 토론회가 되었다. 그러나 150명이 넘는 학교비정규직들은 이런 공개적인 토론회의 참석과 격렬한 의견의 개진이 처음이었을 것이다. 자신들에게 맘에 드는 의견이 나오면 박수와 환호를 보냈다. 조금 맞지 않는 의견에서는 조용한 분위기를 유지했다. 할 말도 많고, 보여줄 것도 많았던 노조 측 실무자는 연신 참석자들의 표정을 주목한다. 어쨌거나 토론회는 무난하게 잘 끝났다.

그러나 내게는 아직 해야 할 일이 몇 가지 남았다. 도대체 소통하려 하지 않는 교육감에 대해 어떤 대응을 해야 할까, 이런 예민한 문제에 대해서는 관심을 두려 하지 않았던 일부 의회의 분위기를 어떻게 헤쳐나가야 할까 하는 고민이다. 행사는 잘 끝났고 학교비정규직들의 의견도 잘 들었다. 이제 내가 나아가야 할 방향을 정하는 일만 남았다. 바로 이 지점, 여기에서 다시 시작이다.

학교 회계직의 비애
'급여 ↓, 노동 ↑'

충북에 근무하는 학교 회계직의 근무 실태를 알아보고 처우 개선에 대한 방법을 찾아보고자 두 달간 유·초·중·고등학교에 근무하는 학교 회계직 500명에게 설문을 했다. 이는 충북의 회계직 전체근무자 6,856명 중 약 5% 가량 된다.

의원연구비로 3개월 동안 진행된 이번 조사는 내가 충북교육발전소와 함께 '충청북도 학교비정규직의 고용안정과 처우개선방안'에 대해 연구, 분석했다. 또 한국교원대 교육정책전문대학원 엄기형 교수가 감수를 맡았다.

주요 내용은 다음과 같았다.
첫째, 학교비정규직 관련 법, 제도를 검토·분석
둘째, 학교비정규직의 정규직화 사례를 비교 검토

셋째, 충북 학교비정규직의 근무실태를 파악하여 분석

넷째, 분석한 결과를 바탕으로 충청북도 학교비정규직의 정규직화

　　　등을 포함한 제도적 발전 방안을 제안

이번 분석 결과 학교회계직의 임금은 100~150만 원을 수령하는 인원이 61.7%로 가장 많았다. 이어 50~100만 원을 수령하는 인원이 28.7%를 차지하였다. 전체의 90.4%가 100만 원 안팎의 임금을 받고 있는 것이다. 근무시간도 과반수를 넘는 50.3%가 40시간 이상 근무하였고, 30~40시간을 근무하는 근로자들도 42.9%나 됐다. 전체의 90%가 넘는 인원이 주당 40시간 내외의 강도 높은 노동에 짓눌리고 있다는 얘기다.

낮은 급여도 문제지만 노동 강도도 심각한 수준이다. 42%의 근로자들이 매우 힘이 들거나(15.7%), 조금 힘이 든다(26.5%)고 응답하였다. 특히 가장 시급히 개선하여야 할 문제(1순위)로 육체적으로 힘이 든 것을 꼽은 근로자들이 34.6%에 이른다.

이들은 역시 근로자들을 늘리거나 노동 강도를 줄여줄 것을 1순위(36.2%)로 요구하였다. 충북의 학교 회계직 근로자들 3명 중 한 사람은 육체적으로 힘이 들어서 근무 인원을 늘려주거나 노동 강도를 줄여줄 것을 간곡히 호소하고 있다.

과반수의 근로자들이 가장 어려운 점(49.7%)과 개선되어야 할 점(48.0)으로 낮은 급여를 1순위로 꼽은 것은 당연한 일이지만. 직무상 차별을 받고 있다고 응답한 숫자 역시 57.9%로 매우 높았다. 아울러 학교 회계직 직원에 대한 직무연수제도의 부적절성을 지적한 응답은 무려 69.8%에 이르

며, 표창제도 역시 83.7%가 만족하지 못하고 있었다.

상벌제도가 공정하지 못하는 것은 사기에 큰 영향을 끼칠 수밖에 없다. 이러한 점에서 제대로 된 연수제도와 상벌제도의 정비가 시급하다.

충북의 학교비정규직 발전 방안은 먼저 현장의 목소리를 듣는 것에서 시작되어야 한다. 이번 연구는 설문의 대상과 내용이 제한될 수밖에 없는 연구였다. 따라서 전체 학교비정규직노동자들의 근무실태를 더욱 정확하게 파악하고 개선을 위한 의견을 수렴하여야 한다.

이번에는 개인의원의 연구를 통해 실시되었지만, 차후부터는 교육청에서 직접 나서 정기적이고 지속적인 의견 수렴과 실태 조사가 진행되길 바란다.

의회에서 왕따 되다

작은 학교 통폐합추진단 구성조례가 통과될 때 일곱 명의 교육위원 중 유일하게 반대했다. 표결을 실시할 때 한 달만 더 유보해 달라고, 조금 더 토론해 보자는 요구조차 묵살되고, 결국 퇴장할 수밖에 없었다. 회의실 문을 닫고 나오면서 철저한 고립감에 외로움마저 느꼈다. 왕따가 이런 거구나 하는 생각도 들었다. 분노가 더 커진다. 도대체 왜 이리 급하게 서둘러야 하는 것일까? 며칠 사이에 어떤 일이 있었던 걸까? 온갖 번민과 고통스러운 패배감이 엄습했다.

제주도 연찬회를 거부하고 혼자 의회에 나와서 곰곰이 생각해 본다. 불과 3개월 전에 작은 학교 지원조례를 찬성했던 의원들이 급하게 올라온 게 분명한, 더구나 15개 학교를 통폐합하고 4개의 기숙형 중학교로 만드는 일을 추진하는 추진단의 구성을 왜 이리 서두르는 것인지…. 결국 공무원 정원 4명을 한시적이나마 늘릴 수 있다는 동료의식 때문일까, 아니면 교육청의 강력한 요청을 뿌리치지 못해서인가. 그도 아니면 학교 통폐합이 소신이었단 말인가.

　도의원 2년 하면서 이렇게 혼자였던 적은 없었던 듯하다. 늘 누군가와 함께였지만 이번에는 완전 혼자였다. 이 정도면 내 생각에 오류가 있는 것은 아닌지 곱씹어도 보게 된다. 그러나 생각할수록 '내 생각에는 문제가 없다'는 내면의 목소리가 머릿속을 지배했다. 어디까지 물러서면 접점이 생길까 아무리 생각해봐도 이번에는 도리어 분노가 더 커졌다.

　적어도 기숙형 중학교에 대한 평가가 나오지 않은 상황에서 학교를 더 늘려서는 안 된다는 것은 분명하다. 서두를 필요가 없다는 얘기다. 그러나 다른 의원들은 빨리 표결하자고 서둘렀다. 머릿속이 뒤죽박죽되면서 몸과 생각이 따로 움직였다. 결국 더 이상 협의가 이루어지지 못한 채 처리가 되고 말았다.

　본회의에서 뒤집을 수 있을까 하는 생각도 들었다. 여러 의원들의 의견도 구해보고 구체적으로 표결 시 몇 표나 얻을 수 있는지 헤아려보기도 했지만 의회를 하루 이틀 할 것도 아니고 안건이 하나 뿐인 것도 아닌데 이번에는 철저하게 질 수밖에 없다는 체념이 들었다. 여전히 뜨거운 것이 뒷머리에서부터 올라왔지만 한편으로는 차갑게 이성적 판단을 해야 한다는 생각이 들기도 했다. 결국 5분 발언을 통해 호소하는 것으로 결론 내렸다. 이제부터 도민들에게 알려 나가면서 공론화시켜야겠다는 나름의 대안과 활동방식에 대해 생각했다. 의회에서 왕따를 당하고 결국 직접 호소를 택해야 할 때, 나아갈 때처럼 깔끔하게 후퇴해야 한다.

　이번에 또 지는 법을 배운다. 의견의 옳고 그름은 상관도 없고 토론의 대상도 아니다. 누군가를 설득하고 설득 당하는 일만 남는 거다. 그냥 조금의 미뤄둠 정도가 항의 표시의 전부였을 뿐. 이제부터 다시 시작한다.

불 붙은 초선의 뒷심,
시민단체 선정 우수의원이 되다

도의원이 되면 네 번의 행정사무감사와 또 네 번의 정기 예산결산심사를 한다. 그중 세 번을 마쳤다. 아직 임기는 일 년 반이나 남았지만 정기의회는 한 번만을 남겨두게 된다. 참으로 많은 일들이 있었다. 9대 의회는 20년이 된 지방자치 역사 속에서 그 어느 때보다 확실한 존재감을 확인한 의회였다고 평가한다. 내 개인 의정활동을 돌이켜 볼때 역시 참으로 많은 일들이 있었다.

학교무상급식을 앞두고 급식 판 안정성검사를 시작으로 학교운영위원회의 분발을 촉구하면서 거수기 파동을 겪었고, 이어 고교생들의 야간자율학습 연구조사 과정에서, 학습자율 선택권 관련해서, 특히 올해는 중학교 학교통폐합관련한 문제와 기숙형 중학교 설립 관련해서 문제제기를 지속해 나갔다.

더욱이 행정사무감사에서는 교육청의 소통이 불통이 되고 있다는 질문을 시작으로, 정당 후원교사의 징계문제와 교육행정 집행시의 민주적이고 공정한 절차 문제를 집중적으로 행정사무감사를 통해 질의했다.

교육청과 의회와의 관계가 새로운 차원으로 성장하는 가운데 도의원으로서 교육위원들과는 다른 성격의 문제제기를 해왔다고 자부한다.

그렇게 세 번의 정기회가 지나갔다. 올해는 시민사회단체가 주는 행정사무감사 우수의원으로 선정된데 이어 충북도청 기자들이 선정하는 2012년 우수의원에 선정되기도 했다. 개인적으로 영광스러운 상을 받았다

그동안 '학교 급식 판 안정성 연구' '야간자율학습 실태조사' '학업중단 청소년 지원방안 연구', '학교비정규직의 고용안정과 처우개선 방안 연구'와 교육위원들과 함께 연구한 '농산촌작은 학교 연구'까지 많은 연구를 진행하기도 했다. 개인적으로는 학교비정규직 토론회를 비롯한 소규모학교 통폐합관련 토론회를 개최하기도 했으며, 연구하는 도의원으로서 나름 자리매김했다는 생각이 든다.

그동안 충북교육계에 드러나지 않았던 문제제기를 하면서 힘들기도 했지만 대체로 누군가는 해야 할 일을 했다는 생각이 들었다. 이제 일 년여 남은 의정활동을 준비하면서 몇 가지 조례제정을 준비하고 있다. 주어진 기간 최선을 다해 도민의 편에서 활동하는 도의원이 되자는 스스로의 약속을 지키고자 노력할 따름이다.

민주주의제도에서 의회는 행정부를 견제 감시하고 정책대안을 제안하는 역할을 맡는다. 지방자치의 도의회가 감당하는 행정기관은 도청과 도

교육청이다. 대의기관으로서 도의회는 도민들을 대신하는 소금의 역할을 맡고 있지만 제도적으로 행정부에 비해 취약한 실정이다.

현재 도의회는 자체 시스템으로 집행부를 견제 감시하는 것이 아니라 의원 개개인의 능력만으로 해결해야 하는 구조다. 이러한 가운데 9대의회는 여러모로 새로운 도의회를 구현한 의회가 되었다. 개인적으로도 많은 경험과 노력을 했던 의회이기도 하다.

남은 임기 동안 더 많은 대안 모색과 도민들에게 더 다가가는 의회가 될 수 있도록 노력하는 일만 남았다.

2012년 나의 10대 뉴스

1. 충북도청 기자들이 뽑은 올해 우수의원상,
시민단체가 선정한 행정사무감사 우수의원 수상

도청기자실에서 작년부터 한 해 의정활동을 잘했다고 생각하는 의원을 투표를 통해 선정한다. 단 한 명에게만 주어지는 올해의 우수의원상은 뜻밖에도 내가 받게 되었다.

또 하나의 기쁜 소식은 지난 행정사무감사를 꼼꼼하게 모니터했던 20여 개의 시민사회단체들이 선정한 '행정사무감사 우수의원'에 선정된 것이다. 더 열심히 하라는 격려로 두 개의 우수의원상을 받는다.

2. 결혼 20주년 아내와 함께한 캄보디아 앙코르와트 여행

신혼여행도 국내로 다녀왔기에 함께 외국여행 한번 가본 일이 없었다.

결혼 20년이 되는 올해는 정말 큰 맘 먹고 둘만의 해외여행을 다녀왔다. 물론 저렴한 가격의 여행이었지만 모처럼 아내와 함께한 여행은 참 즐거웠다. 캄보디아 앙코르와트를 선택한 것도 잘했다는 생각이 든다. 평생 잊을 수 없는 3박 5일간의 해외여행. 동남아의 저렴한 여행이라면 또 한 번 일을 저지를 수 있을 것 같다는 생각이 든다.

3. 아들 동호 군 입대

306보충대를 들어서는 동호의 뒷모습을 보면서 가슴 한편이 허했다. 다행히 신병훈련 과정에서 매일 인터넷 카페를 통해 편지를 보낼 수 있었고, 소대장과 분대장의 헌신적인 답장으로 한 달여 아들의 신병훈련을 심정적으로 같이 할 수 있었다.

신병훈련소 나오는 날 더 늠름해진 아들의 미소를 볼 수 있어 반가웠지만, 첫 휴가는 역시 가족보다는 친구들과 더 많은 시간을 보내는 아들의 뒷모습만 바라봐야 했다. 그리고 벌써 군생활의 반이 흘렀다.

4. 대통령선거 패배

올해는 선거의 해였다. 4월에는 국회의원을 선출하는 총선이 있었고 12월에는 대통령선거가 있었다.

충북은 총선에서도 청주 흥덕 갑, 을과 청원을 제외한 전 지역에서 패했다. 이어 대통령선거 역시 완패 당했다. 대통령선거에서는 충북지역 도의원들과 함께 문재인 지지선언을 주도하는 등 나름 최선을 다했고 좋은 결과를 기대했으나 예상이 빗나갔다. 대선 후 이어진 각종 송년회에서 많은 사람들에게 위로와 격려를 해주어야 하는 상황이었다.

5. 충북을 걷다 9박 10일간 추풍령에서 도담삼봉까지

뜨거웠던 6월, 서너 차례의 답사와 자료조사, 몇 달간의 준비를 마치고 9박 10일간 영동에서 도담삼봉까지 충북을 걸었다. 끝까지 완주한 것도 기쁜 일이었으나 현장을 직접 확인하고 많은 이야기를 들을 수 있었다. 이는 또 이후 의정활동에 도움이 됐다.

영동의 아름다움과 노근리 평화공원의 재발견, 옥천과 보은으로 이어지는 특산품의 경계지, 동학농민군들의 흔적, 청원과 괴산, 충주를 넘나들던 길, 제천과 단양 등 충북 곳곳을 눈에 담았다. 그리고 사람들을 만나며 따뜻한 인심과 예리한 민심을 느꼈다. 매년 한 번씩 걸을 수 있을까?

6. 수연이 외고입학

중3시절을 정말 재미있게 보냈던 수연이가 스스로 알아보고 준비해서 외고 일본어과에 진학했다. 대부분 혼자 알아보고 혼자 결정한 일이다. 대견했다. 우리 부부는 그냥 격려하며 지켜보기만 했던 것 같다.

고등학교 생활도 나름 재미있게 하는 것 같다. 아들 키울 때와는 달리 딸의 성장을 바라보는 것이 참 조심스럽다. 알아서 잘해 줄 것이라 믿지만 한편으로는 동호의 고교시절과는 또 다른 수연이의 고교생활. 그러다보니 어느덧 1학년이 끝났다.

7. 중유럽 해외연수 다녀오다

교육위원회 두 번째 해외연수는 중유럽이라 불리 우는 오스트리아, 헝가리, 폴란드, 슬로바키아, 체코로 택했다. 여행이라는 것이 충분히 준비하고 정보를 파악하는 만큼 재미도 붙고 알차게 다녀오는 것이라는 지론에 따라 그 나라들의 역사와 지리, 산업 등에 대해 알아보는 시간을 가졌다.

GDP 4만 달러에 이르는 오스트리아를 제외하고 대체로 2만 달러 내외인 나라들이라 우리나라와 비교하기 수월했다. 무상교육과 전문교육 현장을 둘러보기도 했지만 뭐니 뭐니 해도 역시 각 나라들의 오래된 유적들이 인상 깊었다. 특히 체코 프라하는 정말 '프라하 홀릭'이라 할 만큼 멋진 도시였다. 꼭 한번 다시 가보고 싶다. 여행을 통해 정말 많은 것을 배운다.

8. 수연이와 함께한 백두대간 탐사

수연이와는 작년에 이어 올해 두 번째 백두대간 탐사를 다녀왔다. 영동쪽 백두대간 코스다. 멋진 참나무림이 안개에 반쯤 가려 있는 모습이 여전히 머릿속에 남아 있다. 환경운동연합에서 주최하는 백두대간 탐사는 내게 큰 활력이 되곤 한다. 벌써 세 번째다.

3년 전에 갔었던 코스도 일부 있었는데 상주 쪽은 백두대간 교육장을 마련하는 등 나름 많은 노력을 하고 있었다. 백두대간 보존운동을 처음 시작한 것은 충북인데 백두대간의 보존과 활용에 있어서는 또 경북이 앞서 있었다. 왜 우린 이렇게 뒷북을 치는 걸까? 이제 백두대간 탐사가 삶의 일부가 되어간다는 느낌이 든다.

9. 인터넷신문에 '풀꽃이야기'와 '즐거운 책읽기' 연재

그동안 블로그에 '즐거운 책읽기'라는 제목 아래 서평을 연재해왔다. 작년에 60여 권, 그리고 올해는 20여 권 의 서평을 쓴 셈이다. 이것을 고성인터넷뉴스에서 연재하고 있다.

카카오스토리에는 '풀꽃이야기'를 연재했는데 이것 또한 고성인터넷뉴스에서 연재하자고 하여 매주 싣게 되었다. 그러다보니 내 콘텐츠가 풍부해졌다.

서평쓰기는 좋아하는 책을 읽고 쓴 감상문이어서 재산이 되었고, 풀꽃 이야기는 좋은 취미생활이 새로운 개인 콘텐츠가 되는 일이었다.

10. 2년여에 걸친 학업포기청소년 지원조례 통과시키다

도정질문을 통해 문제를 제기한 이후 1년 반만에 학업중단청소년 지원조례를 통과시켰다. 한 해 1,500명씩 학교를 그만두는 청소년들을 지원하는 시스템을 만들기 위해 노력해왔던 결실이다. 그래도 해를 넘기기 전에 통과시켜서 다행이라는 생각이 들었다. 이제부터 시작이다. 시·군에서도 관심을 가질 수 있도록 노력해야겠다.

제7장

나는 지방의원이다

지방의원이라는 자리가 어떤 이에게는 작은 지방권력일 수도 있고, 또 어떤 이에게는 권위일 수도 있고, 또 어떤 사람들에게는 하고 싶었던 일을 수행하는 도구일 수도 있다.

나는 내가 지향하는 세상을 만드는 일에 이 자리가 필요했다. 그래서 나에게 주어진 최대한의 권한을 행사할 것이다. 갈등에 뛰어들고, 분명한 내 의견을 피력할 것이다. 아직까지 나는 도의원이다.

민주주의를 위해
돈 좀 더 쓰면 안 될까요?

작년에는 도의원의 의정비 인상문제로 지역 언론이 떠들썩하고 난리 난 듯하더니, 올해는 도의회 보좌직 문제로 또 한바탕 시끄럽다. 수많은 지역 언론이 한목소리를 내고, 일부 행정학 교수라는 분들도 의회에 비용을 지불하는 문제에 대해서는 반대 목소리를 낸다.

한편으로 생각하면 좀 이상하다. 민주주의는 집행부와 의회 두 개의 수레바퀴로 굴러간다고 하면서, 또 지방자치는 국민의 목소리를 직접 전달하는 직접민주주의의 장이라고 하면서 왜 국민을 대변하는 의회를 약화시키는 이야기만 하고 있는 것일까?

현재 충청북도와 도의회는 비교할 수조차 없다. 4조 가까운 예산을 쓰는 충북도와 2조의 예산을 쓰는 교육청의 2만 3,000명이 넘는 인력에 대한 견제와 감시를 35명의 도의원이 감당하고 있으니 제대로 된 견제가 될수 있을까? 그럼에도 도의회를 강화코자 하는 노력에 대해서는 일단 반대부터 한다. 도의원 노릇을 더 잘하면 모를까 지금 같으면 어림도 없다는 주장이다. 이전보다 더 많은 조례를 통과시키고 더 많은 질문을 하고 더 많은 도정질의를 해도 상관없다. 일단, 의원들 지원하는 꼴은 절대 못 봐 주겠다는 태도다.

도와 교육청의 예산과 인적자원은 점점 더 늘어간다. 조금 더 잘 살펴보고, 조금 더 정책적 토론을 해보면 아낄 수 있거나 제대로 잘 쓸 수 있는데도 그냥 넘어갈 수밖에 없는 경우가 발생할 소지가 더 많다. 그럼에도 여전히 견제와 감시의 기능을 가지고 있는 의회는 집행부의 들러리나 서고 그냥 어느 누가 되든 4년에 한 번씩 사람만 바뀌면 되는 것인지 묻고 싶다. 행정학 교수님은 당연히 의회 강화를 이야기해야 하는 것 아닐까?

행정부에게 누구도 자를 수 없는 지위를 준 이유는 안정적인 행정운영을 위해서였다. 당연히 새로운 것 하기 싫고, 부패하게 되어 있다. 그래서 민주주의 제도는 감시와 견제의 권한을 의회에게 주었다. 국민을 대신하는 대의민주제로 4년에 한 번 선거를 통해 선출하게 하였다. 당연히 선출직들의 권한과 권위는 비선출직에 비해 높아야 했다. 행정직이며 비선출직이 선출직을 심판하거나 막말로 가지고 놀지 못할 정도의 권한이어야 했다.

그러나 지금의 지방의회는 권한과 권위를 준다면서 행사할 방법은 주지 않았다. 의원 개개인이 알아서 해야 하는 상황이다. 이것도 몇 년간의 노력을 통해 지금의 의정비 정도를 받을 수 있게 되었다. 예산 결산을 하는 엄청난 권한과 자료 요청권, 질문할 권리, 현장의정, 이 모든 것이 제대로만 활용할 수 있으면 행정권을 효과적으로 견제·감시할 수 있으련만,

지금 같아서는 모두 혼자 해야 하는 일이다. 물론 의회 사무처가 있고 전문위원들이 있지만 이분들이 군이 열심히 일해야 하는 것은 아니다. 의회직에 대한 인사권을, 행정 권력을 가지고 있는 단체장이 움켜쥐고 있기 때문이다.

도민이 도정에 의견을 피력하는 방법은 의원을 통한 대의적 방법을 통해서다. 당연히 의회의 강화가 시급하다. 생각을 확 바꿔 지금까지보다 훨씬 더 많은 의회 강화책을 고려해보아야 한다. 생각 같아서는 보좌진도 주고, 의정활동비도 100%쯤 현실화하면 어떨까? 법에 보장되어 있음에도 실행치 않고 있는 의회 직원에 대한 인사권도 의회로 돌려주자. 거기에 기왕 쓰는 돈이면 민주주의 주요 한 축인 지역 언론에 대한 지원을 공식화하여 견제와 감시를 더 잘할 수 있도록 해주자. 민주주의의 비용으로 1년 집행부 5조 예산 중 이 만큼을 더 지불해도 손해 보는 장사가 아니다.

5조의 예산을 쓰는 행정부의 견제와 감시를 위한 민주주의 비용으로 더 많은 도민 의견을 반영할 수 있다면, 더 효율적인 집행과 더 많은 예산을 절감할 수 있다고 믿는다. 행정 권력의 권한이 너무 비대하니 상대적으로 국민의 권한을 강화시키고 국민이 낸 세금 국민을 위해 좀 더 효율적 집행을 할 수 있도록 민주주의의 운영체계라는 의회를 강화시키자는 주장을 감히 공개적으로 꺼내본다.

얼마나 더
개인기에 의존해야 하는가?

올해 행정사무감사 요구 자료를 준비해야 한다. 벌써 한 해를 평가하고 결산해야 하는 시기로 접어든다. 오늘도 지역신문들은 어느 지역에서 의정비 인상을 고려 중이라 하고, 내년도 의정비를 동결시켰다는 보도를 쏟아내고 있다. 한편에서는 외유성 해외연수를 떠난다는 모 의회에 대한 비판기사가 실린다. 의회와 관련된 이맘때쯤의 기사가 온통 이 모양이다.

지방의회가 강화된다는 이야기는 곧 시민들의 권리가 향상된다는 것이다. 의원들의 활동과 움직임이 많을수록 행정부가 더 일을 한다는 것이고, 국민의 세금이 적법하고 가치 있게 쓰여 진다는 의미다. 지방의원이 의회에 자주 나와 업무를 일상화 한다는 것은 피부로 와 닿는 생활민원과 정책민원이 상시적으로 협의되고 점검된다는 얘기다.

그러나 지금은 모두 개인적 판단과 개인적 역량에 의해 좌우된다. 우리는 언제까지 일 잘하고, 능력 있으며, 부지런하고, 권위적이지 않은 의원의 탄생만을 요구할 것인가. 민주주의의 발전은 부패와 무능과 나태를 효율적 시스템으로 차단하고자 하는 것 아니었는가? 무엇부터 해야 할까?

첫째, 의회의 인사권 독립이 시급하다.

매번 하는 말이지만 현재 지방의회에 속해 있는 공무원들의 인사권은 집행부가 모두 가지고 있다. 의회를 도와 의원을 보좌해야 하는 사람들의 인사권을 단체장이 쥐고 있다 보니 당연히 의회 직원들은 의원들의 말보다 집행부의 눈치를 봐야 하는 실정이다. 일부에서는 '의원을 보좌하는 것이 아니라 의원을 감시하는 역할 아니냐'며 자조하기도 한다.

이와 달리 국회는 인사권은 물론 예산까지도 독립되어 있다. 타 법률이라면 당연히 국회법에 의해 규정됨이 마땅하나 왜 지방의회의 인사독립권 문제는 국회법에 적용되지 않는지 모를 일이다. 헌법재판소에 가면 분명 지방의회의 손을 들어줄 것이 당연할 텐데 실상은 요원하다. 의회가 의회 공무원들에 대한 인사권만 가지고 있어도 의회시스템은 획기적으로 바뀔 수 있다.

둘째, 지방의원 보좌직원이 필요하다.

현재 의원이 일하는 방식은 모든 것을 개인이 취합하고 판단해서 처리하는 시스템이다. 자료 확보와 분석, 발언내용 준비, 민원청취, 현장방문 등이 모두 의원의 몫이다. 그러다보니 이전에 보좌관 경력이 있거나 의정활동 경험이 있는 의원들이 유리한 편이다. 그러나 그것도 스스로가 부지런하고 평소 의정활동을 일상화 할 때 가능한 일이다.

보좌 인력이 생긴다면 의회는 완전히 탈바꿈된다. 일상적으로 의원의 활동을 보좌하는 상근 인력으로 의정활동의 시스템이 혁명적으로 변화하게 되는 것이다. 국회가 정책보좌관의 역량에 따라 의원의 평가가 달라지듯이 도의원도 마찬가지로 타의원실과의 경쟁이 치열해지면서 의회와 집행부의 관계가 재정립될 것이다.

충북도의회의 경우 연봉 3,000만 원씩 31명이 일을 하게 될 경우 연 10억 원 정도의 비용이 발생하지만, 의회 활성화를 통해 효율적으로 예산이 집행되고 정책 역량에 따라 끌어오게 될 예산의 규모를 생각한다면 충분히 투자해볼 만한 가치가 있다.

또한 의회는 상시적으로 도민들의 왕래빈도가 늘어나면서 새로운 소통창구로 변화 될 것이 분명하다. 이는 지난 시기 서울시의회에서 활용된 적이 있는 보좌인턴 사례를 통해 이미 증명됐다.

셋째, 지방의원에게도 정치자금운영 권한을 달라.

현재 지방의원 의정비를 두고 매년 인상할 것인지 동결할 것인지가 초미의 관심사다. 지역 언론의 단골 레퍼토리다. 현재 의정비 책정 방식이 문제가 있다면 의견교환을 통해 바꾸면 그만이다. 아예 공무원 임금인상액에 따른 자연증액 방식으로 바꾸는 것도 한 방법이다.

지금처럼 의회가 자신의 의정비 인상을 스스로 결정한다는 미명하에 어정쩡한 자세를 취하는 형식보다 아예 일정한 방식대로 정식화하는 것도 좋겠다.

현재 정치자금법에 의하면 국회의원과 단체장만 후원회를 구성할 수 있도록 되어있다. 이는 피선거권을 가진 사람들에 대한 평등권 위반이라는 생각이다. 이미 국회의원의 후원금에 대한 투명성이 증명되고 있고 어떤 방식으로 모금되는지 후원금의 지출에 대한 전면 공개가 이루어지고 있다면 아예 정치자금법의 범위를 지방의원까지 확대해야 한다는 게 내 생각이다.

다만 모금의 액수만 조정하면 된다. 국회의원이 1억 5,000만 원이라면 기초광역의원의 경우 2,000만 원에서 3,000만 원으로 조정하고 그 범위에서 정치후원금을 받으면 될 것이다.

지방의회 무용론이 나오는 근본 이유는 지방의원의 상시 활동체계가 보장될 수 없는 시스템적 요소 때문이다. 누가 되어도 오로지 개인의 역량만으로 거대한 집행부인 '인의 장막'과 싸우며 정책과 예산집행의 과정을 감시하고 견제하며 정책 제안을 할 수 있는 데는 한계가 있다. 확실한 존재감도 필요하고 언제 어느 때라도 시민의 말에 귀 기울일 수 있는 시스템으로 변환해야 한다.

큰돈 들이지 않아도 지방의회를 강화시키고 획기적으로 변모시킬 수 있다. 왜 바꾸려고 시도하지 않는가.

도민 여러분,
의정비 좀 올려주세요

도의회의 의정비 인상 문제를 두고 도민이 하나 된 모습이다. CJB 방송에 따르면 80%의 도민들이 반대 의견을 내비쳤다고 한다.

"절대 안 돼" 지역 일간지는 호재를 만난 양 연일 신문지면을 도배하고 있다. 25일자에는 "충북도의회는 귀족의회 비난 자초" 〈동양일보〉, "의장단 책임론 불가피" 〈충청일보〉 등의 제목으로 맹공 중이다. 이렇게 소란스러운 가운데 도의원인 내게 왜 의정비를 올리고자 하는 것이냐고 물어본 기자는 없었다. 그러나 편한 좌석에서 "의원님도 시민운동 하실 때에는 반대하셨잖아요."라고 말씀하신 기자는 있다.

다시 한 번 말씀 드리건대 나는 무보수 명예직일 당시에도 급여 지급을 주장했었다. 한나라당이 다수 의석을 확보하고 있을 때에도 공무원들의 정기인상에 따른 의정비의 인상을 주장했다. 왜냐고? 일단 지방의원 역시 비정규직이긴 하지만 개방형 공무원 대우다. 지금 규정되어 있는 의정비의 일방적 인상이 아니라 지방의원이라는 직위에 대한 급여지급 규정의 문제를 말하는 것이다. 지방의원이 지역 언론의 비판 대상이라는 것은 잘 알지만 "도민 빚내서 의정비 줄 판"〈동양일보〉이라는 의원 배불리기 위해서 올리고자 하는 것인 양 매도당하는 것은 억울한 측면이 있다.

의정활동은 의원들의 개인적 판단에 의해 이루어진다. 나는 직업 정치인으로서의 의정활동이 도민들에게 도움이 될 수 있다고 생각한다. 임기 시작 이후 거의 매일 출근했다. 틈나는 대로 공무원들을 만나고 지역주민들을 면담했다. 민주주의라는 제도 중 지방자치는 집행부에게는 예산편성권과 집행권을, 의회에게는 예산결정권과 감시 견제권을 주었다. 집행부에게는 누구도 직업적 안정성을 훼손할 수 없도록 하면서 집행권을 주다보니 업무 처리의 관성화, 나태, 무책임 등이 나타날 수 있다. 그래서 그것에 대응하는 방식으로 의회라는 제도를 두어 감시하고 견제하면서 정책적 조언들을 해나가도록 하는 동시에 의원들은 4년에 한 번씩 국민들의 재신임을 받도록 제도화했다.

의원들에게 부여된 직책은 개방형 공무원 형태다. 당연히 임기 동안은 준공무원에 해당되는 것이다. 활동에 대한 책임을 4년에 한 번 지게 된다. 언론은 선거에 영향을 줄 수 있도록 비판하고 평가하면서 의원들이 제대로 감시 견제하는 일을 할 수 있도록 하는 것이 민주주의 시스템이다.

도의회가 의정비 인상을 하고자 하는 이유는 직위에 대한 급여지급 기준을 세울 수 있는 풍토를 조성하자는 것이 가장 큰 목적이다. 공무원들의 임금이 동결되면 함께 동결하면 되는 것이다. 경기침체와 재정자립도, 고통분담의 예를 든다면 공무원 임금 역시 작년처럼 동결했어야 마땅하다.

또 한 측면은 의정비 인상을 대단히 감정적으로 접근하는 데 대한 아쉬움이다. 25일자 중앙일보는 도의원 평균재산 10억 4천만 원, 납세 신고액 2700만 원 등의 재산 규모를 이야기하면서 이런 도의원들이 의정비 인상을 요구한다는 기사다. 아예 "도의원 의정비는 도민 1인당 평균소득액의 4배, 중소기업 20년차 연봉 5천만 원"〈동양일보〉 등의 예를 들어가며 접근한다. 직업 도의원으로서 사명감을 가지고 활동하고자 하는 20명쯤 되는 도의원에 대한 고려는 없다. 돈 없으면 정치도 하지 말 것을 종용하는 듯한 지역 언론의 공세는 나같이 1억 이하의 재산을 신고한 사람은 정치하지 말라는 이야기로 들리기도 한다. 그러나 아무리 가난한 지방정치인일지언정 도민정서 고려 없이 무조건적 의정비를 인상하는 것만은 아니라는 진심을 알아주셨으면 한다.

나는 개인적으로 직업 정치인들이 지방의원에 많이 당선되길 기대한다. 평소 자신의 직업 활동을 하다가 의회회의에 참여하는 것만으로는 더 많은 정치서비스를 하기 어렵다는 판단 때문이다. 딴에는 지역 일정을 제외하고는 매일 출근하고, 연구해도 늘 부족함을 느낀다. 두 가지 일을 병행하면서 의정활동을 잘할 수는 없을 거라는 생각이 든다.

그러나 의원활동이 꼭 의회에 나와서 하는 것만은 아니고 지역 주민들을 만나는 것도 의정활동이고 어차피 판단은 유권자들이 하는 것이므로 다만 내 생각에는 전업 의정활동가가 지방의원이 되었으면 한다는 것이다.

올해를 마감하면서 뒤돌아보니 강원도와 제주도, 경북 등 많은 곳의 광역 자치도에서 의정비 인상이 이루어졌다. 충북은 결국 인상하지 못했다.

하여간, 더 성찰하고, 더 열심히 해서 도민들이 흡족해 할 수 있도록 노력하겠다.

나는 끝끝내 이런 정치를 하고 싶다

예나 지금이나 정치인이라 하면 국민들 등 따습고 배부르게 하는 일이 가장 중요하다고 했다. 지금도 여전히 좋은 정치는 국민들 편안하고 먹고 사는 거 걱정 없이 살 수 있게 해주는 게 정치 아닐까.

그러나 어디 그게 말처럼 쉬운가? 남북으로 나뉘어 세계 최강의 군사들이 마주 보고 있는 현실이 만만찮고, 하루가 다르게 널뛰는 세계경제는 빠듯한 생계마저 위협하면서 한편으로는 일자리 걱정, 물가걱정, 집값에 사교육비까지 등골을 휘게 만든다. 어디 그뿐이랴 사람은 서 있으면 앉고 싶고, 앉으면 눕고 싶고, 누우면 또 자고 싶다고 했던가? 삶의 질 역시 한번 좋은 경험을 하면 그 이하의 상황으로 떨어지는 것을 용납할 수 없어 하고, 주머니 사정을 떠나서 당장은 좀 힘들더라도 고품격 품위를 유지해야 한다.

정치한다고 하면 어쨌든 국가 안위 걱정하고 국민 잘 살게 해야 하는데 어디 그게 한쪽으로만 결정될 수야 있나. 백인백색이라고 너도나도 생각이 다르고 가고자 하는 방향도 다르고, 누군가는 개인의 영달에만 목을 매고 또 누구는 독선적 지향만을 갖는다.

당연히 파벌이 생기고 당파가 나누어진다. 돈 벌다 정치 시작한 사람 다르고, 공무원하다가 정치인 된 사람 다르고, 시민운동하다 정치한 사람 또 다르다. 민주적인 합의 통한 법해석 또한 제각각이다보니 무엇부터 해야 할지 지향은 어디인지 결정하는 것도 쉽지 않다.

그래도 각자의 생각 한자리씩 풀어놓다보면 의견 일치되는 사람을 만나 보완하기도 하고, 또 반대에 부딪치면 또 다른 생각이나 다수의 의견을 선택하면 될 것이다. 그런 의미에서 현재 우리네 정치가 지향했으면 하는 내용들 몇 가지를 제안한다.

첫째, 다시 농업 부흥을 제안한다

대한민국은 농업국가였다. 1차 산업인 농업을 밟고 지금의 경제로 발전해 왔다. 그러나 산업화 시기인 1970년 이후로 농업혁명이라는 미명 아래 1,000만이 넘던 농민들을 도시로 쫓아버리고 규모 농업, 화학농법, 저가농업으로 산업기반 자체를 변모시켜왔다. 그 결과 100여 만의 고령화된 농촌, 화학비료와 농약으로 생기 잃은 농토, 식량자급률 26%의 식량수입국, 아기 울음소리 그치고 폐교 속출하는 농촌공동체의 붕괴, 세계 다국적기업에 의한 종자와 유전자원의 종속, 링거에 의지해 겨우 목숨만 붙어있는 듯 국가 지원에 의지한 농업보조금 세계2위, 농업정책 효율성 세계 96위의 국가가 되었다.

이제 어떤 방식이든 농업을 살리자고 하지 않는 정치인은 가짜다. 지금

시점에서 다시 농업 부흥을 꿈꾸지 않는 정치는 개혁도 아니고 진보는 더더욱 아니며 정치인이라고 할 수도 없다. 어떤 농학자가 지금까지의 우리 농업은 지난시절 정책 평가도 없었고, 미래 예측도 없었고, 대안도 없는 3 無의 시대였다는 자조는 우리의 자화상이다. 생명농업이든, 친환경농업이든, 최근 대두되고 있는 소농주의 농업이든 뭐든 다시 농업부흥을 꿈꾸는 정치였으면 한다.

둘째, 비정규직문제 해결을 제안한다

노동계는 비정규직 규모를 전체 임금근로자의 50.5%인 862만 명(2011년 3월 기준)으로 파악하고 있는 반면, 정부는 33.8%인 577만 명으로 파악하고 있다. 시각의 차이가 분명하다. 그러함에도 비정규직문제는 우리 사회 중요문제가 되었다. 비정규직의 시간당 임금 총액은 정규직의 57.2% 수준(2010년 기준)에 불과하다.

공공기관부터 비정규직이 문제다. 충북교육청은 행정 및 기술직이 3천여 명이고 비정규직은 6,000명이 넘는다. 공공기관부터 동일노동 동일임금의 원칙이 지켜지지 않는다.

그러니 사기업은 오죽하랴. 민주당의 경우 김대중, 노무현 정부는 비정규직의 물꼬를 텄다. 물론 IMF를 비롯한 불가피한 상황이라 해도 책임과 결자해지의 자세는 후임 정치인들의 역할이다. 비정규직 문제의 핵심은 고용안정화, 차별금지, 사회안전망 확보 등이다. 장기적으로는 비정규직의 철폐로 나아가야 하며, 현 시점에서는 비정규직 관련법의 정비, 사내하도급의 합리적 규율, 실효성 있는 차별시정제도, 사회보험 사각지대 해소방안 등을 마련하는 것이 급선무다.

셋째, 교육 혁신을 제안한다.

우리나라 사교육 규모가 22조에 달한다. 2010년 현재 40만 4,739명이 유학중이다. 대학입학 한번 실수하면 평생 패자부활전이 불가능하다. 언제부터인지 개천에서 용 난다는 말은 점점 힘을 잃고 있다.

경기도 김상곤 교육감이 속해있는 공공정책연구원의 교육혁신안을 꼼꼼히 살펴볼 만하다. 그들은 대학개혁의 경우 전문대학을 전폭적으로 지원하는 것, 시간강사를 국가연구교수로 채용하는 것, 국립교양대학을 만드는 것을 필두로 2 – 5 – 5 – 3제, 유치 – 초등 – 중등 – 교양대학으로 재편할 것을 제안한다.

나아가 초중고 개혁을 위한 제안으로, 수월성교육이 공교육이 나아갈 길임을 확인하며, 이어 경기도에서 실시하고 있는 혁신학교의 사례와 진행과정을 제시하고, 대학입시제도의 바람직한 방향에 대해 제안한다.

많은 사람들이 이구동성으로 제기하고 있는 교육문제를 두고 이 시대의 정치인들이 외면한다면, 메스 들이대기를 주저한다면 그것은 비겁한 짓이다.

넷째, 산업구조의 새로운 개편을 고민한다

대부분의 대통령들은 우리나라를 먹여 살릴 새로운 산업에 대해 준비하고 대비하면서 철강, 자동차, 조선업에 이어 지금의 IT와 정보 전자산업으로 이어왔다. 그러나 전 대통령의 경우 4대강에 올인 하는 동안 미래 비전과 새로운 산업 대안을 만들지 못한 유일한 대통령이 되었다.

그렇다면 지금의 정치인들은 어떤 산업으로 나아가야 하는가? 그동안 기업에 집중했던 방식에서 사회적 공공성을 강화한 기업에의 투자와 복지과의 결합, 지식정보화와 교육 분야 그리고 문화를 잇는 산업기반의 마련, 생명과 환경 그리고 공동체주의에 부합하는 내용으로 나아갈 방향을 모색해야 한다.

프랑스의 사회적경제는 전체 국민총생산의 10%라고 한다. 영국의 경우 사회적 공공서비스영역이 20%가 넘고, 미국조차 10%정도 된다고 한다. 그런데 우리는 얼마나 될까? 10대 대기업이 국민총생산의 80%를 차지하면서 일자리는 6% 밖에 차지하지 않는다면 지역에서부터라도 새로운 산업구조로 함께 살아갈 방법을 모색해야 하지 않을까?

충북은 '생명'과 '태양' 산업으로 방향을 잡았다. 잘 잡았다는 생각은 하는데 문제는 세계적인 흐름에 맞추기 위해서는 생명과 태양이라는 언어적 기반에 철학적 영역의 확장이 필요하다고 본다.

예컨대 '환경을 생각하는 생명과 태양'으로 확장하고 취약한 지식과 복지와 환경과 문화 산업 분야를 첨언하는 형식으로 말이다. 물론 형식뿐 아니라 내용적으로도 바이오산업과 1차 농업환경 생명산업의 연계, 태양광뿐 아니라 새로운 대체에너지 전체를 포괄하는 광합성으로 무기물에서 유기물을 생산하는 힘의 원천 태양으로서의 이미지로의 확장을 의미한다.

제레미 리프킨의 제3차 산업혁명에 의하면 이미 에너지문제는 탄소에서 수소로 넘어가고 있으며, 유럽을 중심으로 친환경적인 청정에너지로 대체되고 있다고 한다. 탄소경제가 권력과 부의 집중을 주도했다면 새로운 에너지 체계는 수평적 권력과 분산형 경제를 의미한다고 주장한다. 그렇다면 다시 지방에서부터 새로운 대체 에너지문제와 수평적 발전전략을 모색해야 할 것이다.

다섯째, 통일문제와 복지 문제다

이것은 이미 많은 논의가 있다고 본다. 통일문제는 거시적 정치영역으로 일단 뒤로 미루더라도, 복지문제는 지방에서부터 실현 가능한 대안 모색이 되어야 한다. 가계부채의 대부분을 차지하면서 서민들을 어렵게 만들고 있는 주거복지문제, 보육과 교육문제 그리고 의료복지가 많은 예산을 동반한다면 지방에서는 예방적 차원의 의료복지서비스를 고민해야 하지 않을까. 여기에 노인복지가 준비되어야 한다.

이 몇 가지가 지금 고민하고 있는 내용이다. 이 시대의 정치인으로서 위의 다섯 가지 문제에 대한 대안과 정책적 비전을 이야기하지 않는다면 비겁하거나 무식하다고 생각할 수밖에 없다. 더 많은 고민과 대안을 위해 공부 중이다.

두껍아 두껍아
헌 집 줄게 새집 다오

양서류는 무엇을 상징하는가?

중국에서 두꺼비를 뜻하는 단어는 섬여(蟾蜍) 라고 하는데 여기에서 '蟾(두꺼비 섬)' 자는 두꺼비와 달 혹은 달빛을 뜻하는 한자다. 오래전부터 중국에서는 두꺼비는 달이나 달빛을 뜻하며 다산과 다복을 상징했다. 얼마 전 다녀온 중국 자매결연도시인 광서장족자치구의 한 박물관에도 커다란 청동 북에 두꺼비를 상징하는 모양이 양각되어있었다. 그만큼 중국에서 두꺼비가 차지하는 비유와 상징은 중요했다.

우리나라에서도 두꺼비와 지네이야기라는 전래동화를 통해 제물로 바쳐진 처녀의 은혜를 갚고자 지네와 한바탕 싸움을 벌인 두꺼비 이야기가 구전되어 오는데 바로 이곳의 배경이 청주였다.

"그 놈 떡두꺼비 닮았네", "두껍아 헌 집 줄게 새집 다오" 등의 전래동요까지 두꺼비는 '다산'과 '다복' 스토리텔링의 정점이었다.

충북은 양서류 다양성 최대 서식지

며칠 전 오송 역세권 일대에서 멸종위기 2급 '금개구리' 서식지가 발견되었다. 반가운 녀석들의 출현이라고 환영해 마지않았어야 할 자리에는 씁쓸하게도 역세권 개발과 관련된 사람들의 거센 항의가 그 자리를 대신했다.

또 얼마 전에는 개체의 흔적조차 발견할 수 없어서 멸종 위기종 1급 판정 처분을 받을 뻔한 세계적 희귀종 '수원청개구리'가 음성에서 발견되었다. 아직까지 건강한 생태계를 유지하고 있음을 방증하는 크나큰 쾌거임에도 불구하고 아무 일도 일어나지 않은 듯 쉬쉬하는 분위기라 몹시 아쉽다. 전국에서 충북도가 유일하게 양서류 종 가운데 16종이 발견된 지역이 되었지만 오히려 주민간의 갈등을 우려하는 시각이 적지 않다.

'생명과 태양의 땅 충북'은 경제 지향만의 모토는 아닐까

이시종 지사의 민선 5기가 1년을 맞이했다. 모토는 '생명과 태양의 땅 충북'이다. 오송 바이오산업단지와 증평 · 음성 · 괴산 · 진천을 잇는 태양광 산업특구를 묶어 새로운 충북 비전의 모토로 삼은 슬로건이다. '생명'과 '태양'은 기후변화 시대에 걸맞은 화두이자 지향이다.

그런데 문제는 경제논리에서 출발한 모토라는 점이다. 경제지향의 모토가 '생명'과 '태양'이라니? 단어로만 보면 좀 어색하다.

이미 산업 영역을 중심으로 한 경제는 한계에 봉착하였고, 새로운 경제 비전을 세계인들이 다시금 공유하게 된 시대 아닌가? 남들은 새로운 도시 지향으로 문화나 지식, 교육, 혹은 환경 지향성을 받아들이기 시작한 시대로 전환하고 있지 않은가. 굳이 재편이라고 하자.

이제는 미래세대 발전 방향을 고민할 때

해리포터 시리즈 하나로 영국 경제에 새로운 활기를 불어넣어 준 조앤 롤링을 충북에서 탄생케 한다면 대한민국 한 해 수입만큼의 수익창출이 가능하지 않을까? 겨우 2%에 머물고 있는 충북도 문화예술 예산의 소극적 비율을 생각한다면 말이다.

세계 최고의 생태관광자원의 창출 효과와 삼림의 치유 기능으로 새로운 자원의 부가가치를 높이고 있는 유럽은 또 어떤가? 엄청나게 달라지고 있는 지식산업기반 교육산업의 세 자릿수 증가율과 부가가치의 창출은 또 어떠하며, 창의성에 기반한 도시 재생으로 삶의 질을 달리하는 환경도시들은 남의 잔치일 뿐인가?

영국에서 불고 있는 보편적 복지지향의 시민사회 이전 사업이 안착하기 시작한 제3섹터의 안정으로, 다양한 복지시스템의 민간 이양과 사회적 기업기반의 공공복리 부분의 엄청난 부의 창출은 또 어떤가?

굴뚝산업 지향에서 인문학을 베이스로 한 새로운 산업지향으로

여전히 충북도의 산업의 토대를 산업적 측면에서 접근하고 있는 중이다. 기왕에 새로운 스토리텔링이 가능한 생태와 환경에 기반한 '생명'적 범위에서 접근을 하면 '파이' 크기가 달라질 터인데 왜 이리 그 범위를 한정 짓는가? 기왕 '생명과 태양의 땅'이라고 한다면 그 모두에 '두꺼비와 상생하는 생명과 태양의 땅' 혹은 '자연과 상생하는 생명과 태양의 땅'으로 생태와 환경을 포괄함으로써 인문학의 베이스와 자연과의 공존성을 가져오고, 그에 걸맞은 인문학적 범위의 확장으로 산업의 범위를 넓혀간다면 논리적으로나 그 확장성으로나 충북이 가야 할 지향성으로나 올바르지 않을까?

충북 비전을 담은 슬로건이 상징하는 스토리텔링의 통합 제안

지금까지 정치적이든 경영학적이든 아니면 리더십 측면이든 내가 아는 범위에서 가장 훌륭했던 슬로건은 '젖과 꿀이 흐르는 가나안으로 가자'는 말이었다. 갈 곳(지향)과 목적하는 바(젖과 꿀이 흐르는), 그리고 생생한 비전 모두를 담고 있는 슬로건 아닌가? 이쯤은 되어야 가둬두지 않으면서 시민들에게 갈 길을 정확하게 제시하는 모토로 적당하지 않은가 곱씹고 있는 중이다.

충북을 먹여 살릴 100년 비전의 핵심은 더 이상 굴뚝으로 상징되는 공장집약형 사업이 아니다. 바이오단지 역시 공장 집약적이라기보다 지식집약형이 맞다. 더욱이 오송 바이오단지는 대구의 화학약제 기반과는 다르게 생약기반 중심이다. 더욱 생명과 환경에 걸맞다. 그렇다면 슬로건의 확장성과 상징의 확대를 더 중요하게 생각해야 하지 않을까. 양서류는 충북에 맞는 스토리와 디테일 지향을 가질 수 있다. 생명 산업의 기반을 강조하고 스토리텔링의 확장성을 고민한다면 두 개의 가치 통합을 고려할 필요가 있지 않을까 생각한다.

생태공동체운동의 확산을 제안한다

청주시 산남동은 언제부터인가 '생태공동체'를 꿈꾸는 마을이 되었다. 아기 두꺼비의 대규모 이동이 발견되고 당시 산미분장동의 주민자치위원회와 시민사회단체가 연합하여 두꺼비를 살리자는 운동 이후 10년이 훌쩍 흘렀다.

초창기 두꺼비 살리기 운동을 주도했던 ㈜두꺼비친구들의 사무국이 생태문화관의 위탁을 받아 활동을 하면서 자원봉사단체인 '두꺼비안내자' '수곡시니어클럽' 등의 단체가 생태공원의 환경조성과 공원 안내, 어린이 생태프로그램, 환경생태교육 등을 이끌어 나가고 있다.

이어 아파트주민협의회는 8개 아파트단지 대표회장들이 참여하고 부녀회와 노인회, 상가번영회가 함께하는 명실상부한 산남동의 대표기구로 매년 수 천 명이 참여하는 '생명문화축제'를 주도한다. 벌써 세 번째 교체되는 마을신문 발행인을 아파트협의회장들이 번갈아 맡고 있다. 산남동의 시민기자들이 어린이와 청소년 기자들과 함께 마을신문을 제작하고 있으며 벌써 만 4년을 지나 5년차에 들어간다.

또 이 마을에는 사회적기업인 '거름'이라는 환경생태 도시경관조성사업체가 운영되고 있다. ㈜두꺼비친구들의 자매기업으로 생태환경적 도시경관을 만들어가고 있다. 여기에 마을기업으로 '하늘자전거'가 있으며 버려진 자전거를 고쳐 자전거 타는 마을을 만들자는 취지의 활동을 하고 있다. 이밖에 각종 생협과 어린이들을 위한 사회적 기업 등이 있으며, 여기에 아파트단지 내 작은 도서관이 9개 가량 운영되고 있다. 청주시의 작은 도서관 지원조례가 통과되면서 일정 금액의 활동비가 지급이 되고 있다. 작은 도서관 운영자들의 모임이 이루어지고 공동 프로그램도 진행한다.

대부분 마을 안에서 공동체서비스를 지원하는 시민들의 자발적인 모임들이다. 수백 명이 이 같은 활동에 참여하고 있으며 이 단체들의 운영에 참여하는 많은 자원봉사자들이 마을의 공동체를 이루는 원동력이며 살기 좋은 생태공동체 마을을 만들어가고 있는 중이다.

미국경제가 어렵던 1970년대 일부 지방정부의 공공서비스 공급이 중단되면서 지역사회의 비영리단체들이 자발적으로 공공서비스 영역에 참여하게 되었고 이후 전체 일자리와 국내총생산(GDP)의 10%까지 차지하게 되었다. 미국, 영국, 프랑스 등지의 시민사회 고용이 12.6%로 증가하고 새로운 일자리의 1/7 가량이 제3섹터에서 창출되기도 했다. 최근 영국의 경우 국내총생산량(GDP)의 20%를 사회적 기업에 맡기려는 목표를 세우고 있는 중이다.

지방자치의 어려운 재정여건으로 각박해지는 사회의 공공서비스 영역을 확대해 나가면서도, 새로운 일자리를 만들 수 있는 방안으로 시민사회의 영역 확대를 통해 활로를 모색할 수 있지 않을까?

　공공서비스 영역의 시민사회단체 참여의 구체적 방안이 산남동 두꺼비 마을의 실 사례를 통해 확인 될 수 있을 것이라고 판단된다.

　여기에 세계적으로 확산되고 있는 귀농귀촌자의 확산에 힘입는 소농의 정착까지 지방정부차원에서 모색될 경우 지역차원의 따뜻한 일자리 찾기와 공동체운동의 접목을 현실화 시킬 수 있겠다는 새로운 가치의 제안을 해볼 수 있겠다는 생각이다. 여전히 산남동 생태공동체 만들기는 현재진행형이다.

　하지만 그 지향점만큼은 사회발전의 새로운 모색과 구체적 대안으로 볼 수 있을 것이라는 전망을 피력해본다.

미동산 수목원에서 보물찾기

좀 다른 이야기로 시작해보자. 지난해 신종플루 처방제인 타미플루의 수입에 700억 원을 썼다고 한다. 타미플루의 재료는 베트남 음식에 향료로 쓰이는 스타아니스라는 중국원산 목련과 식물이 원재료다. 택솔(Taxol)은 유방암 환자의 50%, 난소암 환자의 30%, 폐암환자의 25%가 치료되는 등 탁월한 효능이 입증된 바 있다.

택솔의 원료는 주목의 씨눈에서 추출하고 있다. 혈액순환 개선제로 알려진 징코민의 원료는 은행나무, 기원전 5세기경 히포크라테스가 버드나무 껍질에서 성분을 추출하여 사용한 것을 시작으로 독일 바이엘사가 살리실산 생산에 성공하며 대중적으로 널리 알려진 '아스피린'이 탄생하였다.

세계 천연의약품 시장 규모는 2006년 189억 달러에서 연평균 6.6%씩 성장해 2010년에는 243억 달러였다. 여기에 식의약품시장 704억 달러, 식물을 응용한 자일리톨 껌이나 젤 등 식물유래 화합물 시장 규모도 34억 달러에 이른다. 여기에 건강기능성 식품, 화장품까지 합치면 천문학적 액수의 제품들이 식물 추출물을 원료로 활용하여 생산하고, 앞으로 그 생산량과 관심은 지속적으로 증가될 것으로 예상된다.

세계적으로 수많은 생약재들이 식물을 주원료로 하고 있으며, 한약재를 통해 충분한 임상실험이 된 식물들도 많다. 우리 오송 바이오산업단지에서도 이와 같이 식물 추출물을 주원료로 한 생약과 많은 의약제품들이 생산되고 앞으로 더 많이 생산될 것이다.

하지만 이처럼 우리에게 유용하게 사용되고 있는 많은 의약품들의 원료가 식물에게서 추출된다는 것을 아는 사람은 그리 많지 않다. 하물며 그들의 보존 가치를 아는 사람은 얼마나 되겠는가.

군이 그러한 식물자원의 보존, 식물자원의 역할과 기능을 관리 연구하는 곳을 따지자면 바로 수목원이라 할 수 있다. 기후 변화에 따른 수많은 변종들의 진화 속에서 필요로 하는 식물자원의 보존과 관리, 다양한 유전자원의 수집과 가치를 지속하거나 분석하는 곳이 바로 수목원이다.

우리 도내 미동산 수목원은 중부내륙 산림연구의 메카로 식물자원을 수집하여 보존하며 식물유전자의 가치를 존속시키고 다양한 식물자원을 체계적으로 수집. 관리. 연구하는 곳이다.

또한 도민들에게 숲 자원의 이해를 돕기 위한 산림과학박물관과 목재체험장, 숲 전시실 등을 통해 사람과 숲이 어우러져 함께 살아가는 미래 자연환경을 가꾸기 위한 열린 학습의 장으로 활용하기도 하며 한편으로는 자연의 아름다움과 편안한 휴식처를 제공하고 있는 중이다.

아쉬운 점은 미동산 수목원의 자원관리와 연구의 기능보다는 관광지로서의 역할에 더 많은 비중을 두는 것 같은 분위기다. 연 관람객 36만 명 돌파와 산악자전거도로 유치가 수목원의 자랑거리가 되어서는 안 된다. 오히려 세계 유수의 수목원들은 관람객 수를 제한하면서까지 식물자원의 보존을 더 중요한 가치로 치고 있다.

도래할 시대는 종자전쟁의 시대이며 생명산업 전쟁의 시대이다. 미동산 수목원 역시 유전자 보존원과 산림환경 생태원, 산림 전문가들을 배치하고 있다. 그러나 지금의 관람객 편의 위주보다는 본래적 의미에서의 미래 식물유전자 보존과 가치의 분석을 위한 연구와 실험의 장으로 더 활용되어야 한다.

우리 충청도가 생명의 땅 바이오산업의 메카로 성장하기 위하여 우리나라에 존재하는 4천여 종의 식물자원과 그중 10%에 달하는 우리나라에서만 자생하는 희귀자원의 보존과 관리가 반드시 필요한 상황이다. 더 많은 기초 연구자들이 인간의 수명 연장과 건강한 생활에 꼭 필요한 제품을 생산할 수 있는 토대를 구축하는 데 미동산 수목원의 역할이 필요하다.

생명산업을 이끌어갈 미래 자원들이 관리되고 보존되는 곳 바로 이곳 미동산에 보물이 숨겨져 있는 이유이며 더 많은 미래의 보물을 간직하고 보관하기 위해 획기적 투자가 필요한 이유이기도 하다. 눈을 돌려 수목원에 인적·물적 자원을 투자할 것을 제안한다. 아직 늦지 않았다.

"우리는 원래 감시하는 사람입니다"

충북도의회 교육위원으로 일한 지 10개월이 되었다. 식판 사건으로 알려진 급식용 식판 샘플 확보 과정에서 야기된 문제, 학교운영위원들의 학교심의권 강화를 위해 거수기가 되지 말 것을 주문했던 소위 '거수기' 문제, 민주노동당 후원 관련 교사 중징계에 대한 과도한 처분 문제제기 등으로 교육청과 관계가 불편한 상태다.

생각하고 말하는 것마다 교육청 고위 관계자들과는 의견이 대립한다. 야간학습 자율선택권 문제는 여전히 현재 진행형이다. 이쯤 되면 도대체 어떤 의견 차이가 있기에 번번이 마주보고 달려야 하는지 찬찬히 검토해보게 된다.

우선은 교육청이 바뀐 제도를 이해하지 못하는 것이 문제인 것 같다. 의회에서 "학교를 한번 가봐야겠다"고 하니 어떤 교장이 "도의원이 감히 학교를 감시하는 거냐"고 발끈했다.

당연히 감시하러 가는 거라고 했다. 의회는 감시와 견제가 주로 하는 일이다. 행정과 입법기능의 양립은 민주주의 실현 방법이다. 행정부에서 하는 일에 대한 감시와 견제, 그리고 정책 대안을 제시하는 일이 의회가 하는 역할이다. 아마 일부 교육계에서 이 같은 상황 변화를 이해하지 못하는 이유는 여전히 우리가 '교사위원회' 의원들인 것으로 알고 있어서가 아닐까 생각한다. 교육위원회라는 중층적 '교육의회'가 없어지고 도의회가 교육청이라는 행정관청을 견제 감시하는 의회가 되어 교육위원회가 그 역할을 하고 있는 것을 이해하지 못하는 것이다.

여기에서부터 문제가 시작이 된다. 이전 '교육위원회' 소속 교육위원들은 선출직이지만 적어도 교육계에 몸담고 있었던 사람들이 대부분이다. 따라서 교육청의 관료와 교사들의 입장을 수십 년씩 경험해본 교육계 사람들이다 보니 교육수요자들, 예컨대 학생들과 학부모의 의견에 대해서는 알지 못하거나 알아도 교육계 쪽에서 듣는 이야기로만 이해할 뿐이다. 교육계의 전문가를 자처하지만 엄밀하게 바뀌는 시대의 학생과 학부모에 대해서는 비전문가였다. 도의회는 30대 젊은 의원부터 학부모였던 의원들이 대다수다. 교육위원을 제외하고는 교육수요자의 입장에서 교육문제를 바라보게 되는 것이다. 당연히 교육청의 입장 대변자보다는 학생들과 학부모의 입장에서 사고하게 되고 발언할 수밖에 없다.

무상급식이 이루어지는 마당에 급식안전을 위해 급식판을 정밀 분석해봐야 하겠다고 생각하는 것. 유일한 학교 쪽 학부모 의견 통로인 학교운영위가 제대로 된 심의기관이 될 수 있도록 해달라는 것, 자율학습의 학생 혹은 학부모 자율적 판단을 경청해달라는 것, 이와 같은 의견들은 모두 학생과 학부모 쪽의 입장을 대변한 것이다.

도의회가 도교육청의 감시견제 역할을 하는 입법부로 제도변경이 되면서 당연히 학부모 경험밖에 없는 도의원들은 교육청과 직접적으로 맞부딪치게 된 이유가 여기 있다. 여기에 의회 고유 권한인 행정부에 대한 견제로 자율학습 자율선택조례를 만들겠다고 판단하는 것 역시 너무도 당연한 의회의 역할이다.

그러나 아직 의회와의 관계를 제대로 정립하지 못한 교육계 일각에서는 이를 교육청 길들이기이거나 교육 자치를 무시한 처사라며 항의하고 있는 것이다. 한편으로 다른 행정기관 이를테면 도청이나 시청 등에서는 이런 반발이 일어났다면 당장 의회에 대한 항명이거나 의회 무시라고 난리가 났을 것이다.

여기서 교육 자치를 바라보는 시각이 서로 다른 것을 확연히 알 수 있다. 교육청은 의회가 어떤 발언을 할라치면 늘 교육 자치를 이야기하곤 한다. '자치'라 하면 당연히 중앙정부, 여느 지역과는 다른 자기 지역만의 자치적 성격을 달리하는 자치적 행정이 뒤따라야 한다.

그러나 충북도교육청이 민노당 후원교사들의 중징계 결정과 관련해서 지방자치의 한쪽 주체이자 의회 다수당의 요구를 묵살하고 중앙정부의 지시에 무조건 따랐다는 점에서 '자치'적 행위를 했다고 보기 힘들다. 또한 현 교육감이 몇 년 전 실행한 학원심야교습조례 중 12시까지 확대했던 내용을 따르지 않은 채 중앙정부 요청이라고 무조건 10시로 제한해달라고 하는 것 역시 자신들의 의견에 대한 확신보다 중앙정부 관련해 더 많은 일을 하고 있음을 반증하는 것이다.

교육 자치를 바라보는 생각의 차이가 분명하다. '자치'라 함은 지역적 특성에 맞게 운영해감을 원칙으로 한다. 도의회가 입법부의 위치에서 요구하는 상황이 고려해야 할 지역적 상황이다. 의회를 무시하면서 '자치'를 이야기한다는 것은 지방자치를 이야기하는 것이 아니라 관료자치를 이야기하는 것으로도 볼 수 있다. 교육계는 3주체가 있다고 한다. 교사, 교육청, 학생이 바로 3주체이다. 여기서 학생의 입장을 대변하는 교육자치의 주체는 바로 의회이다. 교사와 교육청이 행정의 주체가 되어 교육 자치를 이야기해왔다면 학생과 학부모의 편이 되어 그들의 요구와 가치를 보호하고 대변하는 것이 교육자치 시대 의회 본연의 임무다.

향후 교육자치의 방향은 일몰제가 된 교육의원들을 다음 선거부터는 선출하지 않는다. 교육계 출신들도 도의원이 되고자 한다면 기존 도의원처럼 지역구로 출마하여 당선이 되어야 한다는 뜻이며, 당선을 위해서는 어느 곳이든 당을 선택해야 함을 의미하는 것이다. 더욱이 교육감 역시 도지사와 런닝메이트 혹은 도지사가 선임하는 방향으로 검토되고 있다. 이는 교육청이 그동안 안주하던 '교육가족들'만의 교육행정이 틀을 깨고 달라져야 함을 의미하는 것이다. 그런 점에서 이번 도의회와의 관계는 달라지는 교육현장에 대한 과도기적 상황이라고 볼 수 있다. 과도기에서 나타나는 불협화음과 서로에 대한 부적응은 더 많은 공동의 협의와 노력을 필요로 한다.

실질적 교육자치가 되기 위해서는 현재 상황에 대한 면밀한 지역사회의 합의가 필요하다. 언론에서도 달라진 제도와 의회 역할에 대한 조언이 필요하다. 교육계와 갈등하는 의회가 있기보다는 의회에서 이루어지는 도정질문과 사무행정감사 등의 공식적 발언에 대해 보호하고 행정부가 어떤 방식으로 의원들의 요구를 수용하는지, 혹시 의견이 다르다면 행정부가 의원들을 설득해 가는 것이 올바른지를 지적해야 한다. 도청 및 다른 행정기관은 이미 다 해오고 있는 일인데 교육청만 의회의 공식적 발언에 대해 사사건건 반응을 보이는 것은 올바르지 않다. 그렇다고 의회가 이에 대해 항명한다고, 의회를 무시한다고 소리만 높일 수는 없지 않을까 생각한다. 여기에 공무원들의 의회요구 거부에 대한 법정 다툼까지 간다면 새로운 교육자치 시대를 열어가는 좋은 모습이라고 보기 어렵다.

교육자치 시대가 새로운 국면으로 접어들고 있다. 의회와의 관계도 새롭게 재편해야 한다. 지역적 특성과 시대변화에 따른 고려가 필요하다. 타 지역에서 이미 다 하게 된 자율학습 선택의 문제와 자기주도적 학습방법에 대해 더 많은 고려가 필요하다. 작은 학교에 희망이 있다는 믿음에 대해 함께 고민해야 하고, 공공기관으로서 가장 열악한 학교비정규직에 대한 처우 개선 및 노동조건에 대한 고려가 필요하다.

지방의회가 정당을 달리하며 집권했을 때의 교육계의 변화에 대한 합의가 필요하며, 세계의 경쟁이 지역적 경쟁으로 변화된 시대에 충북지방의 교육전략이 어떠해야 하는지 사회적 합의가 필요하다. 어떤 인재의 육성에 초점을 맞추어야 하는지도 합의가 필요하고 학교의 민주적 운영과 관련해서 구체적 방식도 합의가 필요하다. 선생님들의 처우와 행정직에 대한 배려가 필요하고 다른 도시보다 더 나은 교육환경을 위해 공동으로 대처하는 자세도 토의해야 한다.

달라졌다. 분명 지금 변화된 의회와 교육계와의 관계부터 달라졌다. 더 달라질 것이다. 외부로부터 시작된 교육 자치라는 변화의 흐름에 현재의 도의회와 교육청은 새로운 관계 정립이 필요하다.

꼴찌 충북교육
1등 부상의 '빛과 어둠'

지난해 교육감 선거에서 교육감은 '꼴찌 하던 충북교육 1등 만들었다'며 자신의 최대 성과로 내세웠다. 다시 이야기하자면 일제고사라 불리는 '국가수준학업성취도 평가'에서 좋은 성적을 냈다는 이야기다. 일제고사는 1960년대부터 시행된 일제고사의 현신으로, 1998년에 표집 평가로 바뀌었으나 이명박 정부집권 초기 2008년부터 초6, 중3, 고1 학년을 대상으로 시작되었으며, 2011년 현재 4년째 접어들었다.

다시 말하자면 2008년 일제고사 하위권이던 충북교육을 한 해만에 1등 교육으로 만들었다는 이야기다.

이 같은 놀라운 성과는 어떻게 이루어졌을까? 꼴찌 하던 충북교육 1등 만들어낸 비결이 바로 오늘(6월16일) 전국 MBC방송에 나왔다. 7월에 실시되는 일제고사 점수 올리기 위해 어린이들을 밤 늦게까지 공부시키는 현장, 바로 충북의 어느 초등학교란다. 또 다른 초등학교 역시 충북이다.

부진한 아이들의 학력 보정을 위해 하는 조치라고 한다. 여기저기서 이 같은 파행적 어린이 야자 제보가 들어오고 있다. 일본의 히가시나루세 초등학교나, 경남 남해의 삼동초등학교 같이 정규 수업을 통해 점수를 올린 것이 아니고 문제풀이식 야자 수업으로 단기적 성과를 내온 충북교육 1등의 실상이 바로 이것이었다.

일제고사로 인한 학교교육 파행사례는 이어지고 있다

작년 제천은 한 초등학교에서 교감선생이 시험감독 중에 답을 알려준 이유로 징계당했다. 검찰 수사까지 진행된 이 사건에서 지역 교육장단 회의 시 배부하면 안 되는 학교석차 자료를 배부하고 돌려보았다는 것이 확인되었다. 교육장이 교장과 교감에게, 그리고 선생님들까지 자신의 학교 순위를 확인해가며 일제고사 순위 올리기에 조직적 대응을 했다는 정황이다. 처음에는 예체능 시간이나 방과 후에 문제풀이식 수업으로 파행운영을 하더니 올해는 아예 대놓고 초등학생들에게 야간자율학습까지 시키게 되었다.

나는 도정질문을 통해 교육청에서 한 과목 30문제씩 1,500문제를 교육청 홈페이지에 올려놓고 공문으로 이것을 참조하라고 독려하면서까지 학교의 공교육을 문제풀이식 파행운영으로 몰고 가는 사태에 대해 엄중 경고하기도 했다. 전교조에서는 수십 건의 일제고사 부정사례를 기자회견장에서 공개하기도 했다. 올해도 이 같은 사태의 재연이 예상되고 있다.

누구의 말도 듣지 않는 충북교육의 독주

작년부터 도의회 교육위원회는 이 문제에 대해 도정질문과 행정사무감사에서 누누이 지적했다. 어린이들의 정규수업을 위협하는 파행적 수업과 보충수업, 예체능시간에 문제풀이 수업, 방과 후와 야간학습으로 어린이들에게 행하는 강제 주입식교육은 문제가 있다. 그러나 교육청은 올해 또다시 같은 방식으로 밀어붙이고 있다. 전교조 위원장이 이 문제를 놓고 농성을 벌였다. 도의원들의 문제제기가 이어지고 언론에서도 연일 보고하고 있다. 그러나 교육계는 눈 하나 깜짝하지 않는다. 그리고 반문한다. "아이들 공부시키는 것이 무엇이 문제인가"

일본은 1961년 일제고사 제도를 도입했다. 그런데 10년 동안 부정행위가 자주 드러난 데다 강제적인 시험이 학생의 인권을 침해한다는 비판이 제기되자 일제고사가 중단되었다. 그 후 2007년 부활된 일제고사는 제도의 폐단이 너무 심각하다고 판단하여 2010년에 다시 폐지했다.

충북교육계는 정상적인 공교육만으로 아이들을 잘 가르치는 일은 포기한 것 같다. 전인교육과 창의성 교육을 한다고 목표는 세워놓고 문제풀이식, 강제주입식 수업만으로 일시적 성적 상승의 효과만 올리려 한다. 이미 다른 지역은 교육의 내용과 형식을 스스로 알아서 하는 방향으로 나가고 있는데 반대 방향으로만 치닫고 있다.

더 무서운 것은 누구의 말도 들으려 하지 않는 안하무인적 태도다. 학생들의 교육에 대한 책임을 앞세워 인권을 유린하는 모습에서 언젠가 보았던 영화 속 못된 인질범의 얼굴이 겹쳐 보인다.

학생인권조례 공청회 참여하며

학생인권조례 공청회를 개최하기까지 고생해주신 분들께 감사드린다.

여전히 학생인권조례는 금기 같은 존재이다. 민주주의 제도에서 무엇인들 제안하지 못하겠냐마는 충북에서는 학생인권조례를 거론한다는 자체가 문제시되는 상황이 안타깝다.

더욱이 인권의 문제는 인간 존엄성에 관한 기본권인 관계로 이를 반대한다는 자체가 대한민국 헌법에 대한 이견을 표출하는 것임에도, 현재 교육을 담당하시는 교육계 일부에서는 인권 이야기만 나오면 큰일이라도 난 것처럼 이견을 표하는 것이 현재의 상황이라고 느껴진다.

사실 헌법을 위시한 교육기본법과 초중등교육법 등에 의거하면 굳이 학생인권조례를 제정하지 않아도 학생인권과 관련한 문제는 충분히 그 효력이 발휘될 수 있다. 그러나 조례로 규정하는 경우 대체로 현장에서 법률에 대한 자의적 해석으로 법 규정이 무시되거나, 혹은 좀 더 구체적으로 적시할 필요가 있을 때 조례를 만들게 되는 것인데, 학생인권조례의 경우이 두 가지 사례가 다 적용이 되어 조례제정의 필요성이 생겨나는 것이다.

일단 학생인권조례와 관련한 제 개인적 입장은 위에서 말씀드린 바 헌법정신과 법률 해석에 기반하여 당연히 찬성이다. 조례에 명시되는 체벌금지 조항, 학습 자율선택권보장 조항, 학생활동의 자율적 결정 조항 등크게 세 가지 문제는 이후 성장해나갈 창의적이고 개방적이며 민주적인인재를 양성하는 데 있어 매우 중요한 가치문제이다.

그러나 어떤 법이든 조례든 제정 당시 시대적 상황에 대한 고려가 있어야 한다고 생각한다. 학생인권조례를 반대하는 의견도 있기 때문이다. 문제는 인권의 문제를 정치적 문제로, 보수진보 문제로 몰고 가려는 분위기에 대한 대책이 필요하다고 본다. 사실 인권문제는 보수진보의 이념문제가 아니라는 판단 때문이다. 보수적인 분들도 학생 체벌에 대해서는 '꽃으로도 때리지 마라'고 주장하는 분도 계시고, 진보적인 분들 중에서도 '스승의 회초리가 성숙한 인간을 만든다'고 일갈하시는 분도 있기 때문이다. 그럼에도 우리 지역 일각에서 학생인권조례를 보수 대 진보의 대립, 정치적대립으로 몰고 가려는 시도는 좋게 보기 어렵다.

더욱이 교권과 학생인권 문제가 대립되는 것으로 몰아가는 것도 마뜩치 않다. 교육청에서 올해 행정사무감사 수감 자료에 교권 침해사례를 답변한 내용 모두 학생들이 선생님에 대해 폭력과 폭언을 한 사례 중심이었다. 폭행과 폭언은 누구에게나 해서는 안 될 기본권의 문제다. 교권은 선생님이 권력과 그 밖의 압력으로부터도 자유롭게 가르칠 권리를 의미한다. 따라서 단순하게 '학생들로부터 폭행당하지 않을 권리'라는 의미로 몰아가는 것 역시 좋은 모습은 아니다. 오히려 교단의 안전을 위협하는 문제에 대한 고민을 학교와 학부모 그리고 지역사회가 함께하는 것이 올바른 것이다. 그럼에도 마치 교권이 학생인권의 대척점에 있는 것으로 여론몰이 하려는 것은 오히려 학생과, 인권, 학교의 문제를 이념 대결로 끌고 가려는 것이라고 생각된다.

나는 학생인권조례에 대한 구체적 내용들이 이제야 우리 충북지역에 회자되기 시작했다고 생각한다. 교단 민주화의 문제, 새로운 인재 창출과 관련한 새로운 학습법에 대한 문제, 학생들의 올바른 교육에 대한 사회적 관심문제, 2만 달러까지는 현행 방법이 통했다지만 새로운 시대에는 새로운 교육법이 필요하다는 사회적 요구에 대한 대처문제 부분에 있어서도 허심탄회하게 이야기해야 할 때라고 생각하고 있다. 자칫 이번 학생인권조례와 관련한 문제가 공론화되기 전에 이념 대결로, 정치적 성격 대결로 몰아가려고 하는 쪽은 솔로몬의 판결에서 아이의 반을 잘라도 상관없다는 거짓엄마의 마음이라고 생각한다.

지금까지 의정활동을 하면서 나는 학생인권조례에서 주장하는 세 부분을 나누어서 토론하자고 주장했다. 체벌금지와 학생활동의 자율결정문제는 좀 더 많은 공론화가 필요하니 이번에는 학생의 학습자율선택권을 먼저 다뤄보자고 작년 연말부터 주장해왔다. 문제는 우리 지역의 공론화와 토론문화가 대단히 빈약하다는 생각이다. 주장을 하는 사람에 따라 일단 정치적 함의를 먼저 결정하고 몰아붙인다. 이미 세상의 흐름이 움직이는 데도 관심 없다. 이러한 가운데 오늘 이루어지는 공청회가 좀 더 많은 의견 절충의 기회가 되길 희망한다. 학생인권조례로 시작된 우리 지역 학생들에 대한 관심이 더 커지고 넓어지길 기대하기 때문이다.

비비 꼬인 시선
자료 요구는 골탕?

　　최근 충북도의회 교육위원회의 행정사무감사와 관련해서 교육계가 보인 반응을 보면서 그들이 도의회를 바라보는 몇 가지 시각을 읽을 수 있었다. 일부 지역 신문 보도에서 반응한 발언을 통해 교육계 일부가 가지고 있는 속내를 들여다보았다.

　　모 지역 일간지 11월 2일자의 기사다.
　　"특히 교육계출신 교육의원들의 경우 교육계의 이익이나 어려운 점을 대신해줘야 하나 일부 의원들의 요구 자료는 다른 의원들보다 배 이상 많거나 답변 자료도 엄청나 2명의 직원이 하루 종일 복사만 해도 부족한 실정이다.
　　이에 대해 A교장은 "짝짓기가 끝난 후 암컷이 수컷을 잡아먹는 잔인함을 보이는 '버마재비'처럼 일부 교육계 출신 의원들이 교육계의 어려운 점을 대변하기보다 자료를 더 많이 요구해 골탕을 먹이고 있다."며 "자질이 안 되면 조용히 있는 것이 도와주는 것."이라며 비꼬았다.

우선 현 교육위원 4명에 대한 원망을 거의 막말과 욕설 수준으로 비하했다. A교장은 도의회와 도의원이 어떤 일을 하는지 전혀 고려하지 않는다. 오직 과거 선생님이었고, 교육계에 있었으니 교육청의 편을 들어야 한다고 생각한다. 지방자치는 행정부와 의회라는 두 개의 바퀴로 굴러가야 한다는 민주주의 원리를 부정한다. 의회의 교육청에 대한 견제와 감시, 정책 제안은 교육청에 대한 공격이라고만 생각한다. 개인적으로 이런 분이 교단에서 어떤 민주주의를 가르치게 될지 암담하다.

집행부에게는 직업의 안정을 보장하는 대신 관료주의와 부패가 생기는 것을 견제하기 위해 의회를 두고 4년에 한 번씩 의원을 선출한다. 교육위원 역시 도민의 입장을 대변해서 교육청의 관료화와 예산낭비, 정책실패에 대한 견제와 감시를 한다.

도의원 중에는 과거 직업이 경제인도 있고, 공무원도 있다. 이들에게 과거의 인연으로 "집행부의 이익이나 어려운 점을 대신해줘야"한다는 이야기는 도의원의 역할을 축소하라는 이야기와 같다.

교육위원회의 자료 요구가 황당하다고?

의회는 1년에 한번 행정사무감사를 통해 집행부를 감시하고 견제한다. 이번에 요청한 201건이 모두 서로 다른 자료에 대한 요청이다. 다시 말하면 의원들이 다양한 분야의 행정사무에 대한 서류검토를 하겠다는 것이므로 오히려 많은 연구를 했다고 격려해줘야 할 일이다. 자료준비 시간의 경우 20여 일의 시간이 부족하다는 하소연은 그럴 수 있다고 생각한다.

그렇다고 이번 감사기간이 하루가 더 늘어난 문제와 본청에서 진행하는 행감 장소에 대한 문제제기는 집행부에서 할 수 있는 요구가 아니다. 전적으로 이는 의회의 결정 권한이다. 오히려 언론에서는 현지에서 행감이 이루어져야 한다고 함께 주장해주어야 하며, 4일이나 늘어난 행감 일정에 대해서도 의회에 대한 격려가 있어야 했다.

도의회의 더 많은 견제와 감시가 교육계를 발전시킨다

충북지역 교육가족은 2만여 명이 넘는다. 예산도 2조에 육박한다. 그러나 이에 대한 견제와 감시를 맡고 있는 도의원은 사실상 교육위원회 7명이 전부라고 볼 수 있다. 3조 예산에 3천여 명이 일을 하는 도청에 대한 감시와 견제는 28명의 도의원이 하고 있다.

더욱이 교육의회(전 교육위원회)가 해산하고 도의회가 그 역할을 위임받고 나서도 도의원들 역시 교육청에 대한 쓴소리는 비교적 조심스러워한다. 도의원 스스로도 교육청까지 신경 써야 한다는 사실을 덜 실감하고 있기 때문이다. 지난 1년 4개월 동안의 도정질문과 5분 발언을 보면 교육청에 대한 의견 개진이 교육위원들을 제외하고는 거의 없었다.

이 같은 가운데 교육위원회의 분투는 더 많은 격려가 필요하다.

충북도의회 교육위원회는 작년 행정사무감사에서도 타 위원회와는 비교도 되지 않을 만큼 많은 질의를 했다. 물론 도청과 비교하면 적은 편이지만 이번 행정사무감사에서 201건에 달하는 많은 자료를 요청했다.

수업 중 잠자는 학생이 얼마나 되는지 학교별, 한 학급당 비율을 요청한 자료 역시 지난 며칠간 지역 언론에 회자되고 있지만 학생의 건강권과 수면권 보장, 선생님들의 효율적 강의를 위한 정책 제안을 위해 해볼 만한 자료 요구였다고 생각한다.

말도 안 되는 황당한 자료요구로 몰고 가는 것이 오히려 문제다. 몇 년 전 아토피와 비만학생 자료제출 요구에 대해 개별 학생의 문제를 두고 쓸데없는 자료를 학교 측에 요구했다는 어떤 언론의 비아냥을 듣기도 했지만, 지금은 그 누구도 쓸데없는 자료였다고 이야기하지 않는다. 새롭게 대두되는 학교의 문제에 대해 의원들이 확인코자 하는 것이 왜 문제인가?

지역의 몇몇 신문에서 보여주고 있는 교육청 대변하기는 충북교육계의 발전을 저해한다. 교육계가 빠르게 변화하는 시대에 좀 더 잘 적응하기 위해서는 더 많은 비판 의견에 대한 수용이 필요하다.

싫은 소리 듣지 않기, 의회와 대립하기, 반대 의견 묵살하기, 학생과 학부모 의견 무마시키기만이 능사가 아니다. 서로 다른 생각의 차이를 확인하고 조율하며 협상하는 것이 바른 일이다.

지역 언론에서도 충북교육의 발전을 위해 비판과 견제 감시에 나서주길 기대한다.

이들이 일손 놓으면 학교는 '올스톱'

충청북도 교육청의 '교육가족'이라 함은 대략 교원 1만 3,000명, 행정직 3,000명으로 정규직 1만 6,000명으로 구성되어 있다. 여기에 비정규직 6,000명 정도가 포함되어 총 2만 2,000여 명이 교육가족이라 할 수 있다. 비정규직은 계약여부가 광범위한 편이어서 5,000명으로 이야기하기도 하고 단순기간제까지 쳐서 7,000명이라고도 하나, 대략 6,000명이라 하면 될 듯하다.

이들 5,000~6,000명에 달하는 학교비정규직들이 드디어 노동조합을 결성했다. 지난 3월 말쯤 소리 소문 없이 결성된 학교비정규직 노동조합은 작년 10월 우리 교육위원들과의 첫 간담회 이후 5개월여 만이다. 처음 이들이 모임을 통해 이야기하고자 했던 것은 학교 회계직의 처우 개선이다. 학교비정규직의 범위는 매우 광범위해서 직종에 따라 영양사, 조리사, 조리원, 사무행정보조, 교무보조, 실험보조, 사서, 유치원종일반 강사, 청소원, 방과 후 강사 까지 30여 직종이라고 한다.

학교비정규직은 2010년 교육청별 인력풀 시스템이 구축되긴 했지만 대체적으로 근무지침 · 복무규정 · 임금은 도교육청이 마련하고, 임용권 등 계약은 학교장과 하다 보니 근본 문제가 해결되지 않았다. 유치원 종일반 강사의 경우 방학 중에 출근함에도 기본 275일 기준에 일당 추가 방식이 적용되므로 이 경우 당연히 365근무에 해당하는 임금 요구를 하게 된다. 사서의 경우 365일 직종이면서 275, 혹은 245일로 축소하는 경우 학교장 재량의 권한 남용이 이루어지기도 한다. 조리종사원 대체근무제와 호칭문제는 올해 도교육청의 개선과제로 정해졌으니 그나마 다행이다. 작년까지 이들이 학교에서 입은 부상 때문에 출근하지 못한 경우 출근 일에 포함되지 않았다고 한다. 사실 충북도에서 첫 실시하고 있는 전면무상급식의 성공요인은 급식담당자들의 처우 개선이 매우 중요하다.

이 같은 상황에서 우선은 학교비정규직에 대한 기본적 인력 운용에 대한 인식이 달라져야 한다. 실질적으로는 정규직과 같은 일을 하면서도 비정규직이라는 이유로 차별을 받는 경우가 있기 때문이다. 우선 '인종, 국적, 신앙, 성별, 연령의 차이를 불문하고 같은 질과 양의 노동에 대하여 같은 액수의 임금을 지불하여야 한다'는 동일노동 동일임금의 원칙에 대한 교육청의 인식문제다.

보육교사, 영양교사, 사서교사, 보건교사 등은 모두 정규직 '교사'이다. 그러나 보육사, 영양사, 사서, 보건교사보조 등은 모두 비정규직이면서 정규직이 없는 학교에 배치되어 동일한 노동을 하고 있다. 물론 교사 자격이 없다는 점이 다를 뿐이다.

이 같은 근본적 비정규직문제에 대한 인식의 공유를 통해, 학사운영과정에서 이들의 고용이 필요하다면, 공공기관에서의 비정규직 처우 대책이 우선 수립되어야 한다.

이들 학교비정규직이 지속적으로 요구한 내용으로는, 우선 자격 소지자에 대한 차별적 대우의 시정요구, 인사관리를 근무지침·복무규정·임금을 결정하는 도교육청이 직접 주관토록 요구, 비정규직 근무경력을 경력으로 인정해주도록 요구하고, 근무 유형의 변경을 통해 연봉제 취지에 맞게 365일 기준으로 통합해 줄 것에 대한 요구, 연수기회의 확대로 직무능력 향상을 도모해달라고 하는 요구 등등에 대해 허심탄회하게 머리를 맞대야 한다.

학교비정규직노동조합의 결성은 학교 현장의 구성원들 '교육가족' 중또 하나가 자신들의 목소리를 내기 시작했다는 점에서 중요하다. 그동안 근무한 지 10년이 되거나 한 달이 되거나 동일한 임금을 받았다는 하소연부터, 호칭 문제, 재계약 문제 등으로 갈등을 빚고 있다는 이야기까지 수많은 민원과 요구의 대상이었던 학교회계직의 처우 개선이 급격한 물살을 타고 순조롭게 이루어지길 기대한다. 민주주의는 스스로 서 있는 곳에서 개선을 위해 노력해야 달라질 수 있다.

학교비정규직노동조합의 결성을 축하한다. 여러분들도 '교육가족'이 확실하다.

도의원과 흥신소, 해결사의 공통점?

최근에 민원이 많아졌다. 민원이라면 개인이든 집단이든 의원에게 청원하는 모든 사항을 민원이라고 알고 있는데 이러저러한 사정 이야기를 하면서 방문하거나 전화 오는 일이 늘어났다는 이야기다. 의원 생활이 한 해씩 늘어가면서 여기저기 관여도 많이 하게 되고, 관심을 보이다보니 다양한 일에 대한 상담을 하루 두세 건씩은 하게 되는 것 같다.

며칠 전에 사회적 기업을 운영하는 후배가 찾아왔다. 새 정부 들어서면서 사회적 기업 예산을 동결했다는 것이다. 전년도대비 새로 늘어난 사회적 기업을 염두에 두면 예산이 늘어나지 않았다는 이야기는 말이 좋아 동결이지 사실상 지원 예산이 줄어들었다는 것이나 마찬가지이다.

담당자를 불러서 자초지종을 들었더니 담당자조차 한숨을 내쉬면서 큰일났다는 거다. 최대 과반수에 육박하는 사람들을 해고할 수밖에 없는 상황으로 내몰리고 있단다. 이럴 경우 도지사에게 충북도만이라도 일단 예산을 긴급 투입한 이후 정부에 요구하는 방식이 타당하다고 생각되었다. 그래서 도정질문을 준비하자고 결론을 내렸다. 물론 관계 국회의원들에게도 청원하고 정부에도 건의해야 할 것 같다. 타 지역의 알 만한 광역의원들에게도 공동대응하자는 연락도 해야겠다고 생각했다. 사회적 기업 관련 네트워크를 만들어가던 경실련을 들러 도움 요청을 하기도 했다. 일이 커질 것 같은 예감이 든다.

그날 평소에 연락되던 청소년 두 명이 정치 관련 청소년모임을 만들어달라고 했다. 뭔 뜬금없는 정치모임이냐고 생각했지만 최근 청소년들의 인문학 관련 모임이나 여러 형태의 자치모임이 늘어나면서 강연회에서 알게 된 우연한 기회를 통해 나에게까지 도움 요청이 온 것이다.

충북청소년종합지원센터 황 소장에게 어떻게 하는 게 좋겠냐고 도움 요청을 보냈더니 마침 청소년종합지원센터에서 비슷한 프로그램을 준비 중이라고 했다. '청소년참여위원회'라는 모임을 공개모집해서 의회를 방문하거나 집행부 수장인 도지사 등을 인터뷰하기도 하고 필요하다면 국회를 방문하기도 하는 프로그램이라고 한다. 얼른 그쪽으로 연락해보라고 했다.

장애인 학부모회장이 방문했다. 미원 폐교에 장애인 작업재활시설을 도청에서 준비 중인데 교육청의 폐교관련 재산 운용상 5년 임대를 기본으로 하기 때문에 시설투자 시 문제가 생겼다고 한다. 거기에 교육청에서는 작업재활시설에 전공과를 연계해서 장애인 보호 작업장을 했으면 하다 보니 업무상 조정이 필요하다고 했다.

재활시설 담당자에게 상황보고를 듣고 나서 교육청 행정지원과장과 통화 후 지역 내 담당자 회동을 하자고 했다. 도청, 교육청, 청원군 관계 담당자들과 나를 비롯한 청원군 해당 지역 도의원을 함께 만나서 조정하자고 했다.

이것 처리하고 나니 몇 가지 도움 요청이 쏟아졌다. 학교마다 법적으로 설치해야 할 시설물들이 없는 경우가 있다는 것이었다. 화장실 편의시설을 비롯한 샤워시설 문제, 각종 장애인 편의시설 등의 점검이 필요하다고 했다. 일단 자료 요청을 통해 현지 상황을 확인하기로 하고 의회 전문위원에게 자료요구를 해달라고 요청했다.

다음날은 충북아동청소년 그룹홈협의회 하회장과 사무국장이 방문했다. 그룹홈은 홀로 남게 된 아동들에 대해 7명 이내에서 가정을 꾸려 도움을 주는 제도라고 알게 되었다. 두 명에 대한 인건비와 23만원의 운영비만 지원된다고 한다. 복지정책과 담당자에게 지원할 수 있는 방안이 없는지 알아봐달라고 했다. 오후에 담당계장과 타 지역 지원조례 상황, 우리 지역에 조례를 만들 경우 얼마의 예산이 필요한지, 기타 운영비 인상 방안에 대한 상의를 했다.

그새 전화가 걸려왔다. 작년 샛별 초 인조 잔디 운동장 문제로 걸렸던 소송비용을 우리 동네 사람들이 지급해야 하는 상황이라 함께 해결방안을 모색하자는 전화다. 여기저기 상황을 알아보고 방법을 찾아보기로 했다. 일단 지급일 연기가 되었으니 일일호프를 통해 함께 모금을 하자고 했다.

또 전화가 걸려온다. 학교급식관련 수산물에 일본 원전사고 이후 오염

된 수산물이 국내에 반입되고 있어 종합적인 정보공개 요구가 필요하다고 한다. 일단 서울 쪽 국회의원실 아는 보좌관에게 자료 청구요청을 했더니 자기들도 집행부에 자료 요청을 너무 많이 해서 이번만은 봐달란다. 어렵다는 얘기다. 하긴 그 의원실도 포화상태인 거 나도 잘 안다. 시민단체 관계자에게 충북만이라도 내가 자료요청을 해보겠다고 했다.

이번 주에 일어난 민원 중 일부분이다. 민원이 많아진 것은 나로서는 고마운 일이다. 일하는 사람에게 일을 맡긴다고 하지 않던가. 그러나 쌓여가는 정책민원을 해결하다 보면 가끔은 정말 힘들 때가 있다. 주로 나에게 오는 것은 정책 민원이 대부분이라 다행이긴 하지만.

생각해보면 행복한 비명이다. 내가 즐겁게 마주해야 할 일이라고 다짐한다. 오늘 아침 도청 가는 출근길은 봄답지 않게 바람이 차갑다.

의원과 집행부 '불가근불가원'

"전화가 온다. 저녁식사를 하자고 한다. 벌써 몇 명 째인가? 분명히 이번 안건과 관련해서 반대하지 말아달라는 부탁을 할 것이 분명하다."

도의원이 되고나서 수많은 약속을 정하지만 그중 집행부 공무원들과의 약속이 민원보다 많다. 특히 뚜렷한 자기 입장을 밝히는 의원들에게 더 많이 찾아온다. 웬만하면 일과시간에 보고를 해달라고 하기도 하지만 식사를 하자는 약속일수록 의견에 대한 번복을 요구할 경우가 많다. 그렇다고 무조건 기피할 수만도 없다.

의원과 집행부는 창과 방패의 입장이다. 언론에 약한 지방의원이 공무원과 관계에서는 '갑'이 되는 현실, 공무원들에게도 전략이 필요했을 것이다. 특히 다선의원일수록 질문수도 적어지고 치열함도 덜해진다고 한다. 생각해보니 나 역시 의원 초기보다 혹시 질문의 창끝이 무뎌진 것은 아닐까 점검하기도 한다.

사람에 따라 다르겠지만 집행부 공무원의 세계 역시 일반 군집과 다를 바 없는 것 같다. 열심히 하려는 사람이 있는가 하면 안 하려는 사람이 있고, 유능한 사람이 있는가하면 조금 부족한 사람도 있다. 문제는 친분을 내세워 의원이 하고자 하는 일에 대해 무뎌지게 하려는 공무원을 특히 조심해야 하지 않을까 생각한다. 소위 안면장사이자 행사 때 도장 찍는다고 이상하리만치 자주 마주치는 사람이 있다. 또 굳이 보고가 필요치 않은데 보고하겠다고 하기도 한다.

난 의원 초기부터 행정사무감사 질문을 사전공개 해왔다. 도정질문이야 일주일 전에 질문요지를 넘겨줘야 하고 답변 요지서를 받는다지만 행정사무감사의 경우 담당과장에게 공개하는 질문지는 당연히 의원이 말하고 싶은 것이 무엇인지 사전에 알린다는 의미이다. 따라서 집행부가 추진하는 사업에 대한 정책질문이 중심이 될 수밖에 없다.

정책적인 의견의 개진이야 말로 명분과 원칙을 고수할 수 있는 방안이다. 집행부의 공무원들에게 과제에 대한 분명한 제시와 동의를 이끌어 낼 경우 오히려 의원의 협력자가 될 수 있다. 기본적으로 많은 공무원들이 애국심과 애향심을 가지고 있으며 함께 도모한 일이 도민들에게 도움이 될 수 있을 경우 적극적인 자세를 만들어 낼 수 있다.

상임위원회가 공동으로 진행하는 장기 프로젝트 역시 집행부를 설득할 수 있는 일이다. 우리 교육위원회가 상반기에 추진한 작은 학교 희망만들기 프로젝트로 현장 선생님들이 참여하는 토론회와 연수보고회 등으로 오히려 자발적 참여를 이끌어 내기도 했다. 하반기는 학교에 숲을 만들자는 프로젝트를 추진하고 있다. 황량한 학교에 숲을 만들어 정서적 감성적으로 생태적 감수성을 함양케 하고 생태환경교육이 가능토록 교과서에 나오는 나무와 풀꽃을 사철 볼 수 있도록 하자는 계획이다. 집행청이 의견제시하기 전에 의회가 정책을 만들고 제안하는 방식이면 좋다.

의원이 되면 늘 '예산이 없다', '관례가 없다', '법규에 어긋난다'는 이야기를 가장 많이 듣는다. 여기에 요구한 자료는 예상했던 자료가 아닌 경우가 다반사다. 결국 이것을 넘어서야만 한다. 예산서에 대한 해박한 지식은 의원으로서 대단히 중요한 무기가 된다. 예산이 없지 않다는 점을 납득시켜야 한다. 관례가 있었던 다른 곳의 사례를 준비하고, 일을 하지 않는 것이 오히려 법규에 어긋난다는 점을 알려줘야 한다. 자료는 평상시부터 준비하는 것이 중요하다.

친분을 활용하는 것이 꼭 집행부의 무기는 아니다. 세 번째 행정사무감사를 준비하면서 집행부에서의 제보가 많은 도움이 될 수 있었다. 사실은 집행부의 의원 길들이기가 아니고 의원의 집행부 길들이기를 시도하자는 제안이다.

갈등에 뛰어들기,
자기 의견 발표하기

지방의원도 정치인이다. 의원생활을 하면서 지역민들의 이해와 요구가 충돌되는 상황이 늘 발생한다. 많은 의원들이 지역 내 중요한 갈등을 두고 외면하는 사람이 많다. 시끄러운 곳에는 가지 않는다는 것이다.

지방의원이 되면 "네 입장이 뭐냐"고 물어오는 사람이 많다. 학생인권 조례가 1만 명이 넘는 사람들의 서명을 얻어 제출되었을 당시에도, 샛별초 인조 잔디 문제로 학부모들과 교육청이 갈등할 때도, 소규모학교 통폐합으로 지역사회의 논란이 일었을 때도, 단설유치원 설립과정에서 사립어린이집의 반발이 있었을 때도, 학교 회계직 노조의 교육감 직고용 문제에서도, 학원교습시간 10시 제한조례 문제와 관련해서도 늘 기관과 기관, 혹은 기관과 주민, 기관과 단체의 충돌은 있었다.

개인적으로 나는 어떤 의견이 있을 때의 원칙으로 '갑'의 위치에 있는 쪽

보다 '을'의 위치에 있는 사람들의 편이 되어주자고 생각했다. 또한 사회적 약자의 목소리와 소수자의 의견을 주로 들었다. 집회가 열리거나 의견 충돌이 있을 경우 뒤로 빼지 않고 일단 현장에 뛰어들었다.

장애인 학부모들의 요구에 대해서도 직접 만나서 의견을 조율하고 할 수 있는 일과 함께 해야 하는 일을 분명히 밝혔다. 충주지역에 공립 장애인 학교 신설 문제와 매년 수억씩 지불하는 장애인 의무고용 위반 벌금에 대해 교육위원회 의원 전원이 함께 이 두 가지 문제를 집중적으로 해결하겠다고 약속하고 교육청과 의견 조율을 해나갔다. 물론 장애인학부모회는 약속대로 농성을 풀었다.

지방의원과 지역 언론문제에 있어서도 마찬가지다. 의원의 해외연수 문제나 의정비 인상문제 등 매년 상습적으로 문제가 되는 일에 대해서도 분명하게 자기 입장을 피력하는 게 맞다는 생각이다. 당장 두들겨 맞는 것을 두려워하기보다 적극적으로 대처하고 다른 사람보다 먼저, 아니 오히려 대표해서 나서야 한다.

의정활동역시 웬만하면 공개해야 한다고 생각한다. 그래서 일단 SNS를 활용했는데 페이스북에는 일상 활동을, 카카오스토리에는 풀꽃이야기를 매일 연재했다. 풀꽃들을 소개하면서 내가 하고 싶거나 처해 있는 상황을 우회적으로 표현했다. 또한 블로그를 통해 의정일기와 논평식의 글을 써서 내 의정활동과 관계된 공무원들이 쟁점 사안에 대한 나의 생각을 알 수 있도록 했다. 불필요한 오해와 섣부른 예단을 없앨 수 있었다.

지인들에게는 문자를 통해 의정활동을 알려나갔다. 의회가 열린다거나, 발언을 하게 되었다거나, 쟁점에 대한 짧은 의견을 정기적으로 밝혔는데 반응이 좋았다. 생각해보면 이것 외에 나의 의정활동을 알릴 수 있는 방법이 딱히 없기도 했다.

지방의원이라는 자리가 어떤 이에게는 작은 지방권력일 수도 있고, 또 어떤 이에게는 권위일 수도 있고, 또 어떤 사람들에게는 하고 싶었던 일을 수행하는 도구일 수도 있다.

나는 내가 지향하는 세상을 만드는 일에 이 자리가 필요했다. 그래서 나에게 주어진 최대한의 권한을 행사할 것이다. 갈등에 뛰어들고, 분명한 내 의견을 피력할 것이다.

아직까지 나는 도의원이다.

겸손과 성실,
정치와 인간관계의 법칙

다시 선거를 준비해야 한다. 선거제도가 정착이 되면서 나름 선거운동 전문가도 많아졌다. 옛날에는 선거 한번 출마했다가 패가망신 당하는 사람이 많았다고 한다. 생각해보면 세 가지의 실패 때문이다.

첫 번째는 돈 문제였다. 조직관리는 일단 사람을 운용하는 것이고 사람을 쓰려면 돈이 들어가야 한다는 게 기본율이었다. 지금도 그때와 비슷할 것이다. 다만 지금은 선거비용이 정해져 있다. 공보물은 대략 얼마나 들고, 사무실 대여와 운용비용은 또 얼마인지, 정해져 있는 인건비와 밥값은 얼마인지가 예측 가능하다. 여기에 예비 선거운동 기간 중 들어가는 비용이 포함된다. 이러한 선거비용 역시 선관위에서 진행하는 교육만 잘 받아도 견적 나온다.

문제는 비공식적인 비용지출이다. 그러나 최근 선거제도가 강화되면서 비합법적 돈 쓰기가 그리 간단치 않다. 적발되면 그야말로 패가망신에 10

년 동안 출마조차 할 수 없다.

두 번째는 가정파탄이었다. 모든 출마자의 배우자는 특히 남편이 출마할 경우 아내들은 일단 반대다. 지금까지 선거출마자 중 아내가 등 떠미는 경우는 보기 힘들었다. 이때 배우자와 얼마나 많은 상의를 해야 하는가가 중요하다. 선거기간 동안 아침마다 마주치는 아내에게 "힘들겠지만 도와줘서 고마워"라고 매일같이 따뜻한 말로 마음을 전하는지 그렇지 않은지에 따라 아내의 지원에도 크나큰 차이가 난다 하니 다른 사람들과의 관계야 말해 무엇하겠는가.

가족들의 전폭적 지원과 선거 과정을 함께 헤쳐 나가기 위한 상의가 중요하다. 일단 내지르고 나면 알아서 도와주겠거니, 혹은 가족이니 도와주겠지 하는 생각으로 일부터 벌였다가는 선거가 끝나고 나면 서로간의 오해와 감정의 골만 깊어질 뿐이다.

세 번째는 친구관계와 조직생활의 파탄이다. 알고 지내던 사이에서도 출마한다고 인사를 하는 순간 '유권자'로 돌변한다. 그쪽에서는 "밥 한번 사야 되는 거 아냐" 농담처럼 했는지는 몰라도 큰 맘 먹고 출마한 사람 입장에서는 서운한 생각이 먼저 든다.

"그러냐? 내가 뭘 도와야 하지? 평소 네가 이야기하던 거 맘껏 펼쳐봐" 이 정도의 얘기를 기대했다면 더 그렇다. 속해 있던 단체는 기대했던 지원에 못 미친다. 더욱이 "정치하는 사람과는 거리가 필요하다"면서 외면하는 사람들이 보일 경우 완전 맘 상하게 된다.

다행히 당선 이후 인사차 찾아가면 서운했던 것도 풀리고 기분 좋게 인사할 수 있지만 낙선을 했다면 사람 관계를 다시 정리해야 될지도 모른다. 그래서 왜 출마하는지, 뭘 하려는지, 당선 이후 하고 싶은 것에 대한 공론화 과정과 주변 사람들의 설득이 중요하다.

선거 후 도와준 사람 입장에서는 날이 갈수록 자신이 도와준 일이 선거에 결정적 역할을 했다는 생각이 점점 커진다. 당선자는 날이 갈수록 자신의 노력으로 당선되었다고 생각하고 도움 준 사람은 여럿 중의 하나라고만 생각한다. 정말 아끼는 사람들은 당선 이후 전화와 연락을 안 한다. 혹시 열심히 일하는 데 방해가 될까봐, 따라서 당선 이후에는 더 많은 연락과 인사를 빼먹지 말아야 한다.

지방의원에 출마를 결심하면서 나는 일단 대학원부터 등록했다. 산업경제위원회를 들어가서 농업과 산림관련 된 일에 매진하겠다고 생각했다. 또한 사회적 경제 관련 단체를 방문하면서 사회적기업과 사회적 경제의 전망에 대해 이야기 듣기도 했다.

지방의원이 되면 무엇을 할 것인지가 중요하다. 선거운동 기법 역시 이미 많은 부분 정착되어 있어서 자신이 가장 잘할 수 있는 방법으로 하면 된다. 선거에 떨어진 사람들이 꼭 하는 말은 "정말 열심히 했다"고 한다. 선거 출마해서 열심히 안 하는 사람 본 적 있는가? 난 없다. 새벽부터 밤늦게까지 정말 열심히 한다. 다만 선거 출마 전, 지역공동체에 얼마나 많은 헌신과 참여를 했는지 확인하는 것이 더 중요하지 않을까 생각한다.

결국 선거도 사람이 하는 일이고 사람들의 지지를 받아야 하는 일이다. 세상을 살아가는데 꼭 필요한 몇 가지 기본에 충실한 것이 중요하다고 본다. 겸손함, 성실함, 진정성, 열정, 도전, 이타심, 배려심 그리고 준비성이 아닐까?

부록

의정일지 및
5분 발언 모음

의정일지

2010년

7월 1일	도의원 임기 시작
7월 12일	첫 번째 도의회 임시회 시작─5분발언
7월 23일	임시회 폐회
7월 26일	도의회 전체 직원 직무보고─의장직속 의회 조직점검팀 구성
8월 12일	전국소년체육대회 방문
8월 25일	예산결산위원회 연수
8월 30일	4대강공사 중단 관련 기자회견
9월 2일	정례회 시작
9월 14일	지역 시민사회단체 대표들과 의회 간담회
9월 15일	제천 국제 한방엑스포 행사 개막식 참석
9월 27일	교육청 방문보고 시작
10월 8일	교육위 작은 학교 희망만들기 프로젝트시작─경남 삼동초 방문
10월 18일	도정질문
10월 25일	일본 연수(10월 31일까지)
11월 6일	충북교총 급식판 수거관련 성명서 발표
11월 8일	중국 광서장족 자치구 의회 교류(5일간)
11월 23일	행정사무감사 시작
11월 24일	남부3군에 대한 행감포기선언
11월 25일	북부지역 행정사무감사
11월 26일	중부지역 행정사무감사
11월 29일	청주교육지원청 행정사무감사
11월 30일	도교육청 행정사무감사
12월 5일	학교운영위 거수기 발언의원 민주당사 항의방문
12월 9일	예산결산위원회 심의 시작
12월 10일	충북 환경대상 수상
12월 21일	작은 학교 모범사례 전북 삼우초등학교 방문

2011년

1월 8일	시민단체 4대강사업규탄 민주당사 항의농성장 방문
1월 14일	구제역 방역활동 자원봉사 시작
1월 18일	산남 두꺼비 마을신문 두돌맞이 기념식
3월 8일	5분 발언 (보복성중징계 도교육청은 이성을 찾아라)
3월 15일	우리 동네 샛별초 인조잔디 조성 관련 문제 발생
4월 6일	학생의 학습자율선택권 관련 활동 시작
4월 11일	학교비정규직 노동조합 결성
4월 12일	최미애 의원, 학습자율선택관련 도정질문
4월 20일	제천 도의원 보궐선거 지원 활동(10일간)
5월 9일	작은학교 관련 제천 청풍초중학교 방문
5월 11일	300회 임시회 교육관련 및 학교포기 청소년 관련 도정질문
5월 28일	우리 동네 생명축제 개막
6월 22일	작은학교 희망만들기 토론회 개최
7월 15일	의원 연구 '야간자율학습 실태조사'관련 교총 주민소환검토 성명발표
7월 23일	우리 가족 백두대간 참사 참여(7박 8일)
9월 17일	생태공원 안내 자원봉사 시작
9월 20일	임시회 시작
9월 26일	도내 고교생 야간자율학습 실태 연구 발표
9월 28일	예결위원장으로 첫 추경심사
10월 5일	청원 생명축제, 청주공예비엔날레 등 지역축제 방문
10월 6일	제1회 중국인 유학생 페스티벌 개막
10월 10일	전국체육대회 격려 방문
10월 14일	학업 중단 청소년 관련 전문가 포커스그룹 인터뷰 실시
10월 19일	충북대 구조개혁추진대학선정관련 5분발언
11월 3일	'한국의 대표나무 소나무인가 참나무인가' 맞짱토론회 참석
11월 6일	두꺼비논 벼베기하는 날 행사 참석
11월 20일	행정사무감사 시작
12월 14일	예산결산위원회 심의의결

2012년

1월 6일	도의회 신년 하례회
1월 10일	임시회 시작
1월 19일	학교폭력 관련 5분발언
1월 26일	학교밖 청소년 지원관련 추진회의 참석
1월 28일	도지사와 산행
1월 30일	아내와 결혼 20주년 기념 캄보디아 여행 (3박 5일)
2월 10일	딸 수연이 중학교 졸업식
2월 28일	아들 동호 군입대
3월 5일	제주도 학생수련원 현지 방문
3월 13일	환경부장관 우리 동네 방문, 양서류컴플렉스 약속 받아냄
4월 19일	우리 동네 분평동 남부도서관 개관
4월 25일	두 번 생각해도 대청호 유람선은 아니다-5분발언
5월 9일	외국인 노동자 인권 관련 도정질문
5월 30일	장애인 까페 일일지점장 자원봉사
6월 19일	1년간의 예결위원장 끝내다
6월 20일	울릉도와 독도 방문
6월 26일	영동 추풍령에서 단양 도담삼봉까지 충북을 걷다 (9박 10일)
8월 22일	학교비정규직 토론회
9월 21일	여전히 작은 학교 통폐합추진단을 반대합니다. 5분 발언
10월 23일	교육위 유럽연수
11월 19일	행정사무감사 시작
11월 28일	시민단체 선정 행정사무감사 우수의원 수상
12월 21일	학교회계직 실태조사 분석결과 발표
12월 31일	도청기자단 선정 우수의원 수상

2013년

1월 22일   작은 도서관 재능기부 강의 시작(7개)

1월 31일   도교육청 업무보고

2월 3일   전국환경교사들과의 간담회 – 학교환경교육조례 준비

2월 14일   전국 운영위원 합동 연찬회

2월 20일   신흥고 학생들 의회 방문 – 한 달에 3~4번 청소년들 의회방문 안내

2월 23일   분평동 정월대보름 행사 참석

3월 21일   NGO센터 지방자치 아카데미 시작 – 간사를 맡았음

4월 13일   청소년과의 소통간담회

4월 16일   마을신문 격려 방문

4월 24일   사회적기업 관련 도정질문 하는 날

4월 28일   식물의학과 체육대회에서

5월 4일   중국 손님 접대하기

5월 25일   마을축제 하루종일 참여하기

5월 26일   전국소년체전 응원 방문 1박2일

5월 30일   광주시의원들 충북도의회 방문 맞이

6월 15일   제천향우회 체육대회 참석

6월 18일   환경교육조례 통과하는 날

6월 19일   농아인의 날 참석

6월 20일   충북환경교육 활성화 방안 연구 발표

6월 26일   충북 실업계고교생 아르바이트 실태조사 기자회견

7월 2일   동네 돌아보기, 정치 참여하기

정권의 정치보복성 중징계, 도교육청은 이성을 찾으라

청주시 제5선거구 이광희 의원입니다.

오늘 이 자리를 통해 충청북도 교육청이 상식적이고 좀 더 관대해지길 바라며 5분 발언을 시작하겠습니다.

충북도교육청은 지난해 10월, 민노당 후원교사들에 대해 2명 해임, 3월 정직 5명, 1월 정직 1명으로 강력한 중징계를 결정한 바 있습니다.

이에 대해 지난 서울중앙지법은 1월 26일 12명에 대해 벌금 30만 원, 4명은 50만 원, 그리고 1명은 선고유예 판결을 결정함으로써 사실상 가벼운 과태료 수준의 벌금형으로 마무리 하였습니다.

양형 이유로는 '100만 원 이상의 벌금형을 선고하여 피고인들의 공무원 또는 교원 신분을 상실시키는 것은 앞서 본 사정들에 비추어 보면 지나치게 가혹해 보인다.'며 오히려 경징계를 두둔하는 듯한 사유까지 첨부했습니다.

이와 같은 법원판결이 예상되어 도의회와 정치권, 시민단체 등이 수차례에 걸쳐 징계위원회를 법원판결 이후로 보류해달라는 건의를 하였음에도 불구하고, 충청북도 교육청에서는 법원판결이전에 징계 위원회를 열어, 중징계를 단행하고, 전국에서 가장 엄한 처벌을 내렸습니다.

오늘도 도청 앞에서 1인 시위를 하고 있는 공무원노동조합은 같은 사유인 민노당 후원 공무원의 징계가 부당했다고 시위를 합니다. 지난주 2월 28일 '충청북도청 징계위원회'가 공무원 노조원 10명에 대하여 감봉 4명, 정직 1월 1명, 5명은 반려로 징계결정을 내렸습니다.

같은 사안으로 기소된 공무원 노조원에 대한 징계결정과 비교해볼 때 전교조 교사들의 징계는 너무나 가혹하고 엄중한 처사라고 볼 수 있습니다. 당시

징계위원장이었던 정일용 부교육감께서는 지난 행정사무감사에서, 당비 영수증이 발견되어 정당법을 위반하였기에 교사를 해임조치한다고 했습니다.

그러나 오히려 서울중앙지법에서는 정당법은 무죄를 선고하고, '다만 법이 바뀐 지도 모르고 계속 후원을 하여 현행법상 저촉되는 부분'에 대해서만 30만 원의 벌금형을 구형하였습니다.

이와 같은 사실에 견주어 볼 때 충청북도 교육청 징계위원회는 선고형량보다 과도한 징계처분을 내린 것입니다. 또 이전의 징계위원회 결정과의 형평성에서도 문제가 있습니다.

2009년 모 중학교 교감선생님은 학생폭행과 성희롱으로 국가공무원법을 위반하여 정직 1개월, 2010년에는 교사의 정치참여 중에서도 적극적인 활동이라 할 수 있는 사전 선거운동을 한 학교장에게는 견책이라는 경징계처분을 내린 바 있습니다.

이것은 공무원의 정치적 중립성에 대한 징계처분이 일관적이지 않다는 것을 여실히 보여준 부분입니다.

해임된 교사들은 복직을 위해 행정법원항고의 수고를 하면 되겠지만 '교육자치 정신을 망각하고, 중앙의 지시에 추종함으로써 충북 교육계가 자초한 신뢰의 실추는 어떻게 회복하실 겁니까?'

더욱이 충청북도 교육청은 지난 3월 1일자 정기인사에서 중징계당한 교사들에 대하여 소위 오지라고 불리는 곳으로 전보 조치함으로써 사실상 이중징계라고 판단할 만큼 당사자들에게는 가혹하였습니다.

이 같은 교육청의 비정상적 가혹한 처벌에 대해 자라나는 학생들은, 이념이 다른 사람들에 대해서는 권한이 행사되는 만큼 철저히 짓밟아도 된다는 것을 가르치시려는 것입니까?

한 번 낙인이 찍힌 자에 대해서는 끝까지 징계하여 다시는 다른 생각을 하지 못하도록 교훈을 삼고자 하는 것입니까? 언제까지 중앙에서 시키는 대로 망설이지 않고 앞장서려고 하시는 겁니까.

다산 정약용 선생은 "자기에게만 유리하게 의리를 인용해서는 안 되고 자기편만 편들고 다른 편을 공격해서 엉뚱하게 남을 구렁텅이 속에 밀어 넣어서는 안 된다"고 하셨습니다. "미관말직에 있더라도 날마다 적절하고 바른 의론을 올려서 위로는 임금의 잘못을 공격하고, 아래로는 백성들의 고통이 알려지게 해야 한다"고 하셨습니다.

생각이 다르다는 이유로 의리를 이용함으로써 다른 편을 공격해서는 안 됩니다. 정권의 정치적 부추김에 대해 맹목적으로 따르기보다는 오히려 정권의 잘못된 판단에 대해 단호히 거절하는 것이 교육자의 도리입니다. 이번 과도한 징계는 도교육청에 나쁜 선례를 남기게 될 것입니다.

이번에 일어난 충청북도 교육청의 중징계 결정에 대한 충북교육계의 성찰이 있길 기대합니다. 차제에 전화위복의 계기가 되었으면 좋겠다는 생각입니다.

도민 직선의 자치 교육감으로서 자신의 재량권을 활용함에 있어 폭 넓은 의견 수렴과 합리적이고 상식적인 판단을 하지 못한 점에 대해서도 결자해지의 자세로 원상 회복의 포용력 있는 리더십을 발휘하시길 기대합니다.

경청해주셔서 감사합니다.

학교폭력문제는 우리 지역사회 전체가 함께 해결해야 할 과제다

존경하는 의장님, 동료 의원 여러분,

도민의 복리증진과 충북교육의 발전을 위해 노력하고 계신 도지사님과 교육감님을 비롯한 관계 공무원 여러분! 안녕하십니까? 청주 제5선거구 이광희 의원입니다.

저는 오늘 최근 심각한 사회문제로 대두되고 있는 학교폭력 문제를 짚어보고 학교폭력 예방과 대처를 위해 우리 지역사회 전체가 이에 대한 공감대를 함께하는 노력의 필요성을 이야기하고자 합니다.

수많은 부모들이 학교폭력을 극복하지 못하고 자살한 대구의 중학생의 유서를 보면서 눈물을 흘렸습니다. 청주에서도 얼마 전 중학생의 사망 사건이 있었습니다.

정상적인 가정에서 자란 아이들이 학교에서 또래 친구들의 폭력으로 인해 모멸감과 수치감, 폭력에 대한 공포감을 느끼며 죽음을 결심하기까지 누구도 그들에게 안정된 보호막, 고통을 호소하고 도움 받을 수 있는 상담자가 되어 주지 못했습니다.

대부분의 학교폭력 가해 학생들은 양심의 가책이나 죄책감, 친구에 대한 미안한 마음이 없습니다. 안타까운 우리 교육의 현실이 아닐 수 없습니다.

피해학생은 장기간의 폭력과 괴롭힘으로 심리적·육체적으로 병이 들어가도 보복이 두려워 속 시원하게 누구에게 자신의 고통과 어려움을 털어놓거나 도움을 요청하지 못합니다. 신고도 하지 못합니다. 충북에서 학교폭력 신고 전화 접수 건수는 2010년 단 2건뿐이었습니다. 그러나 충북에서 발생한 학교폭력 건수는 2010년 201건이나 됩니다.

왜 이런 현상이 벌어진 걸까요? 사태가 이 지경에 이르기까지 학교는, 학부모는, 사회는 대체 무엇을 한 것일까요? 청소년의 학교폭력과 자살의 문제는 남의 일이 아니고 누구 하나의 책임이 아닙니다. 우리 사회의 미래를 짊어질 청소년이 더 이상 망가지게 할 수 없습니다. 우리 모두 자성하는 자세로 심각하게 되짚어 보고 사회전체가 자성하는 자세로 각자 문제의 원인을 찾고 실질적이고 근본적인 문제해결을 위한 책임 있는 태도변화와 실천의지가 절실히 요구된다고 봅니다.

이에 대한 접근은 크게 학교의 교사와 교육관계자, 가정의 학부모, 지역사회 3가지 측면에서 이루어져야 한다고 생각합니다.

첫 번째는 학교입니다.

학업성취를 최우선으로 하는 성적위주의 지식교육의 편중, 치열한 학업경쟁이 팽배해 있는 현재의 충북 학교문화에서는 학교폭력과 따돌림, 금품갈취 등으로 고통 받고 힘들어하는 학생들의 현실이 대수롭지 않게 도외시되고 있습니다. 이는 충북교육이 지향하고 있는 창의 인성교육 구현과는 불일치한 엇박자의 불협화음이 아닐 수 없습니다.

국가수준학업성취도가 전국 1위라는 자부심도 좋지만 이제 충북교육에서 절실하게 필요한 것은 인성교육입니다. 인간에 대한 존중감과 배려, 이타심, 도덕성이 살아 있는 실천적이고 몸으로 익히는 인성교육이 필요한 것입니다.

문제가 발생하면 축소, 은폐에 급급하고, 관련 학생들과 학부모간의 협상을 주선해주고 최소한의 소극적인 대처와 처리로 일축해 버리는 행정편의주의적인 태도 역시도 뿌리뽑아야 할 변화와 혁신의 과제입니다.

좀 더 적극적이고 주도적으로 문제를 직면하고, 체계적이고 지속적인 사전예방교육이 중요합니다. 문제 발생 시 민첩한 초동대처로 가해 학생에 대한 합당한 처벌과 피해 학생에 대한 사후 관리 및 치료를 제공할 수 있는 매뉴얼이 있어야합니다.

스쿨폴리스발대식을 갖고, 학교폭력 전담반을 새로 구성하고, 학교안전지킴이를 강화하는 등의 하드웨어적인 측면도 중요하지만 현재 기존의 위클래

스와 위센터, 위스쿨, 생활지도 및 상담과 관련된 운영의 효율화를 위한 인적 재정적 지원을 재검토하고 내실화를 다지는 것이 우선 필요할 것입니다.

두 번째는 학부모입니다.

자녀를 학교에 보내놓기만 하면 책임을 다했다고 생각합니다.

자녀의 문제를 학교의 문제로만 미루는 태도를 버리고 학교와의 소통과 공감을 통하여 능동적으로 참여해야 합니다.

현재 교육은 교육 수혜자 중심의 패러다임으로 변화를 거듭하고 있습니다. 이에 따라 학교는 학부모 교육 참여기회를 확대하고 주장과 권리를 수용하려 하고 있습니다.

학부모들은 자녀교육의 중심에 서 있음을 재인식하고 더 이상 수동적이고 소극적인 자세를 버리고 책임의식을 함께 해야 합니다.

세 번째, 사회적 측면입니다.

학교폭력은 법적 제도적인 안전망이 제대로 구축되어 있지 않은 가운데 사회 속에서 학습되고 강화되고 지속되는 경향이 있습니다. 학교 밖에서도 폭력으로부터 보호받고 도움을 받을 수 있는 기관의 확대와 전문 인력 강화가 필요합니다.

청소년의 학교폭력 문제 해결 방향은 학교폭력 예방과 대책 마련의 중요성에 대한 재인식을 함께 하고, 학교와 가정 지역사회가 공동의 책임의식, 소통과 공감대 형성의 확대가 핵심이라고 봅니다.

앞으로 도교육청을 중심으로 도청, 경찰 및 지역사회 등 관련 기관들의 상호연계가 필수적입니다. 학교폭력 예방과 조절을 위한 통합된 보호망 구축을 위해 학교와 가정, 사회가 연대책임의식을 갖고 상호간의 협력과 실효성 있는 운영의 내실화를 기해야 합니다.

경청해주셔서 감사합니다.

두 번 생각해도, 대청호 유람선은 아니다

존경하는 의장님, 동료의원 여러분,

도민의 복리증진과 충북교육의 발전을 위해 노력하고 계신 도지사님과 교육감님을 비롯한 관계 공무원 여러분! 안녕하십니까? 청주 분평·산남동의 이광희 의원입니다.

최근 대청호에 유람선–도선을 운항하자는 의견이 제기되고 있기에, 나름의 의견 피력을 하고자 합니다.

대청댐이 건설되고 30여 년 동안 대청호 유역 주민들은 9조 원에 육박하는 경제적 피해와 심리, 정서적 피해를 당해왔음을 알고 있습니다. 그동안 정부는 피해에 대한 적절한 보상은커녕, 상식적인 조치라 할 수 있는 주민들의 애로사항에 대한 확인마저도 등한시해왔고, 주민들에게 필요한 지원 사업을 결정하는 자리에도 실제 이해관계 당사자인 주민들의 참여는 배제해 왔음도 알고 있습니다.

그러하기에 대청호 유역 주민들을 위한 충청북도 차원의 대안 마련이 절실하며 실사구시의 마음으로, 도가 나서야 한다고 생각하고 있었습니다. 그러던 차에 이에 대한 용역결과가 발표되었습니다.

2011년 대청호 유역의 개발을 통해 규제지역 주민들의 경제적 손실 및 생활권을 회복시키겠다는 취지하에 충청북도와 청원, 보은, 옥천 3개 군이 공동으로, 혈세 2억 4천만 원을 들여 「대청호유역 친환경 공동발전방향」 용역을 추진하였고 그 결과물로 주민 숙원사업이라는 미명하에 '대청호 친환경 옛뱃길 도선운항 조성의 타당성'이 제시되었습니다.

수행된 용역결과를 검토하며, 실망감을 금할 수 없었습니다.

의도된 결과의 타당성을 만들어내야 된다는 압박감에 내몰려 제대로 된

비용편익 분석이 이루어지지 못했고, 미래적 가치를 제대로 반영하지 못한 채 급조되었다는 느낌을 지울 수 없었습니다. 말이 도선운항이지 실상은 유람선을 띄우고 친수공간을 조성하여 경제적 이익을 도모해 보겠다는 발상이었습니다.

첫째, 유람선 운항은 현행 법률에 비추어 볼 때 실행 불가능한 발상입니다.

현재 대청호 유역은 수도법, 환경정책기본법, 수계법에 따른 삼중 규제에 묶여 있습니다. 용역결과 유람선을 운항하겠다고 신설한 세 개의 코스 중 제1코스와 제2코스는 상수원보호구역과 특별대책지역 1권역 규제에 묶여 있고, 제3코스도 특별대책지역1권역 규제를 받습니다. 따라서 현행법상 유 · 도선업은 명백히 불법입니다.

또, 상수원보호구역은 천억 원 대의 세금을 들여 취수탑을 현도로 이전하여 해제하겠다고 하나, 이 또한 비용대비 편익을 다시 따져봐야 되는 사안이며, 수많은 예산을 들여 이전을 하더라도 특별대책지역 1권역의 규제를 피해갈 수는 없습니다.

둘째, 현재 대청호의 수질은 COD(화학적 산소요구량)[1] 기준 평균 3.12ppm, II등급으로 결코 양호한 상태가 아닙니다.

지역주민뿐만 아니라 전문가들이 대청호 수중에 침전 오물이 퇴적층을 이루고 있다는 점을 지적하며, 이에 따른 오염 심각성과 수자원 공사의 적극적인 정화 노력을 주문하고 있습니다. 게다가 3월 환경부의 1단계 수질오염총량관리 평가[2]에서 청원군이 BOD 1일 1,828kg의 수질 오염량 기준치 초과로 개발 제한이라는 제재를 받은 6개 지자체에 포함되었습니다. 이로 인해 청원군은 기업유치 및 오송 역세권 개발 계획시행에 제동이 걸리는 매우 유감스러운 상황이 발생했습니다.

이런 상황을 감안할 때, 대청호에 유람선을 띄우는 것은 깊이 재고(再考)

해야 합니다.

비록 도입하고자 하는 유람선의 종류가 LNG 및 가스추진선, 연료전지 선박, 태양광 선박 등 친환경 선박이기에 전혀 환경에 문제가 없다고 주장하지만, 실제 내용을 들여다보면, 유람선을 통한 경제적 효과는 수변지역의 레크리에이션 시설들과의 연계를 전제로 하고 있습니다. 그렇기에 유람선 운항은 수질오염을 유발할 필요조건인 셈입니다.

셋째, 유람선 운항의 경제적 효과분석의 문제입니다.

용역결과 활용 가능한 배는 태양광 선박입니다. 특히 대당 20~30억을 웃도는 모비캣이라는 모델로 최대 150명을 태우고 최고 시속 15km로 달리는 배입니다.

이 배를 3척 구입해 운항한다는 전제로 이용객을 연간 364,000명으로 산정하고 연간 순이익을 7억 원 정도로 예측하고 있습니다.

11척의 유·도선[3]이 운항중인 충주호의 경우 최근 4년간 평균 이용객이 14만 9,505명인 점과 이용객이 점차 줄고 있다는 점을 감안하면, 단 3척의 저속력 선으로 움직이는 대청호 유람선 이용객의 수 36만 4,000명은 어디서 산출된 결과입니까? 당연히 과다 산정되었으므로 다시 산출되어야 합니다. 설사 이용고객의 과다 산정을 문제 삼지 않더라도 총 투자된 80억 원을 회수하는 데는 11년 이상이 소요된다고 합니다. 당연히 감가상각을 감안할 때 경제성이 있다고 보기는 어렵습니다.

여러분께 '누구를 위한, 무엇을 위한 유람선 운항인가?'를 묻고 싶습니다. 유람선 운항은 소수 관련자들의 이익을 대변할 수는 있을지 몰라도 다수 피해 주민들의 이익은 대변할 수 없는 사업입니다.

유람선 운항은 30년 동안 규제 속에서 피해를 감수하며 자의반 타의반 환경을 지키고자 애써온 대청호 상류 주민들과 이들의 노고로 맑고 건강한 물을 마시면서 물이용 부담금을 내고 있는 하류주민들이 서로 인정하고 상생할 수 있는 대안일 수 없습니다.

시간이 걸리고, 갈등이 다소 있더라도 이해관계 당사자들과 함께 논의하면 모두가 윈–윈할 수 있는 길이 보일 것입니다.

차라리 금강 수계 관리위원회를 설득하여 상류지역 주민지원 사업비를 늘릴 것을 요구하고, 관철시키면 옥천의 경우 현재보다 두 배 이상 지원을 받을 수 있습니다.

수질관리는 지역적 차원을 넘어 국가적, 세계적 이슈입니다. 수질관리는 지켜야 할 국민적 약속이자, 미래를 위한 사회적 투자입니다. 지역의 재정과 정치력을 기존 환경관련법을 피하기 위해 사용하는 것이 과연 옳은 일인지 묻고 싶습니다.

환경을 보존하면서 대청호 유역 주민들의 삶의 질 향상을 위해 충북도가 다시 대안을 마련해 주실 것을 요청합니다. 유람선은 결코 대안이 아닙니다. 경청해 주셔서 감사합니다.

1) COD(chemical oxygen demand) : 물의 오염정도를 나타내는 기준. 유기물 등의 오염물질을 산화제로 산화 분해시켜 정화하는데 소비되는 산소량을 ppm 또는 mg/ℓ로 나타낸 것

2) 금강 수계 오염총량 관리기본 방침(2002년 11월 환경부 훈령) 중 수질오염총량 관리 대상 오염물질 규정
① 1. 2004년 ~ 2010년(이하 "제1단계"라 한다): 생물화학적산소요구량
② 2. 2011년 ~ 2015년(이하 "제2단계"라 한다): 생물화학적산소요구량(BOD), 총인(T–P) 다만, 총인(T–P)은 대청호 및 대청호 상류지역에 한하여 적용

3) 충주호를 운항중인 11척 유ㆍ도선의 총 승선인원은 최대 1,600명임.

여전히 작은 학교 통폐합추진단 구성을 반대합니다

존경하는 의장님과 도지사님, 교육감님, 그리고 관계 공무원 여러분 청주 분평 산남동 이광희 도의원입니다.

우리 지역 농산촌 지역 소규모학교 통폐합 업무를 전담하여 추진할 「적 정규모학교 육성 추진단 구성」 설치 운영조례가 조금 전 본회의를 통과했습 니다.

설사 저의 궐석 중이었다 하더라도 상임위 통과조례를 본회의에서 뒤집고 자 시도하는 것이 저의 평소 소신상 적절치 않다고 생각되어 본 조례가 통과 되는 것을 마냥 지켜볼 수밖에 없었습니다.

그렇다고 제가 주장한 「적정규모학교 육성 추진단 구성」 설치에 대한 우려 와 반대 입장까지 포기하는 것이 아님을 알리고 싶습니다.

교육청에서 주장하고 있는 「적정규모학교 육성 추진단」 설치의 근거가 보 은의 기숙형 중학교의 성공에 따른 확산입니다. 그러나 저는 이제 일 년 된 보은의 기숙형 중학교에 대해 성공적 의미를 부여하는 데 대한 의아심을 지 울 수 없습니다.

왜냐하면

첫째, 우리나라에서는 최초로 만 12~14세의 청소년들을 기숙생활 하도록 한 유일한 공립학교가 보은 기숙형 중학교로 알고 있습니다. 열 서너 살 되 는 아이들의 기숙생활로 상실되는 심리·정서적 측면 부분에 대한 평가가 조 금 더 이루어진 연후에 추진되어야 한다는 소신에 변화가 없습니다. 이 연령 대의 아이들은 가족관계로부터 시작되는 가정교육과 정서발달, 자유스러운 인지발달이 더 중요하다는 교육계의 이론적 배경이 있기 때문입니다. 교육자 들의 양심에 호소드리건대 이 연령대 아이들의 기숙형 교육방식이 그 어떠한 평가도 없이 밀어붙여져도 되는 것인지 정말 묻고 싶습니다. 한국 나이 열다섯 이하 아이들의 기숙생활에 대해 우려하는 교육자들은 잘못된 판단을 하는 것입니까? 실증적인 점검과 평가 없이 다시 이를 확대 시행하려 하는 이유는 무엇이며, 도대체 누구를 위한 교육정책인지 묻고 싶습니다.

둘째는 학교의 통폐합과 지역공동체 유지 및 발전과의 밀접한 관계에 대한 종합적 고려가 있었느냐하는 것입니다. 「적정규모학교 육성 추진단」설치를 통해 도내 15개 중학교가 4개의 기숙형 중학교로 통폐합이 되면서 기존 학교가 있던 열 곳이 넘는 지역의 농촌마을 공동화에 대한 대책이 숙의되어야 합니다. 보은과 괴산에서 기숙형 중학교가 준비될 당시에도 지역별로 유치경쟁이 심화되었고 결국 유치지역이 아닌 곳에서는 학교 통폐합을 거부했었던 사례가 있었습니다.

이는 자신의 지역에 학교가 사라질 경우 급속한 이농과 공동화로 인한 공동체의 붕괴가 예상되기 때문이었습니다. 자치교육의 핵심은 지역과의 조화와 공동의 발전입니다. 효율성만 앞세워 지역공동체의 붕괴를 가져올 수 있다는 우려에 대해 조금 더 평가하고 지켜봐야 하지 않을까요?

셋째, 고등학생인 제 아이도 기숙형 숙소에서 거주한 적이 있었습니다. 지금은 기숙사 생활을 포기한 채 집에서 다니고 있습니다. 다행히도 스스로 선택할 수 있었기에 가능한 일이었습니다. 그러나 지금 만들어지고 있는 학교는 자신이 살고 있는 학군 내에, 또 다른 선택의 여지없이 기숙형 중학교에 다녀야 합니다. 지금의 117명의 학생들은 어떠한 자기결정권도 없이 기숙형 중학교를 선택당해야 합니다. 새벽 6시 30분 기상 및 운동시작으로 저녁 8시까지 야간 방과 후, 딱 한 시간 자유시간이고 이후 9시부터 10시까지 정독실, 다시 10시에 점호 받고 취침 시간입니다. 이 같은 통제의 시간이 만 13~14살들에게 요구됩니다.

그래서 보은의 기숙형 중학교에 대해 면밀한 평가가 이루어져야 합니다. 이 같은 통제된 상황에서 공부한 아이들에 대해 평가가 진행된 다음 계획을 설계하자는 의견이 왜 묵살되어야 하는지 저는 이해하기 어렵습니다.

넷째, 또한 저는 여전히, 적정규모학교육성추진기구가 왜 필요한지 모르겠습니다.

이 추진단 역시 전국 최초의 시도입니다. 교육청에서는 전국 네 곳이 추진한다고 해서 살펴보았더니 전남의 경우 '거점고등학교 육성추진단'이었습니다. 우리의 조건과는 전혀 다른 추진단이었습니다. 경북과 경남이 우리와 같은 '적정규모학교 추진단'이었는데 아직 의회 논의는커녕 내년 1월 1일이 추진 목표입니다.

충북의 경우 보고와 동시인 9월에 의회 통과되어 10월 1일부터 추진하는 것으로 문서화되어 있습니다. 왜 이리 급히 서두르면서 졸속적으로 시도하는 겁니까? 개인적으로 제가 보고받던 시점 역시 8월 말일이었습니다.

이미 기존에도 50명 이하의 학교는 지역 및 구성원들이 원할 경우 언제든지 통폐합이 가능합니다. 보은과 괴산의 경우에도 기존 조직만으로도 추진이 가능했습니다. 그런데 굳이 추진단을 만들어서 급하게 밀어붙이는 이유가 무엇인지 도무지 알 길이 없습니다.

더욱이 열흘 만에 의회에 올라오다보니 지역에서의 공론화가 되지 않은 채 의회 통과라는 '그들만의 합의'로 이 같은 중차대한 문제가 통과된다는 사실에 우려를 금할 수 없습니다.

또한 지난 6월 우리 교육위원회는 '농산촌 작은 학교 지원조례'를 전국 최초로 통과시킨 의회입니다. 불과 3달 만에 15개 학교 통폐합을 추진하는 조례를 다시 통과하는 이 어처구니없는 상황에 대해 누군들 납득할 수 있겠습니까? 작은 학교 지원조례를 만들기 위해 지난 2년간 전국의 작은 학교 성공사례를 직접 찾아보았으며 심지어 일본의 작은 학교 성공사례가 지역 발전과 공동체의 발전에 얼마나 많은 영향을 끼쳤는지 보고 온 연후에 통과시킨 조례였습니다.

존경하는 의원여러분, 교육자 여러분 그리고 도민 여러분!

교육은 백년지대계라지요?

단 열흘 만에 15개의 학교 통폐합을 추진하는 조례를 공청회, 토론회 한번도 없이, 그 어떠한 공론화과정을 생략한 채 통과시켜도 되는 것입니까?

저는 이번에도 교육위원회의 소수가 되었습니다. 그러나 도민들과 일선 교육자들은 저의 이러한 우려의 의견에 대해 저의 편이 되어 주실 것이라고 생각합니다. 교육전문가라는 사람들에 의해 살벌하게 밀어붙여진 작은 학교 통폐합 추진단이 통과되었지만 저는 여전히 반대합니다.

교육 관료들께 부탁합니다. 제발 자라나는 우리 아이들을 관료적 통제시스템으로 길들이려 하지 마십시오.

더 이상 우리 아이들을 당신들의 기회주의적 처신과 즉흥적이며 획일적 통제의 대상으로 활용하지 말아주십시오.

경청해주셔서 감사합니다.

외국인 근로자 인권문제 대책을 제안함

존경하는 의장님을 비롯한 동료 의원 여러분!

함께해 주신 지사님과 교육감님을 비롯한 관계 공무원 여러분! 안녕하십니까? 청주 분평 산남동의 이광희 의원입니다.

우리 사회가 저출산, 고령화 사회에 접어들고, FTA의 확대로 우리나라 체류 외국인들이 점차 늘어나고 있습니다. 올해에도 5만 7천 명의 외국인 근로자가 추가로 들어옵니다.

충북도의 경우에도, 2011년 1월 기준 3만 4,083명(충북 전체인구의 2.2%)의 외국인이 거주하고 있습니다. 이중 한국 국적을 갖고 있지 않은 외국인 근로자가 1만 4,516명에 이릅니다. 여기에 아르바이트를 하고 있는 외국인 유학생(3,380명 중 30% 이상)을 포함하면, 실제 외국인 근로자는 최소 1만 5,500여 명 이상으로 추정해 볼 수 있습니다. 즉, 인구계수에 포함되지 않는 불법체류 외국인 5천여 명을 제외하더라도, 충북에는 합법적인 외국인 근로자 1만 5,530여 명이 우리와 함께 살고 있습니다.

이렇듯, 많은 외국인들이 함께 살고 있고, 계속 늘어나고 있음에도 불구하고, 언론을 통해 나타나는 지역거주 외국인들의 안타까운 인권침해 사례를 접하면서 우리 충북의 외국인주민지원정책과 인권사업을 짚어볼 필요가 있다고 생각하였습니다. 오늘은 일문일답 형식으로 질문을 진행하겠습니다.

우선 행정부 지사께 질문 드리겠습니다.

행정부 지사께서는 질문석으로 나와 주십시오.

질문 1

충청북도 외국인 주민지원조례가 있는 것을 알고 계시지요?

충청북도외국인주민지원조례 제4조(도의 책무)에 따르면, 제①항에"충청북도지사(이하 '도지사'라 한다)는 도내 거주하는 외국인주민들이 조기에 정착할 수 있도록 지원하고, 외국인 주민들이 지역주민과 함께 살아갈 수 있는 여건 형성을 위한 지원시책을 추진하여야 한다."라고 명시하고 있습니다.

또, 제②항에는 "도지사는 외국인 주민이 도정에 참여할 수 있도록 노력하여야 한다."라고 명시되어 있습니다. 이는 "～해야 한다"는 강제규정입니다.

충청북도는 조례에 명시된 대로 외국인 주민들과 지역주민들이 함께 살아갈 수 있는 여건조성을 위해 어떤 지원을 하였고, 외국인 주민들의 도정참여를 위해서는 어떤 노력을 하였는지 답변해주시기 바랍니다.

질문2

충청북도외국인주민지원조례 제6조에 따르면, 외국인 주민지원시책위원회를 설치하도록 명시하고 있는데, 현재 설치되어 있습니까?

물론 '～구성할 수 있다'는 임의조항으로 되어 있지만, 외국인 주민 지원을 위한 핵심기구로서 반드시 필요한 위원회가 구성되었어야 하는 것이 마땅하다고 보는데 구성하지 않은 이유는 무엇입니까?

질문3

현행법상 지방자치단체장은 중앙정부의 기본계획 및 시행계획을 기초로 외국인 주민지원을 위한 연도별 시행계획을 수립하도록 되어 있는데, 충청북도는 이를 어떻게 시행하고 있습니까?

결과적으로 충북도의 외국인 주민지원 정책은 매우 미흡하다고밖에 볼 수 없습니다. 이에 대한 대책은?

ㅁ 부지사님 수고하셨습니다. 좌석으로 들어가 주십시오.

세부적인 사업관련 질문은 정책기획관님을 통해 확인하겠습니다. 정책기획관님 질문석으로 나와 주십시오.

질문 4

모두 발언에서도 언급했듯, 현재 충북도에는 거주 외국인의 46%에 달하는 1만 5,500여 명의 합법적 외국인 근로자가 있고, 이들의 인권침해 문제가 심각하게 대두되고 있음에도 불구하고, 인권증진을 위한 정책 사업은 찾아보기 힘듭니다.

먼저 현재 충북도 본청 차원에서 시행 중인 외국인근로자지원정책의 목표와 중점과제는 무엇이며, 그 지원시스템은 어떻게 구축되어 있는지 말씀해 주시기 바랍니다.

질문 5

정부의 2012년 외국인 정책 시행계획을 보면 "외국인 인권옹호"가 외국인 정책의 4대 정책목표에 포함되어 있습니다. 그럼에도 불구하고, 외국인 근로자들의 인권유린 문제가 항상 언론의 도마 위에 오르고 있는 것이 현실입니다. 이는 중앙정부의 인권정책의 사각지대가 존재함을 의미한다고 볼 수 있는데, 충북도 및 기초자치단체에서는 외국인 근로자의 인권 사각지대를 해소하고 인권을 보장하기 위해 어떤 사업들이 진행되고 있는지, 그 효과성은 어떻다고 평가되고 있는지 말씀해 주시기 바랍니다.

후속 질문 5-1

그렇다면, 최소한 충북도 차원에서는 외국인 근로자 인권보장과 함께 포괄적으로 외국인 주민 지원을 위한 중장기 기본계획을 수립하는 것이 필요하고, 이를 조례 개정을 통해 명시하는 것이 타당하다고 보는데 어떻게 생각하십니까?

질문 6

충북에 거주하고 있는 합법적 외국인 근로자는 앞서 언급했듯 1만 5,530
명에 이릅니다. 이들 중 상당수가 폭력, 폭언, 산재, 임금 체불 등의 인권 침
해를 당하고 있습니다. 이들이 스스로 인권침해 문제를 해결하기 위해서는
고용부 근로감독관과 법률구조공단을 찾아가야 합니다. 그러나 한국말이 익
숙하지 못한 상황에서 스스로 자신을 방어하는 것은 어려운 일입니다.

간단히 두 가지 사례를 먼저 말씀드리겠습니다.

사례 ①

2010년 3월 18일 진천군 하수관거 공사를 하던 외국인 근로자 숙소에 화
재가 발생해 중국인과 중국동포 2명은 사망하고, 나머지 12명은 여권, 현금,
통장, 등록증 등 모든 것이 소실된 사건이 있었습니다. 알고 계시지요?

사건 발생 후 공사는 중단되었고, 외국인 근로자들은 화상을 입고, 일자리
를 잃게 되었습니다. 이때 이분들은 우선 숙식 및 치료를 위해 돈이 필요해서
먼저 예금거래를 하던 ①은행을 찾아갔습니다.

그러나 은행에서는 대사관에 가서 여권을 만들어 와야 예금인출이 된다며
돈의 지급을 거부했고, 할 수 없이 서울 소재 ②대사관 찾아갔더니 ③해당 지
역 경찰서에 가서 여권이 화재로 인해 소실되었다는 확인증을 받아오라고 되
돌려 보냈습니다.

결국 타국에서의 서러움만 경험한 채 다시 진천으로 내려오게 됩니다. 누
군가 절차에 대한 정보만 제공해 주었더라도 이런 발품은 팔지 않아도 되었
을 텐데, 관계기관의 그 누구도 이들에게 정보를 제공해 주지 않았습니다. 이
뿐만이 아닙니다. 화재로 인한 신체적 피해보상을 위해 산재처리를 하려고
하였으나, 화재가 난 곳이 공장이 아니라 외부에 있는 임시 숙소였기에 산재
처리가 안 된다는 통보를 받았습니다.

이에 NGO에서 개입을 하고자 하였으나, 한국인에 대한 신뢰를 잃고 지친 이들은 일본에서 온 브로커에게 산재신청절차를 부탁하게 되었고, 결국은 산재처리를 받지 못했습니다.

사례 ②

청주대 중국인 유학생 주징과 자오린린은 2010년 10월부터 A상점에서 아르바이트를 하였는데 임금체불로 인해 NGO(이주민노동인권센터) 단체를 찾아왔고, 체불 6개월 만에 총 325만 원의 체불임금을 받을 수 있게 되었습니다. [청주지방법원 판결문 제시]

현재 충북에는 외국인 근로자의 인권침해사례 구제를 전담하는 NGO 단체는 단 2곳이 있습니다. 청주시에 이주민노동인권센터 그리고 진천군에 충북외국인 이주노동자지원센터입니다.

이주민노동인권센터 단 한 곳에서 처리했거나 처리 중인 인권침해 상담건수는 2010년 437건, 2011년 209건 이상입니다. 그리고 상담내용의 80% 이상이 임금, 퇴직금 체불, 사업장 변경신청, 산재문제가 차지하고 있습니다. 특이한 점은 지역고용노동지청 등 공공기관에서조차 외국인 노동자 인권침해 상담을 의뢰한다는 것입니다.

진천 화재 사건을 보거나 청대 유학생 사건을 보거나, 이주민노동인권센터의 상담실적을 보더라도, 외국인 근로자들이 인권침해를 당했을 때, 곧바로 상담을 의뢰하여 정보를 제공받고, 일처리의 도움을 받을 수 있다면 좋은 해결을 만들어 낼 수 있었을 것입니다.

▷ 현재 지자체가 감당하지 못하고 있더라도, NGO단체가 외국인 근로자들의 인권문제를 담당하고 있다면 다행이긴 한데, 도 차원의 NGO지원정책이 있습니까?

질문 7

현재는 외국인 근로자 지원 업무도 여성정책관실 다문화가족지원팀이 담당하도록 되어 있습니다. 그러나 실질적인 외국인 근로자 지원사업은 거의 전무한 상황입니다. 앞으로도 외국인 근로자의 수가 증가함에 따라 임금, 퇴직금 체불, 사업장 변경, 의료, 산재, 가정문제, 출입국 관련 문제, 보험 문제 등 다양한 상담 및 처리 지원업무에 대한 행정수요가 증가할 텐데 이에 대한 도차원의 대책은 무엇인지 답변 부탁드립니다.

후속질문 7-1

('전담부서 강화 답변'이 안 나오면) 현재 여성정책관실 다문화가족지원팀 산하에 "외국인근로자 지원 전담 부서"를 만들고 인력을 보강하는 것이 필요하다고 보는데 어떻게 생각하십니까?

마무리 발언

존경하는 도지사님, 그리고 관계 공무원 여러분!

우리 지역의 외국인 근로자들은 점점 늘어나고 있습니다. 이들은 대부분 사람들이 기피하는 3D업종에 종사하며, 지역경제의 활성화를 위해 땀 흘리고 있습니다. 현재 충북지역에만 1만 5,000명 이상의 외국인 근로자가 우리와 함께 살고 있습니다. 불법체류자들까지 포함하면 2만 명이 넘습니다. 이분들의 인권침해는 심각한 수준이고, 정부의 지원수준도 지극히 기본적인 시책뿐이며, 충청북도의 자체 지원은 거의 없는 것이 현실입니다.

우리 충북에서 열심히 일하고 있는 외국인 근로자들의 상당수가 임금을 떼이거나 상습적 폭력과 폭언에 노출되는 등 최소한의 인권마저도 보장받지 못하고 있습니다.

저는 문제의 해결을 위해 충청북도가 나서야 한다는 점을 강조하면서 가장 기본적인 3가지 시책을 제안하고자 합니다.

첫째, 외국인 근로자의 인권과 관련한 전담부서의 지정이 필요합니다. 외국인 근로자의 문제는 핵심적으로는 고용 및 근로조건의 문제이지만, 다양한 실국사업과 관련되어 있습니다. 따라서 전담부서를 어디로 결정할 것인지에 대해서는 집행부에서 긍정적으로 검토해 주실 것을 부탁드립니다. 추가로 전담인력배치도 함께 고민해 주시기 바랍니다.

※가능검토 부서 : 정책기획관실, 여성정책관실, 경제통상국 산하

둘째, 외국인 근로자가 손쉽게 접근해서 인권침해 등 고충 상담을 받고 다양한 교육을 받을 수 있는 지원센터의 확대가 필요합니다. 12개 시·군 모두 센터를 둘 경우 많은 예산이 소요됩니다. 따라서 충북지역을 북부권과 중남부권으로 구분하여 권역별로 1개소씩 위탁운영 방식의 센터를 두는 방안을 제안하며, 이에 대해 검토해주실 것을 부탁드립니다.

※참고 : 천안의 경우 충북의 50%에도 미치지 못하는 7,700여 명의 외국인 근로자를 위해 2010년 "외국인근로자지원센터"(여성가족과)를 오픈해 무료진료, 이·미용 서비스, 인권·생활상담 및 고충처리 지원·연계 등 외국인 근로자들의 한국생활을 종합적으로 지원하고 있음.

마지막으로 조례에 명시되어 있는 "충청북도 외국인주민지원 시책위원회" 설치에 박차를 가해주실 것을 부탁드립니다.

존경하는 도지사님, 그리고 관계 공무원 여러분!

여러분은 1966년부터 1976년까지 10여 년 동안 우리나라 2만여 명의 광부, 간호사들이 독일로 돈을 벌기 위해 건너갔던 일을 기억하실 것입니다. 이들에 대한 독일정부의 인권적 대우는 지금 외국인 근로자를 대하는 우리와는 근본부터 달랐다는 부끄러운 사실을 상기시켜 드리며, 집행부의 적극적인 검토와 답변을 기대합니다. 이상으로 도정 질문을 마치겠습니다.

감사합니다.

나는 지방의원이다
밥값하는 도의원의 유쾌한 의정일기

초판 2쇄 펴낸 날 2014년 2월 20일

지은이 이광희
펴낸이 은보람
펴낸곳 도서출판 달과소
출판등록 2010년 6월 21일 제2010-000054호
주소 우) 140-902 서울시 용산구 후암동 403-15
전화 02-752-1895 | **팩스** 02-752-1896
전자우편 book@dalgwaso.com
홈페이지 www.dalgwaso.com
찍은곳 하정문화사

정가 13,000원
ISBN 978-89-91223-55-4 [03340]

「이 도서의 국립중앙도서관 출판시도서목록(CIP)은 서지정보유통지원시스템 홈페이지
(http://seoji.nl.go.kr)와 국가자료공동목록시스템(http://www.nl.go.kr/kolisnet)에서
이용하실 수 있습니다. (CIP제어번호: CIP2013016059)」